U0335896

协同共生论

组织进化与实践创新

Synergy

—

and

—

Symbiosis

陈春花 朱丽 刘超 徐石 著

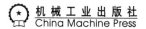

机械工业出版社
China Machine Press

图书在版编目（CIP）数据

协同共生论：组织进化与实践创新 / 陈春花等著 . -- 北京：机械工业出版社，2021.9
（2022.1 重印）
（管理学在中国）
ISBN 978-7-111-69065-8

I. ① 协… II. ① 陈… III. ① 企业管理 – 组织管理学 IV. ① F272.9

中国版本图书馆 CIP 数据核字（2021）第 176813 号

协同共生论：组织进化与实践创新

出版发行：机械工业出版社（北京市西城区百万庄大街 22 号 邮政编码：100037）
责任编辑：华 蕾 王 芹 责任校对：马荣敏
印　　刷：文畅阁印刷有限公司 版　　次：2022 年 1 月第 1 版第 3 次印刷
开　　本：170mm×230mm　1/16 印　　张：18
书　　号：ISBN 978-7-111-69065-8 定　　价：99.00 元

客服电话：（010）88361066　88379833　68326294 投稿热线：（010）88379007
华章网站：www.hzbook.com 读者信箱：hzjg@hzbook.com

呼唤、孕育和催生中国管理学派

中国的管理研究正处在一个取得实质性进步和突破的门槛上。

改革开放 40 多年来，中国已经发展成为世界上最大、最活跃的新兴市场，商业竞争态势复杂，变化快速且激烈，积累了异常丰富的管理实践，为管理学的思考和研究提供了充足的素材和样本。同时，中国特有的深厚文化传统，虽一度遭受挫折，但在新的历史条件下逐步"灵根再植"，帮助孕育了丰厚的思想创新土壤。

在此期间，中国管理学的研究有了长足进步，发表的论文在国际学术界崭露头角，成长起一批素养深厚的学者。但与此同时，我们的学术研究存在着囿于西方理论和研究方法、与本土环境和实践脱节的弊端，因此受到实践者的冷落。这样的现象值得深思。

从世界范围看，管理研究一直在与时俱进地变化和发展。蒸汽机时代的到来，催生了泰勒制和管理组织理论、管理层次理论、管理激励理论等；电气化时代带来了福特制、行为科学理论、管理科学理论、系统管理理论等；信息化时代新的技术环境和商业环境、新的分工协作方式以及由此带来的效率的突变，都在呼唤管理理论的创新，遗憾的是，信息化时代管理研究的创新总体上是偏少、偏弱、偏慢的。现在，互联网经济方兴未艾，新一轮制造业革命初现端倪，数字化时代已经到来，历史给了中国一个特别好的机会，中国的管理学者已经立足于一片最肥沃的土壤，体现时代特征、基于中国情境的管理研究，一定可以大有作为。

在此背景下，2017 年 9 月，我们在苏州金鸡湖畔发起成立"中国管理 50 人论坛"，以探索管理学理论特别是具有中国特色的管理学理论创新为使命，以推动管理理论与中国企业管理实践相结合为宗旨，总结中国优秀企业创新发展的经验，应对新的科技革命所带来的挑战，为中国经济社会的振兴、中国企业的崛起、中国管理学派的形成，做出中国管理学者应有的贡献。

我们的这个举动得到了机械工业出版社的大力支持。机械工业出版社华章公司自 1995 年成立以来，在翻译引进西方管理思想方面做了许多工作，做出了很大贡献，"华章经典·管理"系列图书为中国读者带来了弗雷德里克·泰勒、爱德华·戴明、赫伯特·西蒙、詹姆斯·马奇、亨利·明茨伯格、埃德加·沙因等西方管理大师的经典作品。此外，还有管理大师彼得·德鲁克的系列作品。在新的时代背景下，华章公司也在积极关注本土管理实践创新和管理思想的孕育发展。于是，"中国管理 50 人论坛"与华章公司志同道合，携手合作，共同发起"管理学在中国"丛书的出版工作，旨在为中国管理学派的崛起贡献力量。

我们设想，"管理学在中国"丛书所纳入的作品应该代表中国本土管理理论和实践创新的成果，这些作品的作者应该是正在崛起的中国管理学派的领军者。丛书入围标准严格，宁缺毋滥，具体包括：①属于中国本土原创性的研究；②同时具备研究方法的严谨性和研究问题的现实相关性；③属于专题性著作，而不是文章合集。

为了保证丛书的质量，我们将采取"主编推荐，作者接龙"的方式，即由主编推荐三本专著，请作者对他们的专著进行重新审视，认真修改，落实版权，再予以正式出版。然后，由这三名作者每人推荐一本专著，经主编与三名作者一致同意后出版。以此类推，进行接龙，以管理学家的个人声誉为基础，进行选题与编著，体现"学者群体的共同意志"，然后由接龙产生的前10位管理学者组成"管理学在中国"丛书编委会，负责丛书总体规划和指导工作。

在具体选题的审核上，我们采用国际出版界对学术类著作通常使用的同行评审（Peer Review）办法。每位已经出版专著的作者，每年最多可以推荐一本专著，然后请三位专家匿名提供独立评审意见，编委会根据评审意见，采用"一票否决制"做出是否列入丛书出版的决定。

接下来，"中国管理50人论坛"还将与包括华章公司在内的多家机构携手合作，打造"管理学在中国"管理思想和实践交流平台，举办大会、论坛、工作坊、企业调研、中外学术交流等活动，为致力于管理思想和实践创新的学者和实践者创造相互学习、交流切磋的机会，让感悟和创新的灵感在这些跨界互动中自然涌现。

"这是一个需要理论而且能够产生理论的时代，这是一个需要思想而且能够产生思想的时代。我们不能辜负了这个时代。"中国本土管理研究的崛起正当其时。我们期许，未来十年，"管理学在中国"丛书将以一本又一本真正有分量的著作，见证中国管理学派的成长。

王方华

上海交通大学校长特聘顾问、上海市管理科学学会理事长

上海交通大学安泰经济与管理学院原院长

做一个重塑者

在决定提出"协同共生论"这个新的概念和管理方法时，我们已为此深入探讨了 10 年。在过去的 10 年里，我们感受到了环境的变化、技术的力量、企业的挑战、管理者的压力、创新带来的无限可能性。这是一个令人振奋却又充满不安的真实世界。传统认知的局限性、传统组织模式的限制与无力，始终敦促着我们要找到解决方案；层出不穷的可能性、新形态组织模式的创造力与活力，持续激发着我们去寻找解决方案。当我们可以提出自己的解决方案之时，我内心中涌现出的却是在 2020 年底为 2021 年写的新年寄语，这份寄语体现了我们 10 年研究的心路历程，所以，我决定把它作为本书的序。

2020 年超乎所有人的意料，也注定以其特殊性被载入人类历史。当我写下这句话的时候，甚至不知道该如何描绘将要过去的 2020 年。如果用色彩来诠释，是黑、灰、蓝、红四色交织在一起——绝望与惶恐，曙光与希望；未知病毒前的无力与人性光辉下的温暖；在人类高歌猛进的征途中，忽然按下暂停键的寂静……从个体的忐忑、群体的躁动，到全人类的冲撞，这一年，我们终于明白，于浩大的宇宙而言，人类极其渺小，还非常无知。

斯宾格勒在《西方的没落》（第一卷）中写道："西方生存的分水岭是1800 年——这道分水岭的一边，生活充实而自信，它是在一个内在的、伟大的、不曾中断的进化过程中形成的，从哥特人野蛮的孩提时代一直延续到歌德和拿破仑（时代）……在它的另一边，是我们大城市那种迈入暮年、造作而无根的生活，为它塑造形式的是理智。"

1800 年的220 年之后，我们可以说人类生存的分水岭是2020 年——这道分水岭的一边，生活平实而自我约束，它是在一个值得敬畏的、共生的、反求诸己的进化过程中形成的，从浮士德"用心灵去寻找希腊人的土地"的时代延续到现在。在它的另一边，是人类为自身发展所做的进一步刺激、对财富无止境的渴望、对未知的挑战，却并未意识到自己的无知；是自我而世俗的生活，为它塑造形式的也许是科技。

在我的年度精选书单里，有两本书带来的启示显得更加不同。安东尼·克龙曼在《教育的终结：大学何以放弃了对人生意义的追求》一书中，追问我们何以放弃了对人生意义的追求。"人为什么而活？"这个人生中最重大的问题，似乎已经被人们遗忘。人们被裹挟在变化的洪流中，在世俗人文主义的影响下，只关注现实的需求，只关注人为的、外在的甚至被称为科学的评价尺度，但是，"科学创造了它无力填补的一个空洞，是引起当代人烦恼和渴望的原因"。人们丧失了自我。

爱因斯坦在《我的世界观》中，从始至终都在探讨人与他人、与世界、与宇宙的关系。"当我们开始审视自己的生活和工作时，很快就能察觉到，我们几乎所有的行动和愿望都跟他人的存在息息相关。"他的这段话在2020 年的春天里一再得到印证。有一群人，他们将自己的生命与陌生人的命运紧紧联系在一起，让我们看到一个又一个疲惫而坚毅的身影、一个又一个真实的故事，看到人世间卑下的自私和高贵的无私之对照。爱因斯坦写道："我每天上百次地提醒自己，我的精神生活和物质生活都依靠别人（包括活着的人和死去的人）的劳动，我必须尽力以同样的分量来报偿我所领受了的和至今还在领受的东西。"爱因斯坦以这份敬畏及强烈的责任意识，以融入骨子里的善、美和真，全神贯注于客观世界，致力造福人类世界。

从工业革命开启至今的 200 多年间，人类借助技术，努力构建更繁荣的社会，创造更美好的生活，因此获得的飞速发展怎么描述都不为过。这的确是一个伟大的时代，日新月异且充满自信，憧憬胜利的欲望填满了每一个角落。也正是这自信与欲望，让生活进入前所未有的快节奏，导致我们被限定在一个狭窄的视角中。当下的时空局限，让我们甚至不知道内心的需求到底是什么。21 世纪的新技术——大数据、人工智能、生物工程等，将带来的是从未有过的不平等，还是真正实现共同福祉？

今天的技术比以往任何时候都强大，同时也让我们前所未有地感受到威胁，以及对更大的不确定性和未知的恐惧。世界不再是我们所熟悉的样子，我们似乎第一次由自信转入迷茫。理查德·德威特在《世界观》中写道："这是有史以来（至少是在有记录的历史上）第一次，我们没有隐喻可以用，而且我们已经来到了一个分割点，也就是，从今以后，我们可能再也无法用一个方便的隐喻来总结自己所居住的世界了。"

这是一个令人沮丧的时间点吗？不完全是。无论是个体还是人类整体，经由 2020 年的疫情考验，都能够获得对自我与外物的深度认知，拓展生命的维度，使创造性行为回归自然，重振文明生态的多样性和天然性。这恰恰是人的身心被重新唤醒的时刻。重塑，是 2021 年根本性的选择。

重塑信念：相信生活而不是憧憬胜利

在相当长的一段时间里，我们只热衷于成功与增长。技术公司高歌猛进，万亿美元市值公司涌现；新独角兽公司，从几十亿美元，到千亿美元，迅速崛起；科技产品和服务惠及数十亿人的生活，它们创造了前所未有的财富，同时也窥见了我们每一个人的"内心"；医学与健康领域不断的发现与创新、强大的医疗网络，在过去的一个世纪里，既帮助人们将寿命延长了超过20年，也带来了有关生命伦理底线的挑战。

这些显见的成功，让人激情澎湃却又焦躁不安。技术渗透到了人们生活的各个领域，有些甚至带来了毁灭性的冲击。人工智能的出现，更让人有些胆怯，不知道未来人会处在何种境况。在繁华之下，我们所要探寻的人生意义又在何处？

几千年前，古希腊米利都学派的泰勒斯已经在论证等腰三角形的两等边对等角。这些早慧的哲人，在希腊明媚的阳光下生活，心满意足。明媚的阳光和清新的空气，引发感受、思考以及不停的探索。他们为生活而思考，为思考而创造科学，以至于我们今天的科学，没有一门不是建立在他们所奠定的基础之上的。先哲的智慧让我们懂得，真正的信念并不是憧憬胜利，而是相信生活。所有重大的挑战，往往最能凸显生活的价值。真实生活的质朴、纯粹，因其"普遍性"而贯穿在整个人类文明发展的历程之中，生生不息。

重塑价值：敬畏责任而非力量

在新冠肺炎疫情之下，再读威尔·杜兰特和阿里尔·杜兰特的"人类历史只是宇宙的一瞬间，而历史的第一个教训就是要学会谦逊"这个观点时，我们感受到的已经不再是共鸣，而是忐忑。我们需要真正接受的是：人类是现存物种中的一种，并且所有物种都具有平等的地位，"人类的所有记录和成就都会谦卑地复归于千万生灵的历史和视野"。但是，随着技术让生活更加便捷，让人与人的联系更加紧密，让人类活动的空间更加广阔，让社会更加繁荣，一个又一个重大发现让人应接不暇时，我们已然对自然不再心存敬畏。

今天的技术比以往任何时候都强大，如果不能真正基于责任而有智慧地运用，后果不堪设想。因为我们不能高估人类自己，反而需要更加谨慎和小心。此时，责任，是一个人身份的基点，是一个组织的基点，是人类共同的基点。培根曾骄傲地宣布"知识就是力量"，但我却更认同亚里士多德的"责任追随知识"。

教育、信息与数字技术的普及，让大众得以在更大范围内获得知识，进而获得更多的力量，甚至是权力，由此也必然产生更普遍的责任。相对于我们一再努力追求的更大的目标、更多的财富而言，真正推动人类进步的却是值得信任的创造。具有责任意识的人，总是因承认自己的渺小无知而深具同理心。他们从不推卸自己的责任，他们关注美好的事物，并让世界变得更加美好。就如爱因斯坦所言："外在的强制在某种意义上只能减轻但不能消除个人的责任……任何为唤醒和支持个体的道德责任感所做的努力，都是对全人类的重要贡献。"是责任使人类代代相传，而不是其他。

重塑生存：合作共生成为基本生存方式

竞争似乎已经成为我们习惯并默认的一种生存方式。竞争造就了强者和弱者。随着技术、资源、财富的重组与重构，强者恒强、弱者恒弱的现象更有甚于以往。竞争虽然带来了活力和发展，但是竞争带来的不平等和破坏也是显而易见的。新冠肺炎疫情的出现，让我们透彻地感知到"竞争"与"合作"的内涵。

在科学层面，世界各地的科学家与医生进行着令人惊叹的合作。他们共享信息，共享成果，共同研究这种病毒，研制疫苗，并协同作战为全球寻找解决方案。合作带来了全球的曙光，让人们对科学战胜疫情充满期待。在政治层面，我们看到的刚好相反。在疫情开始，某些国家争夺资源，故意散布错误信息，阴谋论满天飞，它们不选择全球性的行动计划，甚至想第一个拥有疫苗来获得经济与政治优势，以至于到今天，全球依然处在疫情危机之中。

新冠肺炎疫情再一次警示我们，人类更需要合作共生，而不是相反。爱因斯坦有一句名言："如果一直保持当初产生问题时的意识水平不变，那么是解决不了问题的。"我们需要一种新的意识、新的世界观，来重塑技术的价值，来理解生存方式。正如我们所看到的事实：人类所有非凡的进步，并非来自竞争，而是出自合作。人类得以在万千物种中存在，并不是因为人类自身强大，而是源于人类与万千物种的关联与共生。科技已经让人类拥有了巨大的能量。我们依然相信，人类能够找到与自然、与未来共生合作的方式，从而拥有与这巨大能量所匹配的智慧。

重塑自我：自我约束并持续学习

疫情带来的未知与冲击虽然让人措手不及，但是在2020年的时空里，依然蕴含着人类内在的精神力量——认知自我，不断探索，跟随智慧，从心向善。我们改变了固有的生活习惯，采用了全新的工作方式；我们探索出了新的商业模式，也形成了新的社交方式；更重要的是，我们开始约束自己，以新的视角来审视过去的生活，来叩问自己的内心，并寻求人性的回归。

疫情面前，我们深感自己的渺小和无知；科技的能量，要求我们更审慎地运用技术与知识，甚至需要与其保持一定的距离。我们深知，一切问题的根源并非在于技术本身，而在于我们如何明智地使用它们，其核心基石，就是我们是否拥有正直的信仰、自我约束的力量。我们的主要敌人，并不是病毒，而是我们自己。

几千年前，苏格拉底和孔子都劝诫人们要更了解自己，并认识自己的无知。如果不能了解自己，就不能持续拓展空间，生命必然狭隘；如果不能了解自己的无知，就不能持续超越自我，生命必然僵滞。这是自我教育与持续学习的过程，只有有了此过程，我们才能扩展自己的理解能力、约束能力、审美能力、创造能力和享受生命的能力。一位作家说过，这个世界，看似复杂，各色人等泥沙俱下，但是本质上，还是你一个人的世界。你若澄澈，世界就干净；你若简单，世界就难以复杂。

在2020年的新年寄语中，我以"2020年，我们需要做的就是涅槃重生"作为结束句。来到2021年，我依然重复这句话，只是，我相信，经历过2020年的你我，会更加明白这句话的意义。经历过疫情洗礼并勇于重塑自我的人，能够赋予自己的生命以意义，这意义可以超越人类自我的狭隘，可以超越技术的中性而归于人性的光辉，可以于质朴、平实的生活之中窥见美好，并由此让世界更美好。

2021年，让我们做一个重塑者。重塑自我，重塑美好世界。

做一个重塑者，我们就从这本书开始行动！

陈春花

企业组织新方式

西方机械论的范式造成了全球危机，此时人类唯一的希望也许是需要一次彻底的内在转变，并上升到一个新的意识水平。

——斯坦尼斯拉夫·格罗夫（Stanislav Grof）

2020 年是一个具有特殊意义的年份。在这一年里，新型冠状病毒遍及全球，不仅导致很多人失去了生命，还使得世界进入了罕见的"大封锁"状态。正如《经济学人》杂志上的一篇文章指出的："疫情暴露出全球治理的无政府状态。法国和英国在隔离检疫规则上争论不休，美国则继续为贸易战磨刀霍霍。尽管在疫情期间有一些合作的例子——比如美联储贷款给他国央行，但美国并不愿意担当领导世界的角色……世界各地的民意正在抛弃全球化。"正是因为各国之间的不协同，新冠肺炎疫情暴发至今，世界依然被动，全球依然处于"大封锁"状态，全球经济依然处在衰退之中。

令人敬重的是 2020 年封在城中的武汉人，他们以极大的牺牲精神，协同了全国，成就了所有人的共生。令人欣慰的是全球科学家与医学工作者之间的协同共生，正如世界卫生组织（简称世卫组织）向全球发出的呼吁："我们需要事实，不需要恐慌；我们需要科学，不需要谎言；我们需要团结，不需要污名。"正是世界各地科学家与医学工作者的合作与协同作战，使得全球极快地了解了与新型冠状病毒相关的信息，并快速研制出疫苗，让人类拥有了战胜新冠肺炎疫情的希望。

在新冠肺炎疫情面前，我们深深感觉到，传统的、竞争的、只关注自身利益的生存方式，本身就是一种放大问题的因素，并不能带来解决问题的方案。那些行之有效的、让我们看到希望的方案，引发我们更深入地思考我们应该做出哪些改变。

爱因斯坦曾表示："如果一直保持当初产生问题时的意识水平不变，那么是解决不了问题的。"假如说，工业时代采用的是以流水线、分工为核心特征的模式来解决问题，那么数字化时代一定会采用一种新的、不同于流水线与分工的模式。这种新的模式已经伴随着数字技术而来，我们需要一种新的意识、新的世界观以及新的方式来重构组织及其运行模式。

随着数据、协同、智能技术的深入发展和彼此碰撞，全新的商业范式诞生了，它动摇了今天许多商业组织的根基。传统行业边界不断被打破，行业间的界限正在消失，任何一家企业以及任何一位企业管理者再也不能为自己拥有成功的经验而沾沾自喜了。正如伊恩·斯图尔特（Ian Stewart）在《生命之数》一书结尾处所写的那样："科学正在使一个个村庄转变为一个个全球化的社区。数学与生物学的融合能带给我们什么启示呢？如果有的话，那一定是团结就是力量。"⊖

数字技术的迅猛发展，使这股团结的力量更加强大，也更加容易形成。

⊖ 斯图尔特. 生命之数：用数学解释生命的存在 [M]. 杨昔阳，译. 北京：商务印书馆，2020.

大量的实践证明：协同共生已成为一种基本的生存状态。

从数字企业的崛起，到新型冠状病毒按下数字化的快进键，再到今天产业数字化的加速发展，这些根本性的变化，推动着我们去探寻协同共生的本质，寻求协同共生效应的价值，以及明确实现协同共生价值的相关管理要素，包括始终贯穿其中的利他共生。

我们清楚地知道，要解决在令人应接不暇的变化中所产生的问题，不仅需要我们自己做出彻底的改变，更需要创造出新的组织形式——更有意义的协同、更有价值的合作、更具责任的创造以及更具灵魂的机构。这种新的组织形式，其定义如何？管理模式与架构如何？有什么样的关键影响因素？我们将如何去创造和实现？这些问题的答案就是本书的焦点。

虽然本书仅限于探讨企业组织的新方式，但是我们确信，从商业活动开始的改变，势必会渗透到社会生活中的每一个人；从商业企业的协同共生开始，社会将整体步入新的意识水平。

目录 · CONTENTS

第三部分　▶ 制度与技术

第一部分

▲

溯源与定义

|

—————

第一章

协同共生的本质

社区并不只是创造富足——社区本身就是富足的。如果我们能从自然世界学到这个等式的原理，人类世界就有可能发生转化。

——帕克·帕尔默（Parker J. Palmer）

—————

我们的研究兴趣一直是组织和合作。我们很清楚地知道："在过去的两个世纪里，现代化给人类带来了史无前例的财富增长和寿命延长，所有这些非凡的进步并非来自个人行为，而是出自人们在组织中的合作。"[一]

事实上，协同并不是一个新名词。如果人类没有协同合作，那些震撼人心的进步就不可能实现。今天，技术的发展让世界变得更加互联互通，每一个人、每一个组织都处在无限链接中。在相互关联

[一] 莱卢.重塑组织：进化型组织的创建之道[M].进化组织研习社，译.北京：东方出版社，2017.

的世界中，以协同共生获得生存及发展，开始成为个人与组织的必然选择。也正因为如此，数字技术背景下的我们，同样需要以一种符合环境发展的状态，来更新自己的认知模式。

当决定拓展新的管理认知与管理理论时，我们深信那些经典理论已经成功地经受住了时间的检验，并不断在更宽广的范围内得到新的应用，催生新的思想。因此，我们先从梳理经典理论开始，一方面，明确如何运用它们，才能够使它们如首次被提出时一样有效；另一方面，我们试图通过展现新理论体系，使它们获得进化与创新。这些经典理论分别是哈肯的协同论、安索夫的协同定义公式、卡普兰和诺顿的组织协同、康德的关系范畴、贝塔朗菲的整体论以及马古利斯的共生理论。通过从协同到共生的再思考，本章将帮助管理者认清协同共生的本质特征——从无序到有序。

哈肯的协同论

1969 年，德国科学家赫尔曼·哈肯（Hermann Haken）第一次提出"协同学"（Synergetics，又称协同论）这一概念，他认为协同学就是一门协作的科学。他对协同的界定是："系统的各部分之间相互协作，使整个系统形成微观个体层次所不存在的新的结构和特征。"[一]哈肯的协同论认为：世界万物都普遍存在有序、无序现象；在特定情境下，有序与无序能互相转化；无序就是混沌，有序就是协同。[二]

虽然协同论在创立之初是用来解释物理学中激光形成的原理的，但对存在万千差异的自然系统或社会系统而言，因其普遍存在协同作用，故协

[一] 哈肯. 协同学：大自然构成的奥秘 [M]. 凌复华，译. 上海：上海译文出版社，2000.
[二] 鲍勇剑. 协同论：合作的科学——协同论创始人哈肯教授访谈录 [J]. 清华管理评论，2019（11）：6-19.

同论也成了人们认识复杂世界的基本方法。

协同论主要以开放系统为研究对象，探讨如何通过内部的协同来适应与外部的物质、能量及信息交换，最后自发实现时空与功能上的有序结构。

哈肯的协同论强调：在系统秩序的形成过程中，大多数情况下合作活动都起着主导作用；没有部件之间的有效合作，所有的有机体都不能存活；从混沌到秩序，合作具有必然性。协同论坚持从系统的角度解释自组织现象，明确指出微观层面的个体活动需要遵循宏观规律，所以掌握宏观规律更加重要。哈肯强调，"自组织过程和自发的合作秩序，可以更有效率和效益，即维持成本低，稳定时间长"。哈肯通过提出几个核心概念，如序参量（Order Parameters）、临界条件（Critical Conditions）、自组织（Self-Organization）、役使原则（Slaving Principles）及实用语义信息（Semantic and Pragmatic Information）等，来构建其理论框架。这些核心概念及其理论框架，可以用来解释系统从无序到有序的变化规律。

2019 年，在"协同论"发表 50 周年之际，哈肯教授接受了鲍勇剑教授的访谈，深入探讨了协同论的世界观、认识论、方法论对管理学的价值。在访谈中，哈肯描述了"协同论"的肖像：**在世界观上，世界是"秩序"与"混沌"同时存在的综合体；在认识论上，协同论是认知"自组织"规律之道；在方法论上，通过理解序参量、役使原则、实用语义信息，我们可以掌握利用系统宏观规律的方法。**⊖

让我们来简单介绍一下哈肯协同论中的几个核心概念及其原理，为我们理解今天的复杂世界提供帮助。

⊖ 鲍勇剑. 协同论：合作的科学——协同论创始人哈肯教授访谈录 [J]. 清华管理评论，2019（11）：6-19.

序参量：通俗地理解，序参量是决定系统有序化程度，用来表征相变过程的基本参量。哈肯在协同论中提出，序参量控制着事物的演化，演化的最终结构和有序程度取决于序参量。例如，在日常管理活动中，我们可以采用测验、调研或投票表决等方式来反映对某项意见的反对或赞同，此时，反对或赞同的人数就可作为序参量。[⊖]序参量是决定系统演化的主导力量。当系统从稳定的无序旧结构向有序新结构演化时，其中有一些变量起着决定性作用，它的大小代表了系统的有序程度，故被称为序参量。

临界条件：临界条件一般指系统由某一种状态转变为另一种状态的最低转化条件。量变积累到质变时，这一刻的条件就叫作临界条件。

自组织：自组织是指系统不需要外部指令而是遵循某种默契的规则，各尽其责而又协调、自动地形成有序结构。

役使原则：役使原则是指系统在演化中存在很多影响变量，在接近状态变化的临界点时，那些"快变量"因为快速变化，在对系统产生影响以前就消失或变化了，而极少数"慢变量"稳定缓慢地变化，在与其他变量竞争中"取胜"，成为控制与支配系统演化的序参量。

实用语义信息：实用语义信息是指能够消除事物不确定性的有一定意义的信息。由于个人在知识水平和认知能力方面有差异，因此，每个人对语义信息的理解往往带有较强的主观色彩。

哈肯的协同论包括三部分内容：协同效应、役使原理和自组织原理。[⊜]**协同效应**是指协同作用带来的影响和结果，即开放系统中的大量子系统相互作用而产生的整体效应或集体效应。**役使原理**，即快变量服从慢变量，序参量（慢变量）支配子系统行为。**自组织原理**解释了系统如何通过与外

⊖⊜　哈肯.协同学：大自然构成的奥秘 [M].凌复华，译.上海：上海译文出版社，2000.

部进行物质、能量和信息的交换，再经由各子系统的协同，最后形成时空与功能上的有序结构。

在工业时代，我们习惯于关注竞争以及如何获得竞争优势的研究。通过竞争寻求竞争优势的确给企业带来了价值，但是，随着数字技术的快速发展、行业边界的融合以及创新价值的不断涌现，疫情之后的协同工作模式，以及企业间、组织间的合作共生，越来越凸显其价值优势。人们开始从关注竞争，转向关注协同，也从理解自身发展，转向必须理解自身与外部的共生发展。

哈肯的协同论启发了我们，在万物互联之中，需要关注协同效应，关注从无序到有序的转化，尤其要关注动态结构中的序参量、起决定作用的慢变量以及自组织特征。

安索夫的协同定义公式

美国战略理论专家伊戈尔·安索夫（Igor Ansoff）于 1965 年在管理学界首次提出"协同"⊖的概念。安索夫运用投资收益率（ROI）确定了协同的经济学内涵，他指出，各业务单元间的有机协作能使企业整体价值大于各部分价值的简单加总，产生"2+2=5"⊜的协同效应。

安索夫在《公司战略》一书中，把产品市场范围、发展方向、竞争优势和协同并列称为战略四要素，这四种战略要素是相辅相成的，它们共同决定了企业的经营主线。对企业经营主线的分析，可以帮助企业恰当地指导内部管理以更好地实现企业战略。安索夫指出，协同创造的价值一方面

⊖　哈肯于 1969 年创建"协同论"后，协同的概念被普遍接受。

⊜　"2+2=5"是指两家公司兼并后，其产出比兼并前两家公司的产出之和还要大。对于横向兼并而言，"2+2=5"效应主要体现在管理协同效应和营运协同效应两个方面。

源于规模经济，另一方面源于管理中拥有管理经验和差异化知识的经理人员的协同。在《植入战略管理》(*Implanting Strategic Management*)中，安索夫（1990）认为，过去 20 年的经验表明，当一家企业实施多元化战略进入另一个行业，但该行业的环境动荡性与该企业原来所处的经营环境不一样时，管理协同很容易产生负面效应。他还进一步提醒，如果管理层不懂业务，就会带来负面的协同效应。对于经理人员的协同，安索夫一直保持非常谨慎的态度。

对于协同效应，大部分人都和安索夫一样持有非常谨慎的态度。马克·赛罗沃（Mark L. Sirower）在《协同效应的陷阱》一书中表示，虽然并购可能为公司带来有效的价值创造，但是在并购的前期、中期、后期都存在着巨大风险和管理挑战，其中很大一部分原因就是高级管理人员在追求可能"并不存在或无法实现的协同效应"。作者曾引用数据说明，公司 60% ～ 70% 的协同是失败的。毕马威发布的研究数据同样显示了协同的失败率高达惊人的 83%。麦肯锡公司发现，61% 的并购计划是失败的，并购战略并未带来预期的足够的资本回报。波士顿咨询公司的研究表明，在并购之前，10 家公司中甚至有 8 家公司都没有思考过怎样将被并购的公司融入进来。

1985 年，迈克尔·波特（Michael E. Porter）在《竞争优势》中指出，获得协同效应失败主要在于公司没有真正理解和正确执行协同，而不是概念本身存在缺陷。事实的确如此，获得协同效应并不是一件容易的事情。但是，我们必须承认的是，协同效应本身价值巨大。安索夫在《公司战略》一书中指出，**协同战略是公司开展多元化业务的纽带，能帮助公司充分利用现有发展优势与业务协同，进而开拓新的发展空间**。协同战略就是

㊀ 波特. 竞争优势 [M]. 陈丽芳，译. 北京：中信出版社，2014.

公司基于自身资源和能力，与环境、机会匹配来拓展新事业，通过协同实现整体价值大于各部分价值总和的战略。在他看来，通过协同，能够使公司内部各子系统、各要素之间相互作用，形成良性循环。

安索夫不仅关注到了公司（企业）内部各业务单元之间的协同，也提及了企业间的协同现象。在他看来，企业间协同是企业群体的业务协同表现，不同企业可以在资源共享的基础上实现共生成长。

安索夫提出了一个协同定义公式（见专栏 1-1），该公式说明，一家产品系列齐全的企业与只生产个别产品的企业相比，可以在单一产品上获得较高的投资收益率，即企业整体价值大于企业各独立组成部分价值的简单加总。同时，安索夫指出："大多数企业由于存在规模优势，即一家拥有完整产品线的大型企业的总销售量与许多小企业总共的销售量一样，但它的经营成本却不高于各小企业经营成本的总和……在投资既定的情况下，一家拥有完整产品线的企业比起参与竞争的多个独立的企业，通常可以体现更高的营业收入和 / 或更低的经营成本的优势。"由此可见，**如果一家公司（企业）能通过产品与市场组合来产生协同效应，那么该公司（企业）就可以在市场中获得优势**。

专栏 1-1　安索夫协同定义公式

产品 P_1 的年收益率 ROI 可以表示为：

$$ROI = \frac{S_1 - O_1}{I_1}$$

式中　S——一种产品带来的年销售收入；

　　　O——产品运营成本，包括劳动力、原材料、综合管理、行政管理、折旧等成本；

　　I——战略投资，即为了开发产品、购置设备和设施以及建立销售网络，必须在产品开发、市场开拓、设备、建筑、机械、存货、培训及组织发展方面进行的投资。

　　对于产品线上所有的产品 P_1，P_2，…，P_n，也会有相应的表达式。如果产品间不存在任何相关性，则企业的总销售额为：$S_T = S_1+S_2+\cdots+S_n$。

　　同样，运营成本和战略投资为：$O_T=O_1+O_2+\cdots+O_n$，$I_T=I_1+I_2+\cdots+I_n$。

　　如果各产品销售收入、运营成本和投资成本互不相关（约束条件），公司的总体收益率则为：

$$(\mathrm{ROI})_T = \frac{S_T - O_T}{I_T}$$

　　但大多数企业存在规模优势，即一家拥有完整产品线的大型企业的总销售量与许多小企业总的销售量一样，但它的经营成本却不高于各小企业经营成本的总和。同样，大型企业的投资也可能不高于各小企业投资的总和。用符号表示为：对于 $S_S = S_T$，我们有 $O_S \leqslant O_T$，$I_S \leqslant I_T$。

　　其中，带下标 S 的表示一家大型企业的指标，带下标 T 的表示各独立小企业指标的总和。其结果是，一家大型企业潜在的投资收益率要高于许多独立小企业的总体收益率：$(\mathrm{ROI})_S > (\mathrm{ROI})_T$。

　　当总投资一定时，我们可以得出相同的结论。此时，$S_S \geqslant S_T$，$O_S \leqslant O_T$，$I_S=I_T$。

　　资料来源：安索夫的《新公司战略》（1965 年出版的《公司战略》的修订版）。

卡普兰和诺顿的组织协同

平衡计分卡的创始人罗伯特·卡普兰（Robert S. Kaplan）和戴维·诺顿（David P. Norton）在《组织协同》一书中指出，组织协同是一项关键管理流程，它将企业、业务单元、支持单元、外部合作伙伴、董事会与公司战略衔接起来。⊖卡普兰和诺顿认为组织协同的来源分别是财务协同、客户协同、内部流程协同、学习和成长协同，并将这一评价体系命名为"平衡计分卡"（Balanced Score Card）（见表 1-1）。

表 1-1　企业协同的来源

企业计分卡	企业价值来源（战略主题）
财务协同 "我们如何提升各业务单元的股东价值？"	内部资本管理——通过有效的内部资本和劳动力市场的管理创造协同
	企业品牌——将多元业务整合在同一品牌下，宣传推广共同的价值观和主题
客户协同 "我们如何共享客户资源来提升客户价值？"	交叉销售——通过在多个业务单元内不同产品的交叉销售创造价值
	共同价值定位——通过在所有店面统一标准，创造一致的消费体验
内部流程协同 "我们如何管理业务单元的流程以产生规模经济效应，或价值链整合？"	共享服务——通过共享关键支持流程中的系统、设备和人员形成规模经济效应
	整合价值链——通过对行业价值链内相连的流程进行整合而创造价值
学习和成长协同 "我们如何发展和共享我们的无形资产？"	无形资产——共享人力资本、信息资本和组织资本的发展

资料来源：卡普兰，诺顿.组织协同：运用平衡计分卡创造企业合力 [M]. 博意门咨询公司，译.北京：商务印书馆，2006.

平衡计分卡是一个协同企业战略和组织架构的系统，管理者在应用平

⊖　卡普兰，诺顿.组织协同：运用平衡计分卡创造企业合力 [M]. 博意门咨询公司，译.北京：商务印书馆，2006.

衡计分卡时需要先描述企业战略，然后再探讨如何运用战略地图和平衡计分卡实现组织架构与战略的协同。管理者在实践中感受到，除非企业利用衡量和管理系统将它们的组织架构与战略协同起来，否则很难找到最佳的工作机制。有效的平衡计分卡通过构建重要指标体系之间的一致性与关联性，让员工通过协同促进战略实现。

卡普兰和诺顿认为，组织协同的责任在总部，并阐述了企业高管层如何通过构建集团层面的战略地图和平衡计分卡，来形象地描述集团的"价值定位"——如何在不同的业务单元之间创造协同效应，如何运用平衡计分卡管理体系协调和管理高层战略实施。

《财富》杂志对管理顾问的调查表明，90% 以上有效阐明的战略不能成功实现。可见，仅靠一个战略理念或概念并不能产生协同效应。因此，卡普兰和诺顿提出"将协同作为一个流程来管理"，这是由于企业若要让战略落实到位，就需要一个组织流程来支撑。

为了让管理者能够更好地理解战略与组织流程之间的协同关系，卡普兰和诺顿指出，组织协同流程要循环且"自上而下"，理想的组织协同应该由总部定义，下属单元执行。通过在业务部门、职能部门与外部合作伙伴之间产生协同效应，企业可以创造更大的价值。在内部流程协同方面，设计了多个协同查验点，通过对企业价值创造的典型流程和步骤的分析、查验，力图在呈现企业总部价值定位的基础上，明确把握影响企业在业务部门、职能部门、外部合作伙伴之间产生协同效应的关键环节（见图 1-1）。

平衡计分卡被《哈佛商业评论》评价为"过去 80 年来最具影响力的十大管理理念之一"。如果说平衡计分卡是基于因果关系提供了战略落地的框架，那么，其中不仅包含因果关系，还包含将结果衡量指标与实现结果的过程相协同，并最终反映在组织支撑战略上。因此，**由因果关系所构**

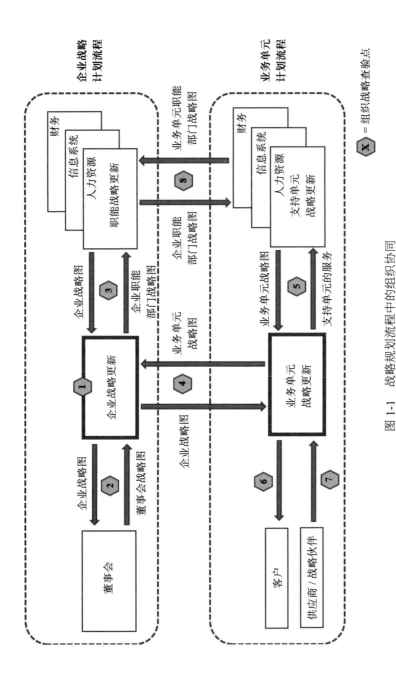

图 1-1   战略规划流程中的组织协同

资料来源：卡普兰，诺顿．组织协同：运用平衡计分卡创造企业合力 [M]．博意门咨询公司，译．北京：商务印书馆，2006.

成的组织架构与战略的协同效应，是平衡计分卡获得实际结果的关键。从某种程度上说，如果一家企业无法获得平衡计分卡带来的实际结果，其核心在于没有实现要素之间的协同。

哈肯、安索夫、卡普兰与诺顿的研究，帮助我们理解了动态变化中协同的效应及作用，这些探讨虽然也涉及对组织外部的思考，但主要是在组织内部的各要素之间展开的。在今天组织所依存的真实环境中，我们还需要基于组织与外部的关系来探讨协同效应的问题。从这个视角出发，康德的关系范畴、贝塔朗菲的整体论与马古利斯的共生理论给了我们有意义的帮助。

康德的关系范畴

西方哲学史上最著名的范畴体系是由亚里士多德、康德和黑格尔确立的。在康德之前，哲学家认识世界都是从外在世界入手，而康德则发现，人类的理性有自身的局限，在认识外在世界之前，首先要对自己认识世界的工具——理性本身进行研究。也就是在认识世界之前，首先要问问自己"我们的认识能力如何，我们能认识什么，不能认识什么"。康德把亚里士多德的范畴理论从本体论、客观性原则和二分法，发展成认识论、主体性原则和三分法（见表1-2），同时还把亚里士多德本体范畴的价值论发展为认识范畴的价值论。

表 1-2　从形式逻辑判断"二分类"到先验逻辑判断"三分类"

四个判断分类	形式逻辑判断分类	先验逻辑判断分类
判断的量	全称、特称	全称、特称、单称
判断的质	肯定、否定	肯定、否定、无限
判断的关系	假言、选言	直言、假言、选言
判断的模态	或然、实然	或然、实然、必然

康德的范畴学说的提出是西方哲学范畴发展史上的一个关键转折点。在康德的《纯粹理性批判》一书中，范畴表是一个非常重要的核心内容（见图1-2），他的目的是说明范畴表在人类认识过程中所起的先验的作用。《纯粹理性批判》对理论理性、人的认识能力所做的批判，最终就是要在人的认识能力里面找到一套先天的结构体系——由范畴表所构成的"人类认识之网"，所有的范畴都是这张网上的纽结，人们需要用这张网去捕捉知识。

I. 量的范畴 单一性 复多性 全体性	III. 关系的范畴 依存性与自存性（实体与偶性） 因果性与隶属性（原因和结果） **协同性**（主动与受动之间的交互作用）
II. 质的范畴 实在性 否定性 限定性	IV. 模态的范畴 可能性——不可能性 存在——不存在 必然性——偶然性

图 1-2　康德的《纯粹理性批判》中的范畴表[⊖]

从范畴出发，康德基于等级划分进行了有序排列。事实上，康德认为，逻辑判断的形式与知性的形式之间存在一一对应关系，即存在几种逻辑判断，就会对应地存在几种范畴。其中，选言判断对应的是关系范畴中的协同性。

康德建立了一整套自然界的立法法规——直观的公理（量的原理）、知觉的预测（质的原理）、关系的原理和模态的原理。康德把十二范畴原

⊖　选言判断是在几种可能的情况下，至少有一种存在的判断。《纯粹理性批判》原版是德文版，存在多种翻译版本，其中"协同性"也被译为"交互性"或"共联性"等。

理[○]分为两大部分（见图1-2），第Ⅰ项和第Ⅱ项为一部分，应用的是数学原理，第Ⅲ项和第Ⅳ项为第二部分，应用的是力学原理。其中，三大关系范畴也被称为实体、因果、交互，最为康德所重视。关系范畴在康德的《纯粹理性批判》中具有极高的地位，其中协同性范畴又是关系范畴中的最高范畴。主动和受动之间的交互作用就是康德所认为的协同性，也被称为"能动者与受动者之间的作用"。

康德在《纯粹理性批判》中提出了纯粹知性的四大原理体系，构成了自然界的根本大法。协同性原理属于第三原理，即关系原理。协同性原理是按照交互作用的法则同时并存的原理，一切实体就其能在空间中被知觉且同时并存而言，都处于彻底交互作用中。协同性只在交互作用中存在，"同时"的意义在于作用和反作用同时发生，而交互性是万物存在的根本大法。

康德认为，万事万物只有在协同性中才能现实存在，凡是需要认识的都要和其他事物发生作用。按照康德范畴表中关于关系范畴的描述，协同是主动与受动之间的交互作用。

贝塔朗菲的整体论

几个世纪以来，哲学上关于整体论和还原论的争论从未停歇。在16世纪近代科学诞生之后的400多年里，由勒内·笛卡尔（René Descartes）

○　对应于12种范畴，就有12种图型：第一，量的图型是数，属于"时间系列"；第二，质的图型是程度，属于"时间内容"；第三，关系的图型是"时间的秩序"；第四，模态的图型是"时间的包容性"。范畴图型化后，实体性的图型是时间中的持存性，因果性的图型是时间中的前后相继，交互性的图型是时间中的同时性。

倡导的"还原论"[⊖]占据主导地位。笛卡尔曾在《方法论》一书中鲜明地提出了具有还原论特色的基本原则："把我所考察的每一个难题，都尽可能地分成细小的部分，直到可以且适于加以圆满解决的程度为止。"[⊜]传统的科学方法是还原论，其基本逻辑是努力认识和识别各个组成部分，通过对部分的了解不断发展出对整体的认识，即世界是简单的，局部可以反映整体。

在笛卡尔哲学的引领下，整个工业社会获得了改变自然的巨大力量，还原论因此成为默认的科学方法，甚至建构了从物理学、化学、生物学等自然科学，到社会学、经济学、管理学、心理学等社会科学的一整套知识体系。

相对于以还原论为主的西方哲学而言，东方哲学和科学则一直以整体论为主导。[⊜]东方传统文化中的主流哲学观认为，复杂的事物（如人体、企业）如果被分割，会丧失掉许多信息，导致失真。中国传统文化本身蕴含的整体论思想，可上溯至儒家和道家思想，以及易经"天人合一"的朴素整体观。具有整体性和系统思维的方法论认为，用还原论研究得出的结论来处理复杂世界的问题，失败是注定的结局。

整体论的科学发端是 1945 年路德维希·贝塔朗菲（Ludwig Von Bertalanffy）创建的一般系统论。[⊗]贝塔朗菲确立了一种系统哲学，指出需要用整体的、系统的视角重新审视研究对象，并强调系统的整体性、层次性、关联性和一致性，这是对传统的、机械的还原论的直接否定。

⊖ 还原论可以帮助人们探寻复杂现象背后的简单原因，它为各学科建立了逻辑清晰的学科体系，因此成为人们追根溯源的最重要的科学方法之一。

⊜ 笛卡尔的《方法论》，又译为《谈谈方法》，由商务印书馆出版。

⊜ 黄欣荣. 大数据时代的还原论与整体论及其融合 [J/OL]. 系统科学学报. 2021（03）. https://kns.cnki.net/kcms/detail/14.1333.N.20210127.1340.004.html.

⊗ 刘劲杨，汤杉杉. 当代整体论的思想整合与形式分析 [J/OL]. 系统科学学报，2021，29（03）. http://kns.cnki.net/kcms/detail/14.1333.N. 20210127.1340.002.html.

整体论是把对整体的思考放在对局部的思考之前，不会因为想要了解企业而对其进行"分解"，在支离破碎的残骸识别中进行判断。现实问题极少是孤立存在的，通常是与其他问题相伴而来的。处理单个问题会涉及多个利益相关者，牵一发而动全身，一旦处理不当，便会陷入"乱题"之中不可自拔。"整体论"主张人们在认识事物时，从全局出发，将整个对象作为一个整体来考量，无论是出发点还是落脚点都在于整体。

虽然整体论可以保持研究对象的整体结构，并通过对整体功能的关注将其与周围环境紧密相连，但由于缺少对对象的细节描述，一直是难以打开的"黑箱"。随着数字技术的发展，"黑箱"被打开：海量的大数据通过集成和综合，可以将数据碎片聚合成整体，沿着其系统运行的本质去探寻和挖掘规律，即可获得系统的整体画像。

德鲁克曾经明确指出管理者的首要任务，就是"创造出一个真正的整体，一个大于各个组成部分总和的整体，一个富有效率的整体，投入其中的各项资源所带来的产出一定要大于投入资源的总和"⊖。任何没有整体观念的管理方案，在追求局部利益最大化的同时，都会导致整体利益的损害。我们同样坚持组织是一个整体的立场。特别需要强调的是，今天的组织就是处在无限链接之中，与环境构成一个整体，必须以整体论来理解组织与环境的关系，否则无法获得组织绩效。

马古利斯的共生理论

与达尔文"优胜劣汰"的进化论不同，美国生物学家林恩·马古利斯

⊖ 德鲁克.管理：使命、责任、实务（实务篇）[M].王永贵，译.北京：机械工业出版社，2009.

（Lynn Margulis）认为，达尔文关于进化由"竞争驱动"的想法是不完善的，共生才是漫长进化时代的"闪光点"。

马古利斯在其著作《生物共生的行星：进化的新景观》中指出，"虽然达尔文把他的不朽巨著命名为《物种起源》，但他的这本书却很少讨论新物种出现的问题……共生对于了解物种的起源和进化的创新能力有着决定性的意义"。因此，马古利斯倾尽心血于盖娅假说（Gaia Hypothesis）和共生理论（Endosymbiosis Theory），并将两者之间的联系及所形成的核心理论，作为其一生的重要研究课题。

盖娅是希腊神话中的"众神之母"，是"大地女神"，是"所有神灵和人类的始祖母神"，也是真正意义上的"创世神"，在希腊众神中具有异常显赫和德高望重的地位。1968 年，在美国新泽西州普林斯顿的一次有关地球生命起源的大会上，大气化学家詹姆斯·拉夫洛克（James Ephraim Lovelock）首次提出了盖娅假说，盖娅假说有别于进化论关于"生物进化是对环境的适应"的观点，该学说认为地球表面的温度和化学组成，受到地球生命体的总体主动调节，地球仿佛是智慧生命一样。

在盖娅假说提出一年后，马古利斯便成为该假说的坚定支持者，随后马古利斯与拉夫洛克展开了深度合作。他们将"盖娅"看作一个既包含庞大生物圈，也包含大气圈、海洋和土壤的复杂的存在，以上要素共同组成了一个反馈、控制系统，该系统的作用是维持"盖娅"体内的平衡，为地球上的生命提供理想的物理和化学生存环境。

马古利斯与拉夫洛克在《作为生物圈的循环系统的大气圈：盖娅假

○　达尔文. 物种起源 [M]. 周建人，等译. 北京：商务印书馆，1995.
○　马古利斯. 生物共生的行星：进化的新景观 [M]. 易凡，译. 上海：上海科学技术出版社，1999.

说》[⊖]中表示，地球的大气圈是生物圈的一个综合的、可以调控的和必需的部分。在二人共同完善和发展盖娅假说时，他们把地球的大气层和地表沉积物看作一个整体。马古利斯不断完善盖娅假说，并深受盖娅假说中关于地球生命的"整体观"的影响，在马古利斯一生所致力构建的共生理论中，也始终遵循着"盖娅"哲学。

马古利斯和萨根在合著的《倾斜的真理：论盖娅、共生和进化》[⊜]中，运用大量的生物创生进化的实例，揭示了自然界进化过程中的"共生"奥秘，即"自然这种盲目力量是在共生中实现生命的诞生和物种的进化的"[⊜]，并于 1996 年提出"生命并不是通过战斗，而是通过协作占据整个全球的"。共生是一种保持生物多样性，通过多样性的个体之间的多维复杂的交互作用创生新物种，并且实现不断发展的自然进化机理。

马古利斯认为，共生是一种普遍的生物学现象，是在人类出现前很长时期内就存在的。在她看来，共生不等于互利共生（Mutualism），"共生是无处不在的""共生是进化创新的源泉""共生是在生物新颖性产生上的一次革命"。1981 年，马古利斯从生态学的角度指出，"共生是不同生物种类成员在不同生命周期中重要组成部分的联合"。

共生是生物学界的普遍现象，如《海底总动员》里的主角小丑鱼和海葵就属于共生关系，海葵拥有带刺的触角，可以保护小丑鱼及它们孵化的胚胎免受外来物种的攻击；小丑鱼在和海葵接触后分泌的黏液，可以为海葵对付以海葵为食的鱼类建造防御工事，因此小丑鱼和海葵之间共生，一损俱损，一荣俱荣。

⊖　《倾斜的真理：论盖娅、共生和进化》中第 10 章。
⊜　马古利斯，萨根. 倾斜的真理：论盖娅、共生和进化 [M]. 李建会，等译. 南昌：江西教育出版社，1999.
⊜　张永缜. 共生社会进化观论纲：一种关于和谐社会的理论阐释 [J]. 中南大学学报（社会科学版），2007，13（03）：262-266.

在历经了 15 次退稿和 1 次原稿丢失后，马古利斯在盖娅假说的基础上，正式提出内共生学说（Endosymbiotic Theory）。马古利斯明确指出，共生关系对共生体和宿主而言是互惠互利的，因为共生体可以从宿主处获得更多营养，宿主可以利用共生体的呼吸作用或者光合作用更好地适应环境。[○]后人在马古利斯内共生学说的影响下，发现这种内共生现象不是发生了一次，而是反复地发生了多次，进而形成了自然界中复杂的多重内共生现象（见图 1-3）。

马古利斯的观点"生命并不是通过战斗，而是通过协作占据整个全球的"，可以帮助我们基于生命的本质特征去理解世界万物。正如她所证明的那样，**共生是自然进化的机理，通过共生，世界才可以保持事物的多样性；通过多样性的个体之间复杂多维的交互协同作用，不断创生新物种，世界才得以不断发展与进化。**

○ Margulis L. Origin of eukaryotic cells: evidence and research implications for a theory of the origin and evolution of microbial, plant, and animal cells on the precambrian earth [M]. New Haven: Yale University, 1970.

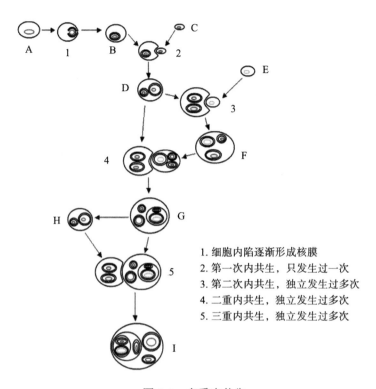

1. 细胞内陷逐渐形成核膜
2. 第一次内共生，只发生过一次
3. 第二次内共生，独立发生过多次
4. 二重内共生，独立发生过多次
5. 三重内共生，独立发生过多次

图 1-3　多重内共生

资料来源：内共生——也许是最早的生命合作形式 [EB/OL]. https://zhuanlan.zhihu.com/
p/358721397.

协同共生的本质
从无序到有序

2019 年 8 月，93 岁的哈肯教授在接受鲍勇剑教授访谈时说道："取更长的时间镜头，合作是秩序形成过程中的主流现象。没有部件之间的合作，所有的有机体都将无法存活；没有有机体之间的合作，生态和社会系统将不复存在。从混沌到秩序，合作具有必然性。"[○]

这句话正是对这一章最好的总结。对这些经典理论的研究，让我们认识到，需要以整体论的视角去看待今天的世界，需要理解生命自然进化的机理是共生，只有基于多样性、交互作用，才可以产生新的价值。协同共生的本质就是：从无序到有序。

○ 鲍勇剑. 协同论：合作的科学——协同论创始人哈肯教授访谈录 [J]. 清华管理评论，2019（11）：6-19.

第二章

协同共生论的定义

当今支撑大型人类组织的领导与管理思想对于组织成功的限制，就如同 16 和 17 世纪封建主义思想对经济成就的限制。

——加里·哈默尔（Gary Hamel）

引发我们探讨"协同共生论"的根本原因是数字技术的迅猛发展，以及由此发生改变的企业基本生存环境。

数字经济造就了一个全新的发展时代，互联网企业的跨越式高能发展，向世界呈现了数字技术的巨大潜能。随着人工智能、机器学习、虚实融合等新技术渗透到生活的各个方面，数字生活成为人们的基本生存方式。

中国互联网络信息中心在 2021 年初发布的第 47 次《中国互联网络发展状况统计报告》显示，截至 2020 年 12 月，中国网民规模达 9.89 亿，互联网的普及率达 70.4%；网上零售额达 11.76 万亿元，其中实物商品网上零售额 9.76 万亿元，占社会消费品零售总额的 24.9%；网络支付用户规模达 8.54 亿。我们已经全然生活在数字世界中。

企业生存环境再认识

蓬勃发展的数字经济和数字生活，形成了与工业时代完全不同的特征，并由此产生了完全不同的商业环境，所以，我们不得不重新理解企业生存与发展的环境——数字技术背景下的环境。我们把这个新环境的基本特征概括为三个：数字孪生、无限链接与价值共生。

数字孪生

数字孪生思想，最初由密歇根大学的迈克尔·格里夫斯（Michael Grieves）教授提出。数字孪生也被称为"数字双胞胎"或"数字化映射"，是数字世界对物理世界形成的映射。2011 年，格里夫斯在《几乎完美：通过产品全生命周期管理驱动创新和精益产品》[⊖]一书中，引用其合著者约翰·威克斯描述概念模型采用的名字，首次提出"数字孪生体"并沿用至今。

数字孪生体，即将孪生体的概念数字化，并利用数字化的方式建立与实体产品的外在形象、内容及性质相一致的虚拟产品。功能是将"孪生体"引入虚拟空间，并建立和实体空间的关联；直观、形象地实现虚实结

⊖ Grieves M. Virtually perfect: driving innovative and lean products tthrough product lifecycle management [M]. Cocoa Beach，FL.，USA: Space Coast Press，2011.

合，以虚控实。同时还可以对"孪生体"进行拓展，如对工厂、车间、生产线、制造资源等建立计算机的虚拟空间内与物理实体完全等价的一系列信息模型。

数字孪生通过融合产品数字孪生体和数字纽带（见图2-1），对物理产品的全程进行数字化呈现，实现"全生命周期"自动化和透明化的管理。借助数字孪生、工业互联网等技术，全生命周期管理能够实现新的盈利模式和潜在的商业价值。

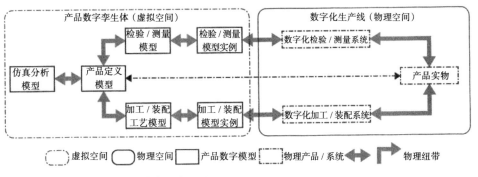

图 2-1　融合了产品数字孪生体和数字纽带的应用实例

资料来源：庄存波，刘检华，熊辉，等. 产品数字孪生体的内涵，体系结构及其发展趋势[J]. 计算机集成制造系统，2017，23（4）：753-768.

我们关注数字孪生，是因为其呈现的数字化特征，即**通过数字技术把现实世界重构为数字世界，并使数字世界与现实世界融合共生**。

无限链接

数字技术带来的第二个基本特征是：世界处在"无限链接"之中。在这个无限链接的空间里，企业内部呈现开放的、社区化的组织形态，企业外部则表现为以顾客为核心的、相互链接的价值共同体。在价值共同体中，企业内部多元分工，顾客与企业之间多向互动。价值网里的每一家企业，都能响应顾客的需求，并在不同价值网里扮演多样化的角色。各角色之间不再是管控与命令式的关系，而是"链接"与松散耦合的关系，组织与组织之间因链接而形成价值网。价值网内部必须是开放的、社区化的状态，这样才能有效利用机会进行资源的高效传递，进而实现组织外高效协同。如果企业想在"跨界"和"连接"上寻求突破，则它可以选择扮演更多资源混搭者的角色，即"连接器"⊖。

马化腾认为互联网将连接更多的用户需求，因而，腾讯旗下的微信、QQ 都是在做"连接器"，致力于构建人、智能设备和服务之间的智能连接。腾讯要成为一个互联网连接器，一端连接合作伙伴，一端连接海量用户，共同打造一个健康、多元的互联网生态。马化腾甚至说，合作伙伴自主生长的策略是没有疆界的。2020 年 12 月，腾讯出品了年度企业文化特刊《三观》，并在序言中写道："六年前，我们提出，腾讯要做连接器，不仅要把人连接起来，也要把服务与设备连接起来。疫情期间的特殊经历让我们更进一步认识到连接的价值，一切的技术最终都要服务于人。继续深化人与人的连接、服务与服务的连接，让连接创造价值，这是我们不断进化的方向。"

在淘宝、苹果应用商店（App Store）等平台上，消费者已经是积极能动、有能力、有判断、有选择地"链接"价值共创者，他们的需求不断地被激发出来，他们的参与能力也不断被释放出来。通过连接——撬动外部商业生态中的资源，企业完全能突破自身资源和能力的极限，提供超越自身能力的产品和服务。

⊖　陈春花，廖建文．从竞争到共生，究竟发生了什么 [EB/OL].（2018-08-14）. https://www.jiemian.com/article/2381862.html.

价值共生

数字技术带来的第三个基本特征是：不同主体之间的价值共生。苹果公司的崛起过程就是用无限链接来实现价值共生的过程。

早在 2001 年，苹果公司就在年报里陈述了名为"数字中枢"的商业战略，它认为个人数码设备的发展将会迎来新纪元。苹果公司当时判断个人电脑会成为数字中枢设备，因为个人电脑满足数字中枢设备的特点，如在运行复杂程序的同时保障用户界面的友好。更重要的是，它的存储成本较低，而且能保持与外部设备及互联网的连接性，为接入设备提供高附加值应用。

由于苹果公司预判手机将成为"数字中枢"，人们会因此进入"数字生活"。2007 年，苹果公司推出的第一款手机 iPhone 就成了便携式明星级产品，经过多次软硬件升级，iPhone 成了数字生活的核心产品。App Store 不设置任何接入限制，任何个人或者软件开发商都可以在 App Store 上销售软件。同时，为了给顾客带来良好的体验，苹果公司保留了 App Store 上销售软件的唯一质量裁定权。

苹果公司打造出无限链接的生态圈方式，纵向上连接供应商、产品用户，横向上连接附件生产商和内容供应商。附件生产商和内容供应商可以分享盈利，而在整个共生空间中处于最核心地位的则是 iPhone 顾客的用户体验。

苹果公司的实践表明，每一次连接的突破，都伴随着人们生活模式和工作模式的改变，都是开发者、供应商与顾客之间的价值共生。通过突破物理世界的连接、突破设备的连接、突破系统的连接，一次次实现一体化的消费体验模式，苹果公司实现了以顾客为中心的"数字中枢"战略，并获得了成功。

数字技术为企业生存环境带来的三个新基本特征——数字孪生、无限链接与价值共生，已经深刻影响了企业的发展方式。为了适应这种具有新特征的环境，"寻求竞争优势"的概念已经被"协同共生"的思想所替代——既能够发展出企业自身的不可替代性，同时又能够与产业伙伴一起随着顾客的变化、新的价值空间的出现而不断适应和协作。组织内外成员被看作重要的价值共创成员，而不再是各自独立的工作成员。连接、互动和协同能力被视为获得价值和绩效的基本途径与方式。

在数字技术快速发展与迭代的背景下，曾经被视为至关重要的战略与经营条件的"企业边界"与"行业边界"，在许多情况下已经成为明显的障碍；曾经被视为获取企业竞争优势法宝的"独占资源"，在今天也已显然成为企业衰退的影响因素；曾被视为大型组织最擅长的手段的控制和官僚制度，亦被证明抑制了组织的发展，并成为妨碍组织适应新环境的根本要素。

组织与环境之间的界限变得更加富有弹性，随着数字技术渗透到各个行业、各个领域，在企业与企业之间建立起来的价值网络，推动组织向协同共生的方向发展。层出不穷的新商业模式、新物种、新战略联盟与组合，让人们真切地感受到，现在是由伙伴思维，而不是由竞争思维来构建组织、同行、产业伙伴、经营环境、公众和员工之间的关系。

这些变化促使我们理解协同共生的相关经典理论，并试图回答以下几个问题：数字技术环境下的"序参量"是什么？其关系范畴如何？协同要素之间的合作方式如何？共生与整体效应如何呈现？涵盖这些内容的定义与框架，被我们定义为"协同共生论"，也就是本书的核心概念。

协同共生论的概念界定

经典文献给我们的启示

哈肯的协同论的提出，虽然对管理学有着特殊的意义，但囿于复杂的模型处理和高度抽象的数学符号和语义解读，并没有在管理领域得到广泛运用。安索夫完成了哈肯未能完成的任务，将"协同"运用到管理领域中。安索夫同时关注了组织内协同和组织间协同，但对"协同"的经济学内涵，他更多关注的是规模经济带来的协同效益。卡普兰和诺顿提出的平衡计分卡为我们提供了一种新的可能性，企业可以采取四种组织协同来源的协同以获得成效，但是该方法更多地被运用在组织内部，组织外部巨大的价值空间被忽略了。

康德关于关系范畴的论述，将我们带向一个新的协同关系关注方向，即主动和被动之间的关系。在数字技术背景下，万物关系互为主体，因而需要我们在康德关系范畴的基础上，探索出一种新的关系范畴，即在互为主体的互动中，主动性带来的协同新问题。贝塔朗菲的整体论更是启发我们"从外而内"去看待企业与环境之间的关系。当我们意识到"整体大过部分之和"时，组织与组织之间的连接互动带来的新效应让我们感受到无限的可能性。在组织"新物种"不断涌现的今天，马古利斯的"共生是进化创新的源泉""共生是在生物新颖性产生上的一次革命"等论断，以及其在"真核生物起源"问题上的突出贡献——"内共生学说"，则从学科的视角，帮助我们探索了组织内外共生背后的本质规律和演化真谛。

受益于哈肯关于"协同论"的新世界观、认识论和方法论给我们带来的启发，尤其是在"序参量"概念的引导下，我们确信可以沿着从"无序”到“有序”转化的关键要素去展开探寻，安索夫的协同定义公式以及卡普兰和诺顿的四个组织协同来源带来的协同效应与企业竞争优势，帮助我们理解了组织内部协同共生的本质特征。我们继续从组织内部转向组织外部展开探讨，借助于康德的关系范畴去确定新的关系范畴，运用贝塔朗菲的整体论去理解组织内外部共同形成的整体价值，借鉴马古利斯的共生理论去探讨组织共生的关键要素。

我们把对这些经典理论的理解，与数字化时代环境的基本特征融合在一起，构建了新的组织管理方法——协同共生论。接下来，我们将介绍这一新方法的相关内容及管理实践，以便管理者能够充分掌握，从而应对不确定性带来的复杂性、混乱和重新定义行业的挑战。

三个基础概念

在探讨协同共生论的定义之前，我们先介绍三个基础概念：分工、分形、混沌。

分工，原指劳动分工，即各种社会劳动力的划分与独立化。随着近代工业的出现、资本主义经济和科学技术的发展，社会分工得以广泛建立，生产过程的专业化分工越来越细，在整个社会中形成复杂的分工体系，并把分工扩展到国际范围内，出现了国家间的分工。

分形，通常被定义为“一个粗糙或零碎的几何形状，可以分成数个部分，且每一部分都（至少近似地）是整体缩小后的形状”，具有自相似的性质。换句话说，分形是其组成部分以某种方式分成与整体相似的形。分形理论的原则是自相似原则和迭代生成原则。

混沌，我们可以通过科学家关注、区分的状态去理解这个概念。科学家主要区分以下三种状态：稳定均衡、有限度动荡（或混沌）、爆破性动荡。其中，混沌是一种有序和无序的混合状态，在这种状态下，有许多无法预测的事件和变化，但是一个系统行为的基本模式是可以确定的。

分工、分形与混沌，是我们理解企业形成与发展的基础概念。没有分工的演进、生产过程的出现，就不会有我们今天所探讨的企业。随着专业化分工的发展，企业形成与其目标自相似的单元——分形自相似原则，因此，专业化分工的演化就是一个企业分形的过程。根据分形相关的协同阐述，从一个有序态向另一个有序态转化的过程中会出现分形结构，分形结构是变化的桥梁，以利于促进自组织的实现。分形结构存在于一个动态变化的系统中，它自身就是动态变化的，并且能适应环境。管理学者认为，分形结构的特点启发人们采用分形理论构造企业组织。由于分形的自相似原则与迭代生成原则，企业分形所展开的专业化分工会导致混沌现象出现，这种混沌现象贯穿于分工发展的始终，这就要求管理者能够驾驭混沌。

混沌的主要特征之一就是轨道的不确定性，取得世界级成就的经济学家杨小凯认为，轨道的不确定性是由"各结构之间局部最优决策的不连续性以及信息和决策之间的相互依赖"，即"一系列的无效分工"⊖导致的。我们可以借助于图 2-2 来理解这一观点。按照图 2-2 展示的过程，我们了解到专业化分工产生的分形结构，首先是企业网络，然后是企业集群，最后是网络组织。这也是社会化发展的趋势。

"专业化分形的过程，是生产的社会化过程，实质上就是把产品的各种加工过程彼此分离开来，划分并独立化为越来越多企业的过程。"⊜分

⊖⊜　朱其忠. 网络组织共生研究：基于专业化分形视角 [M]. 北京：社会科学文献出版社，2013.

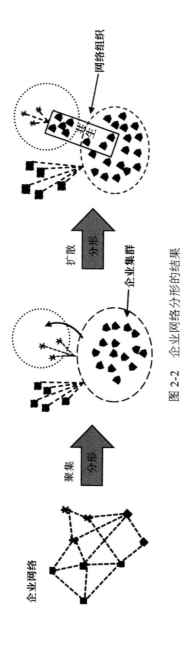

图 2-2　企业网络分形的结果

注：■、✱、◆代表不同类型的企业；○、⊙代表不同类型的地区域；- -代表组织之间的关系。

资料来源：朱其忠. 网络组织共生研究：基于专业化分形视角 [M]. 北京：社会科学文献出版社，2013.

形产生于迭代的系统动力行为，从企业视角而言，就是不断生长和繁殖的活动。

专业化分工产生交易费用，"交易费用对分工演进和经济发展有着极其重要的影响，交易费用系数越低，分工水平就越高；反之则越低。"[一]企业之间的协作是以分工为基础的，没有分工就没有协作。企业间的协作形式和过程，随着专业化分工和生产力的发展，不断从低级向高级演化。"专业化分形的结果，改变了由专业化分工所带来的企业之间的无序状态，产生企业间有序的结构。"[二]从整个社会有机体的角度而言，专业化分形的过程是一个由无序向有序转化的组织社会化"协同共生"的过程，我们也因此得出了图 2-3 的组织协同共生示意图。

在《协同：数字化时代的组织效率的本质》[三]一书中，我们围绕组织效率展开研究，探讨了组织内协同共生的管理者行为，所以在图 2-3 中，有关组织内效率释放的内容就不再赘述了。在本书中，我们关注处于无限链接空间中的企业组织如何从无序状态转向有序状态，进而构建企业价值网络，并共生共创价值，这个过程所涵盖的内容就是"协同共生论"。

四个全新的现实

大多数人都会承认，今天组织所处的环境已经变得越来越复杂，也越来越容易发生不可预测的变化。就如从 2020 年开始新冠肺炎疫情在全球蔓延，到 2021 年的夏季，我们仍未找到彻底走出疫情困境的途径。不确定性、复杂性、不可预测性已经成为常态，这种情况甚至还在加速发展

[一]　杨小凯. 新兴古典经济学和超边际分析 [M]. 北京：中国人民大学出版社，2000.
[二]　朱其忠. 网络组织共生研究：基于专业化分形视角 [M]. 北京：社会科学文献出版社，2013.
[三]　陈春花，朱丽. 协同：数字化时代组织效率的本质 [M]. 北京：机械工业出版社，2019.

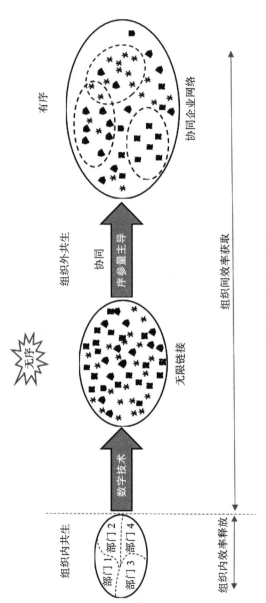

图 2-3　组织协同共生示意图

中，简而言之，环境正在变得越来越不可预测。

随之而来的更令人紧张的情形是，我们依然习惯采用传统的组织模式与经营方略，事实上它们已经完全不适用了。我们所擅长的这些管理方法是在一个相对稳定、可预测的环境中形成的。大部分情况下，企业还是沿用公司高管确定战略、公司中层负责执行的传统模式，公司中大量的信息依然沿着过去的路径，按等级结构层层向上传递给高层，更有甚者，管理层还在使用自己过往被验证过的成功经验来做决策。请大家回想一下2020 年新冠肺炎疫情暴发时的全球状态，这些成功的经验在新型冠状病毒面前是多么无力。

正是基于这些基本事实，我们认为，至少有四个全新的现实，迫使管理者必须从过去成功的管理经验中走出来。

现实一：处在无限链接中的组织，既深受环境的影响，也会影响环境。"系统在与外界环境交换的过程中可以保持'活的'结构，企业持续存在必须具备的前提条件是：充分开放，与外界充分交流能量、物质和信息。对于今天的企业而言，开放结构而非建立壁垒是极其重要的组织管理要求，因此，组织更需要形成开放与合作的结构，令外界更容易被纳入，或者让组织本身更容易融入环境。"⊖

现实二：在动荡、巨变的环境中，没有人对正在发生的、将要发生的情形有足够的了解，更大的难题还来自康德所强调的关系范畴中"凡是需要认识的都要和其他事物发生作用"，动态、演化与进化对企业战略的制定与执行都提出了前所未有的挑战。

现实三：企业与经营环境已经不再是一种线性关系，经济范式也由规

⊖ 陈春花. 解码未来领导力：codes 模型及其内涵 [J]. 清华管理评论，2019（1）：18-26.

模经济转向范围经济。在这种新经济范式之下，相对稳定、封闭、垂直的线性模式，将走向相对开放、互动、互联的协同模式。

现实四："当你寻求秩序，你得到的不过是表面的秩序，而当你拥抱随机性，你却能把握秩序，掌控局面。"[⊖]

协同共生论的提出及其定义

我们需要承认这四个新现实，并为此找到新的管理方法。通过对经典文献的梳理、对现实的近距离观察以及领先企业的实践，我们提出了"协同共生论"。为了更好地呈现这个核心概念，我们先以表 2-1 来做一个总体概括，然后再分别展开对各个概念的介绍。

表 2-1　协同共生论概览

共生类别	底层逻辑	效率获取	实现方式	序参量
组织内共生	组织内协同	内部效率	责、权、利对等	分工、分权、分利
组织外共生	组织外协同	外部效率	企业价值网络	价值、目标、技术、数据、认知/思维
组织内外共生	组织内外协同	大系统效率	内分工＋外分形	内分工（责、权、利对等）、外分形（价值、目标、技术、数据、认知/思维）

我们采用贝塔朗菲整体论的方法，把组织放在环境大系统中，再根据哈肯的役使原理以及序参量的概念、康德的关系范畴以及平衡计分卡战略关键要素的内容，理解组织边界是一个组织与其他组织及外部环境相区别、相联系的接口或管道。基于组织的内外情境，协同底层逻辑、效率获取、实现方式、序参量等因素间存在的巨大差异，再借鉴马古利斯的内共

⊖　塔勒布.反脆弱：在不确定性中获益[M].雨珂，译.北京：中信出版社，2020.

生理论，我们将协同共生分为组织内共生、组织外共生、组织内外共生三种类型。

组织内共生。组织内共生的目标，是通过组织内部协同增效实现边界内组织成长。 组织内部协同增效的获得受组织内序参量的控制，组织内的演化结构和有序程度都取决于组织内部的三个序参量——分工、分权、分利。其中，分工是基础，责、权、利对等是组织内协同的关键。以上三个序参量是组织内绩效的核心来源。

组织外共生。组织外共生的目标，是通过组织外部协同增效实现跨边界组织成长。 组织外部协同增效的获得受组织外序参量的控制，组织外部是由"一系列无序的社会化分工""有序的协同企业网络"构建而成的，由无序到有序的过程，主要取决于五个序参量——价值、目标、技术、数据、认知／思维。其中，价值是核心，认知／思维是基石，目标决定共生空间的可能性，技术和数据是协同共生的技术保障。今天的组织在更大程度上是由组织外的价值空间驱动成长的，组织要有能力通过组织外协同获取跨越组织边界的更大价值。

组织内外共生。组织内外共生的目标，是通过组织内外协同增效实现系统自进化。 除了组织内和组织外的价值共生外，在数字技术与数据贯穿之下，组织内外协同共生的价值，是一个更加需要关注的内容，比如腾讯的 AI（人工智能）技术与医生诊断组合在一起获得准确率更高的结果，既帮助了医生，也给腾讯创造了新的价值空间。所以，组织内外协同共生的价值，具有无限想象空间和无限发展的可能性，这也是熊彼特所定义的创新内涵⊖——数字技术与产业融合后的"新组合"。这种新组合，需要"支配组织外部协同增效获取的序参量"与"支配组织内部协同增效获取的序

⊖　熊彼特提出，所谓创新就是要"建立一种新的生产函数"，即"生产要素的重新组合"。

参量"的融合与共生，即决定"外分形"的价值、目标、技术、数据、认知 / 思维序参量被全部保留，成为组织内外大系统效率获取的关键。与此同时，作为组织内部协同增效获取的序参量的融合，"责、权、利对等"被同步保留了下来，进而形成"内分外合"（内分工＋外分形）的组织内外共生实现方式。只有通过组织内外协同获得大系统效率与新价值空间，才能最终实现更大范围内系统效率与系统价值的自进化。

所以，**协同共生是指共生单元通过不断主动寻求协同增效实现边界内组织成长、跨边界组织成长、系统自进化，进而达到整体价值最优的动态过程**。

协同共生可分组织内部、组织外部和跨组织三种情况。**内部协同共生**是指企业生产、营销、技术、供应以及管理等环节各自创造价值却又协同作战产生整体效应。**外部协同共生**是指价值网络中的企业由于相互协作，共享资源和能力，获得比作为一个单独运作的企业更大的成长空间。**跨组织协同共生**是指不同行业、不同领域中的企业通过相互协作共创，创造出原行业或原领域从未有过的新价值。

需要进一步说明的是，在组织情景下，共生单元包含个人、团队、组织、环境四种要素，当共生单元中四者内部以及四者之间协同共生时，将构成人—团队—组织—环境的协同共生体系[⊖]。协同共生效应的本质就是通过构建共生体系获得**协同增效**（在后面的章节将会专门探讨）。具体是指，共生体系中的共生单元，在序参量的主导下，通过主动协同增效的方式不断动态演化，进而实现**整体最优**。在序参量中，尤为强调的是技术与数据

⊖　一般意义上，组织关注的协同共生体系，只呈现在部分要素内部或组织间，在社会范围内形成了人—团队—组织—环境的协同共生体系，其实是一种理想化的社会化大协同。如，当组织 1、组织 2 之间通过协同过程，实现了二者整体大于部分之和时，则可以认为组织 1 和组织 2 两个共生单元间形成了一个小的协同共生体系。

产生的作用，这也是协同共生得以实现的关键。

综上所述，我们得出结论：**协同共生论，就是指实现协同共生概念，即在实现整体价值最优的动态过程中，达成协同共生效应、架构、管理模型及价值重构关键要素的管理方法。**

企业新价值与管理重塑

每次思考和探讨"协同共生"话题时，我们总是会联想到交响乐。第一次听贝多芬的《命运交响曲》时，我们都不自觉地爱上了他。贝多芬的作品气势磅礴、深邃神秘，充满力量；形象丰富多样，形式各具特色，他不仅让每一个乐章中的各个主题相互统一，而且在整个套曲的不同乐章中也达成了内在的统一性。有人评价贝多芬作品的特点时这样写道："他突破了传统的形式结构、动机型的主题运用和动力性的乐思发展，使音乐具有非凡的气势和力量；建立在功能体系上的变音体系，成为他的和声风格特征。"贝多芬还加入人声合唱元素，使得交响乐更具延展性与共鸣性。

贝多芬作品的风格也正体现了交响乐的独特之处。交响曲"Symphony"一词，源于希腊文，意为"共响"。在古希腊，交响曲指音与音之间和谐的结合，以及彼此协调的歌唱，是当时"和音"和"和谐"两个词的总称；在古罗马，交响曲则指器乐重奏。交响曲是和谐与和音的组合，交响乐团则是呈现各自特征与整体和谐的载体。交响乐团用到数十种不同类别的乐器，它们都有着各自不同的特色和个性，在演奏音乐时需要确保配合与协调。

让人感兴趣的还有交响乐演奏中的乐队指挥，在他的指挥下，交响乐作品给听众带来了心灵的共鸣和震撼。乐队指挥的作用非常重要，他指导整个乐团的音乐演奏，使得多个声部的演奏能够成为一个整体。乐团指挥也是对音乐的一种诠释和再创作。指挥家詹姆士·列文（James Levine）曾说："指挥棒也是一种乐器。"指挥不仅要熟悉整部作品并做出清晰的诠释，带领大家排练并达成和谐一致，还要在台上决定一些无法定量的处理，同时，把自己作为作品的一部分，通过自己的表现来增强作品的感染力，在这一点上小泽征尔尤为突出。

指挥的工作就是将自己对音乐的诠释传达给乐团，并协调各个声部以创造音乐。在这里，指挥更像是一个合作者、一个导师、一个连接器，他保证演奏者能够精准地完成各种难度的演奏技巧，同时又协调一致。在他的指挥下，我们可以看到每一个人的独特性，同时，整个乐团又达到了整体的和谐、完美。

今天的环境更像一首交响乐曲，每一个单元都是独立的，但是交织在一起，激荡、冲撞，然后达到整体和谐。快与慢、悲与喜、喧嚣与宁静；奏鸣中有低吟，绝望中有希望……充满冲突却又彼此相关，每一个部分都竭力保存自己，然而又必须融合在整体之中，最终因整体呈现出的生命活力而得以永恒。

今天的企业更像一个交响乐团，乐团中的每一个成员都是独立的，他们要确保自己是不可替代的角色，充分发挥每一种乐器自身的特色优势，以独特的魅力来呈现作品中自己的责任并贡献出卓越的价值。乐队成员是确保乐队成功的关键，因此，他们需要刻苦训练，完整理解作品的意图，在演奏时完全听从乐队指挥，与其他成员协调一致。

企业家就是乐队指挥，既要诠释作品，又要训练团队成员，并在现场信任、授权大家各自独立演绎，同时还要作为一个成员展示自己的表演力，以增强作品的感染力。

我们终于理解人们为什么特别喜欢小泽征尔了。一名优秀的企业家就如小泽征尔那样，训练组织成员，使其变得更加优秀，了解整个环境与企业状态，然后设定一整套方案并确保有效实施，使得团队在最佳状态下进行演绎。而且，还要在现场处理各种不确定性问题，确保团队与顾客之间的共鸣、互动被激发出来，达到最佳效果。

交响乐就如我们所探讨的协同共生价值。我们深入企业调研，发现领先企业的实践无一不呈现出交响乐队的特征。华为不仅在 5G 技术领域全球领先，集聚了 19 万名优秀的员工，而且确立了"联接"战略，帮助人们实现"联接"，进入数字世界与智能社会。腾讯不仅在社交技术应用领域提升了超过 10 亿人的生活水平，还将自己定位为一个"连接器"，赋能产业伙伴，实现数字化转型。这一切，都引发我们从一个全新的视角去重新发现与认识企业的价值。

重新认识企业价值

在企业层面，对于价值的认识，可以简单理解为一个由内而外的过程。人们比较容易关注到产品与业务产生的价值，这部分价值由企业内部创造，体现在业务层面。随后延伸到客户层面，就有了来自客户的价值。发展到今天，价值活动在与客户相关的整个价值网络展开，企业价值由整个价值网络共创。

在《组织协同：运用平衡计分卡创造企业合力》一书中，卡普兰与诺顿提出了对业务单元的四种典型的价值定位。[○]沿用这四种价值定位，结合协同共生论中对组织三种类型的界定，我们把企业价值定位确定为以下六种类型。

○ 卡普兰，诺顿. 组织协同：运用平衡计分卡创造企业合力 [M]. 博意门咨询公司，译. 北京：商务印书馆，2006.

组织内共生的价值定位

▶ **整体成本最佳**：为客户提供持续的、及时的、低成本的产品和服务。

▶ **产品领先**：为客户持续提供具有延展性的产品和服务。

组织外共生的价值定位

▶ **客户解决方案**：为客户提供一系列定制化的产品和服务，并组合知识帮助客户解决问题。

▶ **系统平台**：为客户提供的平台成为产品和服务的行业标准。

组织内外共生的价值定位

▶ **数据系统**：为客户与组织内外成员洞察变化和需求提供服务和支持。

▶ **价值网络**：为客户与组织内外成员提供新的价值空间。

如今的大多数企业都处在不同的价值网络之中，如果一家企业想要获得价值创造的可能性，就要协同组织内外的单元，并创造协同共生效应。当企业把不同的组织单元协同在一起工作时，将会产生超过任何一个独立单元所能创造的价值，即协同共生价值，我们称之为企业价值再认识。

对企业价值再认识，我们可以用两个简单的公式来表示，这两个公式也决定了价值创造战略的构成要素（见图 2-4 ）。

以我们对企业微信赋能零售的调研案例来说明。企业微信用微信的平台技术赋能天虹百货（简称天虹），企业微信的价值创造活动给天虹带来了协同共生的价值，一方面，帮助天虹直接触达消费者，同时还大幅度提

```
┌──────┐     ┌──────┐     ┌──────┐     ┌──────┐
│ 价 值 │  =  │来自客户│  +  │来自企业│  +  │来自共生│
│ 创 造 │     │的价值 │     │的价值 │     │伙伴的价值│
└──────┘     └──────┘     └──────┘     └──────┘

┌──────┐     ┌──────┐     ┌──────┐     ┌──────┐
│价值创造│  =  │客户价值│  +  │企业价值│  +  │共生伙伴│
│ 战 略 │     │ 定位 │     │ 定位 │     │价值定位│
└──────┘     └──────┘     └──────┘     └──────┘
```

图 2-4　企业价值创造的两个公式

升销售与沟通效率；另一方面，拓展了新的在线价值空间，同时还帮助天虹的合作方获得更精准的销售洞察。天虹的导购用企业微信添加消费者，进行线上服务，在不营业的时间段里在线上创造了 16% 的交易额。2020年，天虹 4 万名导购添加了 300 多万名消费者。以前，线下发出去的优惠券核销率只有 8%，与企业微信合作后达到 71%，提升了约 8 倍，线上优惠券带来的销售额已经超过 10 亿元。企业微信也因为与天虹的协同共生，更好地延伸到传统百货业，并获得价值成长。

我们今天能够探讨协同共生价值，其中有一个关键要素，是数字技术带来的实现能力。数字化所形成的连接，实现了不同场景要素、跨产业边界等多样化触点的自由组合，实现了新的价值创造，这正是我们需要重新认识企业价值的根本之所在。

管理重塑的观念更新

探讨管理方法，核心在于要围绕如何创造企业价值而展开。如前所述，今天的企业有六种价值定位，它们决定了企业价值战略的变化，而支撑企业价值战略的管理模式也应随之改变，这就要求企业重塑现有的管理，为了做到这一点，至少有如下几个观念需要更新。

观念一：创造属于你自己的、持续更新的不可替代性

在互联网时代，有一句话常被引用——"你跑赢了对手，却输给了时代。"这句话非常清晰地表达了在动态与迭代频发的环境下，企业不再能够固守原有优势的现实。例如，传统汽车制造商所生产的汽车，质量好、成本低、性能高，但是以特斯拉为代表的造车新势力，却完全不以传统汽车制造商的产业逻辑来发展。从传统汽车行业的未来发展来看，传统汽车制造商无论在产业系统内做出怎样的努力，都无法减缓衰退的趋势。也许我们还不能这么快下定论，但是，数字技术对传统汽车制造业的冲击以及技术渗透所产生的影响，已经是一个不争的事实。

技术变化与企业战略要素之间复杂的相互作用，会产生出人意料的结果。我们需要从稳定均衡的产业发展状态的思维习惯中跳出来，去感知跨领域或者新技术渗透带来的各种可能性，持续调整自己的价值创造活动，更新或者迭代自己创造价值的能力。有时候，为了获得新的能力，甚至要有目的地主动放弃原有优势，这样才可以在变化中保持自己的不可替代性。

观念二：运用混沌思维

人们习惯以 VUCA 来命名这个时代，这四个英文字母分别是动荡性（Volatility）、不确定性（Uncertainty）、复杂性（Complexity）和模糊性（Ambiguity）的首字母。在此时代背景下，混沌状态的思维方式才可以帮助我们认知和理解这个时代的特征。线性思维方式倾向于把发展过程看作一种稳定的趋势，混沌思维方式则把发展过程看作一种从一个稳定状态跳跃到下一个稳定状态的临时状态。所以，拥有线性思维的企业总是以惯性去预测行业的发展，且总是认为增长是可预测和稳定的。拥有混沌思维的企业对于行业发展的理解，则更具有危机感，总会设想不增长或者被超越的情形出现。在今天，后者才是有效的思维方式。

在混沌思维的帮助下，企业能够迅速地转向新的可能性，它们会更加在意变化以及引发变化的因素；它们也会更有意愿去研究新技术；同时，它们将变化带来的动荡视为正常，有时候它们甚至会认为这是天赐良机。

观念三：建立战略——从竞争到共生

如果我们认为组织本质上是处于一个万物互联、充满不确定性的环境里，那么我们就会认识到，企业所处的行业也一样与其他行业相互关联，并处在动态变化之中。我们可以从企业确立战略的两个维度来看。从顾客价值维度来看，顾客不再是独立的存在，他也和企业建立了互动关联的关系；从产业价值维度来看，产业伙伴以及产业链外的伙伴相互影响，同样与企业构成了不同的价值组合。当企业确定自己的战略时，很可能出现的情况是，企业并不知道自己的竞争对手是谁，也无法预测未来，因此沿用工业时代的竞争战略，是无法真正解决问题的。

企业战略发展模式必须超越以往的模式，从基于竞争对手确立战略的框架下挣脱出来，从依赖行业经验和预测确立战略方向的模式中脱离出来。企业必须放弃原有的制定战略的方式，回归到以顾客为中心、为顾客创造价值、与顾客共生、与环境协同的方向上来，与伙伴共创，运用开放组合与协同外部资源的战略模式，实现企业价值追求与价值贡献。

观念四：持续开放的组织学习

打造学习型组织无疑是最重要的管理方法之一。组织学习能给企业带来创造力、绩效的持续改善以及组织知识系统的创新，已成为人们的共识。在新技术不断涌现、不确定性成为常态的环境下，通过组织学习适应新的环境已经成为企业的必选项，我们所要关注的是，如何持续开展组织学习，保持企业对环境的动态适应能力。

人们必须用不同的方式展开学习。"其中最有力的观点之一就是，如果一家企业要发展壮大，那么它学习的速度就必须快于（或者至少要等于）外界环境变化的速度：$L \geq C$。"我们非常认同这一点，同时，还需要关注另一个有关学习的判断，那就是知识增长的速度同样迅速。有人认为每隔七年知识就要增长一倍，这意味着我们已经拥有的知识是远远不够的。如果按照摩尔定律去理解环境的变化，变化的速度则更加迅猛。除了知识、环境、变化速度这些关键要素之外，我们还要理解学习与行动之间的关系，思考如何让学习跟上变化的速度，以及如何让学习转化为企业的实际绩效。

我们在此认识的基础上，探讨了一种新的学习方法——共生学习法。组织学习的核心目的是提升组织知识创造与生产的能力。根据钱学森"技术科学观"的界定，我们认为，从本质上说，组织学习是知识生产和知识创造的过程，是对知识生产和管理活动的评价。基于技术认识论"致用"的研究逻辑，我们得出了共生学习法的四个基本要素（CTQA 模型）：内容导向（Content-oriented）、技术赋能（Technology-empowerment）、问题挖掘（Question-pursuing）、行动激发（Action-stimulation）（见图 2-5）。共生学习法要解决的问题是如何让学习与行动直接相关，实现个体学习与组织学习最终的行动转化。

○ 卡普兰，诺顿. 组织协同：运用平衡计分卡创造企业合力 [M]. 博意门咨询公司，译. 北京：商务印书馆，2006.
○ 陈春花，葛新. 共生学习法：技术科学观视角下的人才培养模式 [J]. 企业管理. 2019，5（05）：45-46.

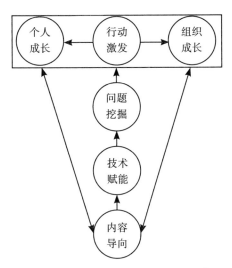

图 2-5 共生学习法的 CTQA 模型

观念五：拥有共生信仰

作为自然系统中的一个成员，企业一方面需要获得商业上的成功，另一方面要敬畏自己的责任，帮助世界变得更加美好，这也是我们提出"共生信仰"的根本原因。如果没有共生信仰，企业将会只关注自身的发展与商业价值。虽然企业有可能实现自己的商业价值，但是并未实现商业文明的价值，无法真正有益于世界，也不可能建立起一个可在未来持续发展的商业世界。

在《共生：未来企业组织进化的路径》一书中，我们提出了"共生型组织"的概念，并提出了打造共生型组织的四重境界，其中第一重境界就是共生信仰。共生信仰是非常朴实而又符合自然法则的，我们"从自然法则中理解到爱、尊重与和谐，所以确定'自我约束''中和利他'以及'致力生长'为共生型组织确立共生信仰的三种特质，这三者共同发挥效力，使得组织具有了持续发展的内在价值驱动力"。"拥有共生信仰的组

织，有协同其他组织共同发展的热情。"⊖

管理思想发展新阶段

为了能够充分理解许多出色的管理思想之间的相互关联和作用，将它们置于更长远的历史与广阔的世界视野中来考察是很有必要的，这样也可以更好地阐释"协同共生"这个概念，借用尼尔·格拉斯（Neil M. Glass）的管理思想发展阶段划分方法⊜，我们做了一次有关管理思想发展的梳理（见图 2-6）。

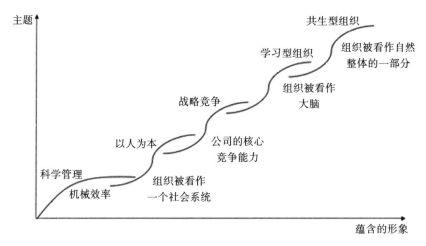

图 2-6　管理思想发展阶段的一种划分方法

在科学管理阶段，组织被视为一台尽可能高效率运行的机器，通过流水线、大批量的生产和规模经济来驾驭绝大多数的组织管理模式，泰勒主义成为这一时期的核心思想，管理也从此被当成一门科学。在这一时期，

⊖　陈春花，赵海然 . 共生：未来企业组织进化的路径 [M]. 北京：中信出版社，2018.

⊜　格拉斯 . 管理是什么 [M]. 徐玮，魏立原，译 . 北京：中国劳动社会保障出版社，2004.

最令人瞩目的是泰勒的分工管理、韦伯的科层管理以及德鲁克的目标管理。面对稳定的经济增长和日益扩大的消费需求，大型公司都倾向于成立庞大的、分层级的、可控的组织管理模式，并借此获得尽可能高的结构效率。但是，也正因为如此，德鲁克早在 1955 年就明确警示，绩效评估不能仅仅看财务指标和生产力指标。

在以人为本阶段，管理理论开始转向另一个方向，在马斯洛和赫茨伯格等学者的影响下，组织不再被看作一台机器，而是一个社会系统，组织更需要依赖帮助成员发挥作用而获得成功，而不是依靠严格控制员工的生产力。以人为本的管理思想不仅仅改变了组织与员工的关系，也改变了组织与顾客的关系。在西奥多·莱维特（Theodore Levitt）发表了奠基性的文章，提出"营销短视症"后，以顾客为本成为人们的共识。

在战略竞争阶段，管理的关注焦点开始从组织内部经营转向企业所处的外部环境和产业条件，并要求企业自己做出选择以更有效地参与竞争。在这一时期，管理方法丰富，迈克尔·波特的竞争战略、波士顿咨询公司的波士顿矩阵（BCG Matrix）、科特勒的营销管理、行业结构分析、产品生命周期以及学习曲线等风靡全球。根据市场和环境做出战略选择并实施战略计划，成为管理者的核心能力训练。

在学习型组织阶段，随着环境的继续变化，人们开始认识到已经不能再把这个世界看作稳定和可预测的，必须理解组织处在混沌状态之中。混沌状态一方面给组织带来了巨大的挑战，另一方面也带来了巨大的机会，加之全球化的进程加快，这一切都对组织提出了新的要求，即如何在变化中寻求可能性并拥有动态的适应性。此阶段的组织已经发展出更加全面地看待自身的视角，把自己作为供应链中的一个构成部分，把员工视为德鲁克定义的知识员工，企业流程再造、人力资本、终身学习、平衡计分卡等概念成为管理的核心思想。

在共生型组织阶段，科技产出信息的速度远远超出我们能够接收与消化的速度。随着数字技术的运用与深化，一方面，非线性发展的环境呈现出更大的动荡幅度和不可预测性；另一方面，各行业与各领域又呈现出更多的可能性与延展性。人们越来越发现，组织的优势不再依赖于有形的资产，而更多地依赖于无形的、创造性的资产。组织的未来取决于组织学习与创造力，取决于与技术、环境的互动与共生。组织之间由竞争关系转向协同共生关系，连接、开放、融合、协同、共生等概念成为基本认知。组织的边界变得模糊与柔性，组织不仅仅与组织外部成员构成网络关系，还需要把自己置身于自然宇宙系统之中，认识到自己是这个整体的一部分，企业的宗旨也从使股东利益最大化转变为让世界变得更加美好。

本书探讨的核心内容

现在，我们进入了管理思想发展的新阶段——共生型组织阶段，有关共生型组织阶段的管理理论和管理方法的探讨就是本书的核心。

在共生型组织阶段，新生代企业迅速崛起，无法转型的企业被快速淘汰。在这一阶段，企业分化为两类：一类是拥有数字化能力的企业，它们引领着行业与市场的更新与迭代；另一类是无法完成数字化转型的企业，它们因沿用过去的成功经验而陷入被动。从工业时代向数字时代的变迁，迫使我们不得不重新强调认识和开发组织能力的重要性，这个问题的关键是我们如何理解、评价和提出新的管理方法，这也是我们提出协同共生论的根本原因。

本书着重探讨共生型组织阶段的管理方法——协同共生论。我们第一部分做理论回顾和定义确定。在第一章进行了相关理论的梳理,在梳理的过程中,我们理解了协同共生的本质就是从无序到有序。我们在第二章中提出了协同共生论的概念,并确定了协同共生论中的相关序参量、组织共生态类型,六种新的企业价值定位以及管理重塑的观念更新,同时对管理思想的发展过程进行了梳理。接下来的几章,我们将解决如何实现协同共生的问题。我们从组织三种共生态——组织内共生、组织外共生以及组织内外共生入手,深入剖析在协同共生价值重构的背景下,组织获得协同增效的内在逻辑、管理模式与框架体系,同时,以领先企业的实践案例进一步展示说明,以期帮助管理者提升认知及寻找行动的方式方法。

第二部分主要介绍协同共生论的具体构成部分,即协同共生论的具体内容与方法。第三章探讨的是协同共生效应。协同共生效应本质上发挥的是增效作用,围绕着增效作用,我们发现需要理解五大命题,即整体大过部分之和,竞争关系带来被动增效,共生关系带来主动增效,自组织带来系统自我进化增效,范围经济更能使企业获得协同共生优势。

第四章探讨的是协同共生架构体系。构建协同共生架构,就是为了解决组织成长性的问题。我们从这个问题入手,围绕组织有效成长的两个维度展开研究,得出协同共生效应的两个组合维度,并探讨如何实现边界内的组织成长和跨边界式的共生成长,帮助企业找到成长的第二曲线。

第五章探讨的是协同共生管理模式。在理解协同共生能够实现增效价值,以及帮助企业获得成长的基础上,我们需要回答协同共生的管理模式是什么。为了回答这个问题,我们从管理行为的视角出发,根据组织行为"情景—人—反应"的基本模式,探讨今天组织所处的情景、在此情景中人们的意愿和能力以及反应的过程,提出协同共生管理过程模型。

第六章探讨的是协同共生价值重构问题。实现协同共生管理，一定会涉及价值重构的问题。数字技术改变了行业边界、组织协同方式，产生了新的共生空间、多主体的价值链接以及平台效应，重构了数字化时代下的协同共生价值，但其核心依然是顾客价值创造与价值创新。熊彼特的创新理论为我们理解协同共生价值重构打开了一扇门，帮助我们从创新本身的价值出发去寻找今天企业价值重构的关键影响因素，即决策、边界、链接与平台。

第三部分探讨协同共生论实践中的两个相关影响因素：制度与技术创新。第七章以江苏省产业技术研究院为案例，探讨协同共生中的制度创新问题；第八章基于致远互联的企业实践，探讨协同共生的数字化平台问题。事实上，领先企业的协同共生实践贯穿全书。本书同时还选取了小米、美的、腾讯（企业微信）和海尔作为案例研究对象，其中既有传统制造企业，也有新型的互联网企业；既有软件企业，也有硬件企业；既有商业企业，也有研究机构。这些案例覆盖了不同行业、不同领域，我们希望通过这些案例，帮助管理者更好地理解协同共生论及其相关内容体系，更重要的是，期待更多企业和我们一起协同起来，共生创造价值。

协同共生
整体价值最优

　　我们之所以提出协同共生论，就是想探寻在动荡的、充满不确定性与不可预测性的环境下，组织如何获得确定性。我们从管理思想的发展阶段出发，以组织如何获得有效性为主脉络，发现组织从关注获取独立的机械效率开始，逐渐演化到关注组织中的人，再进一步探讨与外部环境的关系，再演化到借助于学习跟上环境变化的速度，走到今天与环境共生、动态适应环境的"共生型组织阶段"。在这一阶段，我们提出"协同共生论"概念，其核心就是实现组织的整体价值最优。

　　协同共生论，既是一个概念，也是一套管理方法，包括协同共生论定义、协同共生效应、协同共生架构、管理模型以及影响协同共生价值的关键要素。

第二部分

▲

内容与方法

|

第三章

协同共生效应

> 我们将看到，很多个体，不管是原子、分子、细胞，还是动物和人，都以其集体行为，一方面通过竞争，一方面通过合作，间接地决定自己的命运。
>
> ——赫尔曼·哈肯（Hermann Haken）

2020 年春季，当新冠肺炎疫情在武汉暴发时，全国医护人员成为逆行者，全体武汉人成为坚守者，全国人民与武汉人民的协同共生，让我们获得了疫情防控的主动权；当新冠肺炎疫情在全球蔓延时，有识之士在必须以物理隔离方式来阻断病毒传播的前提下，呼吁全球展开协同与合作，共同抗疫；疫情期间，腾讯、阿里巴巴、华为、携程等企业都发布了《告伙伴书》，并提供各种帮助生态伙伴成长的可能性，这使得整个组织生态更有力量来抵抗不确定性。⊖

⊖ 陈春花. 危机自救：企业逆境生存之道 [M]. 北京：机械工业出版社，2020.

在动荡与不确定之时，协同共生几乎是唯一的选择，这是源于协同共生是有效利用资源的一种方式，这种方式可以产生使整体效益大于各个独立组成部分效益总和的效应。

在本章中，我们将提出关于协同共生效应的五个命题。

命题一：整体大于部分之和；

命题二：竞争关系带来被动协同增效；

命题三：共生关系是一种主动协同增效；

命题四：自组织带来系统自我进化协同增效；

命题五：范围经济更能使企业获得协同共生优势。

整体大于部分之和

处在无限链接中的组织所面对的核心挑战，就是如何处理整体与部分的关系、组织个体与其他组织的关系。这也是我们在探讨协同共生效应时关注的第一个问题。按照协同共生论的概念，我们的观点是：整体大于部分之和。

其实，"整体大于部分之和"这个观点早已存在。它是古希腊哲学家亚里士多德提出的古代朴素整体观中最有价值的遗产，至今仍是现代系统论的一条基本原则。从系统论的视角来看，它是指系统中各子系统（要素）或各组成部分通过竞争与协同，使得多种力量聚集成一股总力量，形成远远超越原各自功能总和的新功能。**"整体大于部分之和"是协同共生增效的本质特征**。

正如我们在第一章探讨整体论时所诠释的那样，系统具有复杂性，贝塔朗菲放弃了用"拆零""累加"的传统还原论分析方法，他认为对象是作为有机整体而存在的，正是由于各组成部分的相关性与组织性使得系统产生"整体大于部分之和"的特性，"整体产生了孤立部分所不具备的崭新性质"。"整体大于部分之和"中的"大于"，不是数学意义上的"大于"，它表达的不仅仅是一种非线性叠加关系，更准确地说，它应该被理解为"质的突破""新功能涌现"及"新发生或突然发生的"。

为什么会出现"整体大于部分之和"的现象？贝塔朗菲认为，**组织性**是系统具有整体性的核心原因，正是由于系统中各组成要素之间的关联性与相互作用，系统才具备了整体性的特征和规律。系统是由相互依赖的各元素、子系统组成的，它们通过组织性产生一定的结构和功能，并展现出特定的目的、秩序与协调关系。我们对"**组织性**"与"**非线性机制**"的核心机制的描述如图 3-1 所示。

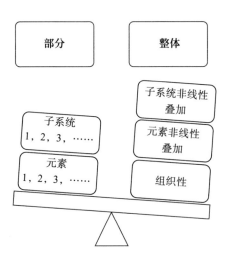

图 3-1   整体大于部分之和的逻辑机制

组织性

俄国社会学家亚历山大·亚历山德罗维奇·波格丹诺夫在阐述组织形态学与系统思想时认为,最核心的是**理解系统与要素之间的组织过程与形式**。他提出了三种组织表现形式,即"有组织行为""解组织行为"及"中立组织行为"。"有组织行为"有效反映了"整体大于部分之和",波格丹诺夫解释,原有的整体实际上要大于部分的简单之和,这不是因为产生了新的要素,而是彼此间的连接组合产生了单个要素本身不具备的结构和功能。如碳元素,它既可以通过正四面体骨架连接结构组成坚硬的金刚石,又可以通过平面层状连接结构形成柔软的石墨。

"解组织行为",简而言之,就是一种分解系统或整体的表现形式。在这种表现形式中,整体开始分解、丧失一些组成元素,虽然整体本身还可能存在,但此时的整体与先前的整体相比已失去部分功能,这实际上是"整体小于部分之和"。

"中立组织行为"是指要素之间没有任何相互作用,但这种观点其实与现代科学世界观相对立,因为在科学世界里,一切要素之间都存在着相互联系与相互作用。但波格丹诺夫找到了中立组织行为存在的数学机理,它对研究有组织行为和解组织行为的相互平衡意义重大。在协同共生研究中,我们实际上是通过"有组织行为"实现"整体大于部分之和"之功效。

非线性机制

非线性机制是"整体大于部分之和"特征得以体现的重要机制和重要特征。1977 年诺贝尔化学奖获得者、耗散结构理论开创者伊利亚·普里戈金(Ilya Prigogine)指出,出现涌现现象的最主要原因是各组成子系统、要素之间存在非线性的交互作用，它们之间的作用通常不满足线性叠加原理。普里戈金进一步指出，非线性机制的分布具有层次性，实质上存在于要素与要素之间、要素与系统之间、系统与系统之间，以及要素、系统与环境之间等层面。这些非线性机制使得不同层面都可能体现出"整体大于部分之和"的特征。

正是"组织性"与"非线性机制"，才促使了协同效应（整体大于部分之和）产生。

哈肯在研究激光物理现象时发现，原子的组织性在协同效应中具有重要的驱动力量。在激光系统中，原子将服从赢得竞争的集体序参量如光场强度的命令，形成有序组织、稳定的结构及功能。哈肯对协同论的推进也逐渐揭示出隐藏在深度混乱现象下的惊人秩序规则，以及世界万物演化的普遍规律。哈肯提出，当序参量为零时，系统是无序的。当外界条件的变化导致序参量增大时，就出现了一种宏观有序的有组织的结构，这种新结构或功能是各元素的"非线性叠加"或"同频共振"。

因而，在组织系统中，系统内的各组成部分单独存在时，只具有自身功能或能力，但当众多部分组合在一起时，就会出现新的甚至颠覆性的能量。按照哈肯协同论的观点，虽然复杂系统中有很多元素，但我们不必（也不可能）计算所有元素的宏观状态，只要找到几个宏观序参量，就能探寻到复杂系统的组织机制与动力学效应，它们通过发挥组织性与非线性机制的作用实现"整体大于部分之和"。[⊖]

对于企业界来说，拥有整体力的企业，才能够焕发出能量以及获得卓越绩效。作为一个有机生命体，企业潜在的优势就是通过有序组织集合个

　　⊖　迈因策尔. 哈肯、协同学与复杂性 [EB/OL]. (2008-05-23). http://www.xinfajia.net/4579.html.

体力量，完成单个个体无法做到的事情。组织还能通过分工，取长补短，从而取得比个体效果之和大得多的整体效应；它能超越个体的生命而持续不断地发展。为了提升企业整体力，企业需要采用新的管理范式以促进"整体大于部分之和"实现，其核心内容是：具有系统思考的领导者，依赖激发个体内在价值，来考虑整体及个体的行为，构建共同的组织价值。

企业是个整体，这是一个最真实的事实。我们需要回归到这个真实之中，从"企业是一个整体"的视角去理解企业的经营与管理，尽可能地贴近企业的真实情形，这是获得绩效的关键核心。如何设计并维持"整体大于部分之和"特征，则成为企业管理的基本命题。

小米以"竹林共生"的发展模式获得了独特的成长速度，其实就是源于协同共生效应带来的帮助。小米创始人雷军曾经这样评价自己：

"在过去的 3 年多时间里，我们投资了 77 家企业，其中已经有 30 多家发布了产品，这些产品几乎没有失败的。我觉得是大家实践了小米模式，所以产品获得了成功。今天，我能给小米生态链打 99.99 分。"

2019 年《财富》世界 500 强榜单出炉，小米以第 468 位首次登榜，成为继京东、阿里巴巴、腾讯之后的第四家"中国互联网企业"。[⊖]

值得注意的是，小米在《财富》世界 500 强中被定义为"互联网服务和零售企业"，这与小米自己的愿景目标是一致的。小米也是全球第七家入围《财富》世界 500 强的互联网企业，除了京东、阿里巴巴、腾讯之外，其他三家互联网企业来自美国，包括亚马逊、谷歌母公司 Alphabet 和 Facebook。2020 年，小米集团在《财富》世界 500 强榜单中的排名进

⊖　智选之家.互联网公司小米，一个长期被低估的世界 500 强企业！[EB/OL].（2019-08-23）. https://www.sohu.com/a/335924151_100254714.

一步提升，跃居总排名第 422 位。小米能快速跻身并保持在《财富》世界 500 强中的地位，不仅是中国制造和中国设计的品牌得到全球范围认可的表现，同时也与小米的互联网思维和共生导向的商业模式密不可分。

我们以小米的"粉丝效应"来理解"组织性"与"非线性叠加"的协同共生效应。

小米始终坚持一个理念——"为发烧友而生"，手机软件可定制、手机硬件高性能。在小米操作系统问世以前，安卓手机的出货量是苹果手机出货量的 3 倍，安卓系统是谷歌基于 Linux 开发的操作系统。MIUI 是小米创建后的第一个产品，是基于安卓系统进行的用户深度定制，小米最初的客户是有兴趣下载 MIUI 来进行手机内安卓系统替换的人，该类用户的特点是前卫且懂技术。从 MIUI 研发之初，小米就留意初始用户的体验和使用方式，运用先导用户进行测试、反馈和传播。

自 2010 年 8 月 16 日内测版本发布至今，MIUI 在国内外已拥有 3.1 亿用户，支持 221 个国家和地区，覆盖 80 多种语言。截至 2020 年 4 月 27 日，随着小米 10 青春版 5G 手机的发布，MIUI 已经迭代至第 12 版。借鉴互联网软件的开发模式，小米每周迭代 MIUI 系统，这是全球第一个做到操作系统每周更新迭代的公司。

这一切都离不开小米对线上参与互动的重视。在这方面，小米采用的是"橙色星期五"互动模式，即 MIUI 会根据用户建议或反馈每周更新。小米"橙色星期五"开发模式是：周一，开发；周二，开发 / 体检报告；周三，开发 / 升级预告；周四，内测；周五，发包。该模式的关键在于 MIUI 的设计团队与用户进行互动，根据用户反馈进行系统的每周更新，这是一种让用户深度融入产品研发的模式。在迭代期间，MIUI 研发团队会大量听取用户的意见，并通过用户参与来完成产品研发、产品营销、产品推广和产品服务。而且每次无论哪个版本采用了网友的建议，都会专门告知提出建议的人，让他们知道自己上次提出的问题在新的版本中已经改掉了。这样，网友就会有极强的参与感，小米由此获得了第一批铁粉。小米聚集的第一批铁粉就是其"领先用户"，他们为小米的创新做出了巨大的贡献。

2010 年 8 月 16 日，MIUI 内测版发布，当时的启动界面不是公司 LOGO（标识），而是参与测试的 100 位用户的名字。为了感谢这 100 位帮助小米 MIUI 做测试的用户，据说雷军还在 2019 年用他们的名字设计雕塑，把这 100 位用户永远地写进小米的历史。[⊖]

小米公司的忠诚用户由最初的 100 位铁粉，一步步发展为百万粉丝群。因为有约十万粉丝免费帮助小米进行产品测试，约百万粉丝义务做营销宣传，小米的营销渠道成本大大降低，由此创造出了高性价比的产品，正因为如此，小米才能在红海竞争中脱颖而出。

粉丝的本质是相信你的人，小米模式的核心是获取用户信任。小米以 MIUI 操作系统为切入点接入手机行业，进而为其打造小米生态链构建了牢固的产品、"流量"和"入口"基础。

2015 年 4 月 8 日的"米粉节"让小米手机刷新了一项吉尼斯世界纪录：单一网上平台 24 小时手机销量最高！ 12 小时销售 211 万台手机，总销售金额达到 20.8 亿元。据小米 CEO 雷军称，"米粉节"的前 12 小时，小米的电视销量高达 3.86 万台，总订单数为 305 万，移动支付比例为 43.6%，配件销售收入为 1.9 亿元，智能硬件销量逾 77 万，12 小时发货

⊖　锋向科技. 就因为这件事，雷军把这 100 位用户写进小米历史 [EB/OL].（2020-08-21）. https://www.sohu.com/a/414244959_120153415.

50 万单。[一]这就是互联时代消费者成为价值共创者后为企业带来的无往不胜的力量。

竞争关系带来被动协同增效

由于资源的相对有限性，市场格局中的企业以竞争为基本存在方式。即便是在今天万物互联的环境下，竞争依然是普遍存在的。因此，如何理解竞争，如何让竞争变成推动发展的力量，便成为当前环境下企业需要解决的问题，于是，协同共生效应中需要解决的第二个关系，就是竞争关系。我们的观点是：竞争关系带来被动协同增效。

这种被动协同增效是指在竞争关系中形成的一种彼此制约、相互牵引、协同成长的效应。在个体、物种、群落的生长演化中，最基本的一个生存主题就是竞争与协同。因而，竞争关系的概念在生态学研究中也是最为广泛的，它一般指竞争者为获得更多份额的有限资源、生存空间而展开竞争形成的关系。

在哲学上，康德在关系范畴学说中重点强调了协同性，而协同是指主动与被动之间的交互作用，这个交互原理就是"一切实体，在其能被观察为在空间中并存的限度内，都是处在完全相互作用之中的"[二]。哲学范畴的交互作用概念也逐渐被系统科学（反馈作用机制）、复杂性科学（非决定论倾向）的相关研究所认同和论证。康德后来在探讨科学与艺术的成长时指出，国家之间的竞争有利于艺术与科学的创新与国家进步，这就是"休

▽　江建龙. 小米刷新吉尼斯世界纪录，12 小时销售 211 万台手机 [EB/OL].（2015-04-09）. http://www.techweb.com.cn/tele/2015-04-09/2141129.shtml.

▽　浦永春. 康德的交互范畴与牛顿力学 [J]. 杭州大学学报（哲学社会科学版），1996（3）：37-41.

谟 – 康德假说"中的核心观点。在康德看来，竞争是主体之间的一种重要的交互机制，并促进创新与增长。

为了获得生存与发展，竞争关系会促使竞争者首先努力提升个体水平及综合竞争能力。**竞争关系使得竞争者从全方位"审视"自己，让内部与外部更紧密地结合在一起，并作为一个整体来成长**。从进化意义来看，在生态界的捕食者与被捕食者之间，竞争的结果就是捕食者的攻击能力越来越强，而被捕食者的防卫能力也越来越强，这种由竞争关系带来的生物功能整体进化就是被动协同增效，这对企业界也同样适用。竞争对手优秀的业绩或竞争活动会让组织采取学习或行动策略来抵抗竞争压力，而采取的行动又会带来竞争对手进一步的对抗与行动，如此反复，各组织便在竞争中不断进化。如果我们认真观察生活中物种之间的关系，就会发现，生态群落中相互竞争的物种通过协同进化而共存，这其实是不证自明的。[⊖]在哈肯的协同论中，系统在向有序稳定结构演化时，各层面的非线性机制也存在竞争作用，它们共同决定演化方向。

在企业界，**竞争带来被动协同增效的背后，是企业因竞争之需而投入资源要素等带来的自身绩效、创新效率及能力提升**。竞争是整个商业生态系统与企业自身进化最直接的动力，它通过优胜劣汰选出效益表现好的企业与行业。竞争使得企业产生基于压力与危机感的自驱力，它们会通过适应性行为与独特竞争力构建来提升自己满足市场的能力，进而提升企业的整体实力，实现企业自身甚至整个商业系统的进化（见表 3-1）。对于企业之间的竞争而言，很多时候，行业竞争也会对企业的成长或进化产生促进作用。[⊖]迈克尔·波特指出，"好"的竞争对手虽然会带来挑战，但是也可

⊖ Case T J. Character displacement and coevolution in some cnemidophorus lizards [J]. Fortschritte Der Zoologie，1979，25: 235-281.

⊜ 高晓改. 种群生态视角下行业竞争程度对中小型科技企业成长的影响 [J]. 金融发展研究，2015（12）: 54-58.

以防止企业滋生安逸情绪。当有这样的竞争对手时，企业不但可以在竞争中取得稳定、有利的产业均衡，而且不会陷入长期冲突。[一]

表 3-1   竞争关系带来被动协同增效的典型案例

竞争关系	主要竞争特点与策略	竞争协同增效逻辑
小米与格力	各自有聚焦领域，但又在对方的优势领域开展直接竞争；小米重生态链建设、客户维系；格力重技术，强调用户细分、内部一体化	**独特竞争力构建**：小米构建"竹林生态"；格力具有较好的自主性和技术创新力 **危机感与适应性行为**：小米整合资源进行物联网平台建设，各业务向国际化发力；格力开始突破产业边界，利用技术创新做手机、空气净化器及高端装备等
企业微信与阿里钉钉	聚焦产业互联网；企业微信主要面向大中型市场，提出"用户即服务""连接力"等；阿里钉钉主要面向中小企业市场，为企业用户提供应用、服务和硬件的组合	**独特竞争力构建**：企业微信全面开放，做连接器，促进组织创新；阿里钉钉打牢硬件基础，构建智能生态
华为与IBM、思科、互联网云服务商等	竞争合作；技术互用、分享；华为云 WeLink 面向大型政企客户，以视频应用为核心突破口	**危机感与适应性行为**：华为认为如果竞争对手不强，自身也会衰落，因而与竞争对手分享其技术优势，同时开放合作，加强创新

华为自始至终都非常注重竞争关系对企业自身成长的帮助，任正非在2019 年接受美国《财富》杂志采访时表示："现在，督促华为公司进步的鞭子在我手里。未来，我将把这根鞭子转交给美国公司，美国公司将成为我们强大的竞争对手，逼着我们 19 万人心惊胆战地努力前进……我很担心华为公司下一代领导人会被胜利冲昏头脑，所以我宁可扶植起几个强大的美国竞争对手，拿着鞭子打下一代领导人。"[二]可见，竞争关系给企业带来的是一种危机意识，这种危机意识使企业时刻想着努力提升自己，并保

㊀ 波特.竞争优势 [M].陈丽芳，译.北京：中信出版社，2014.

㊁ 任正非.竞争对手不强，华为会衰落 [EB/OL].（2019-09-19）.https://www.huxiu.com/article/321109.html.

持持续前进的步伐。

在内部的人才管理上，华为坚持采用干部选拔制，实现干部在更具挑战性的业务实践中的"优胜劣汰"。只有具有高度竞争力的个体才能带领团队敢打仗、打胜仗，并善于拥抱变化，引领业务发展。对外，虽然华为已认识到面临的竞争对手更多，竞争模式更复杂，但任正非仍提出要"创造一个竞争对手"的理念。只有在残酷竞争中长大的企业才会形成"生于忧患，死于安乐"的危机感，才会生出飞向伟大的翅膀，才懂得用整体的视角思考，制定面向未来的战略。**竞争关系带来危机感及适应性行为改造，是被动协同增效的一个重要逻辑。**

企业微信提出"人即服务"的理念，希望所有企业员工都能通过企业微信成为企业对外服务的窗口。虽然与阿里钉钉存在竞争关系，但企业微信寻找到了自己的价值贡献点与独特竞争力，即与微信一致的用户体验、全方位的连接器。阿里钉钉也找到了自己的战略定位，并开始往"做深基础"（从操作系统向下延伸定义硬件）、"做厚中台"（与阿里云深度融合）及"做强生态"（构建应用服务生态）等三大方向发力。

由于竞争关系一般带来的是资源争夺的对抗行为，因而竞争关系的处理也包括对抗、冲突及差异的管理。**竞争关系促使企业被动协同增效的另一个逻辑，就在于通过对抗、冲突及差异的管理激发组织的整体创造性，并帮助企业构建独特竞争力。**我们要认识到，无论是组织内还是组织间，对抗与冲突是竞争关系中客观存在的，围绕冲突和对抗进行思考，能激发建设性意见的产生。面对冲突，我们要思考的是，如何对其加以利用，让它为我们工作，而非对它进行批判。

对内，我们要认可冲突存在的合理性，保存差异性，让企业充满活力。对外，我们要充分认识到竞争关系下的创造性整合与独特能力构建的重要性，探索差异化竞争模式，让企业通过整体性分析找到"涌现"点，进而实现高效、可持续发展。冲突管理的最终结果并不是"胜利"，也不是"妥协"，而是利益与创造性整合。

在 2014 年福布斯中文网对雷军的访谈中，雷军说自己在 2013 年就对互联网的发展做了一个前瞻性判断：互联网的发展会经历互联网、移动互联网与物联网三个阶段。每个发展阶段都会诞生百亿级的大公司，如 Facebook、阿里巴巴、腾讯。小米踩准移动互联网的风口，在移动互联网阶段顺势进入，在手机行业异军突起。面对未来下一个万亿级物联网发展阶段，小米全面进行物联网布局，构建自身生态系统。

纵观手机行业的发展历程，我们更能深切感受到"你方唱罢我登场"的商海沉浮。从 1973 年创立 DynaTAC 8000x 商用手机开始，摩托罗拉就成了模拟手机时代当之无愧的龙头老大。1987 年摩托罗拉进入中国，其产品即当时流行的"大哥大"一时风靡市场。随着技术的不断进步，由于摩托罗拉不肯舍弃已有的模拟网络优势，霸主地位迅速下降，诺基亚、爱立信后来居上。自 1996 年开始，诺基亚连续 15 年占据手机市场份额第一的位置，但到了智能手机时代，手机从移动终端发展成为智能终端，尽管诺基亚技术领先，但其手机业务却最终在 2013 年被微软以 72 亿美元收购。而开创这一时代的苹果手机却从此一路领先，在很长一段时间内都没有能与其匹敌者。

自智能手机时代开启后，手机行业的前五名轮换非常快，有些品牌甚至在 3～6 年间就有可能被取代。在一个产业周期变化非常快的行业里，行业领导者需要面对极大的挑战，而且要理解和顺应数字化时代商业的底层逻辑。就是在这样一个存在着高度不确定性的商业环境中，有一家企业做到了与众不同，它就是小米。

　　小米是第一家互联网在中国真正普及时创建的互联网企业。得益于百度、腾讯、阿里巴巴对中国互联网基础设施的搭建，到了 2010 年，互联网已经成为一切生意的基本前提。雷军清晰地预见到：中国互联网经济必将迈进以移动互联网为主的新时代，智能手机的大面积普及是前提条件。届时手机的使用数量将远远超过台式机和笔记本电脑的使用数量，手机市场将成为互联网时代从产品向服务转型的主战场。在中国智能手机普及率还不足 10% 时，雷军就看到了智能手机的未来，而且在 2012 年小米推出第一款手机后，雷军还清晰地判断出，到 2013 年，2/3 的中国人都能用上智能手机。正如他所料，2010 ~ 2014 年，在一二线城市掀起了一股功能机向智能机转换的"换机潮"。小米抓住机遇，秉持"做全球最好的手机，只卖一半的价格，让每个人都买得起"的原则，凭借"高性价比"切中市场痛点，最终避开行业巨头的炮火，迅速崛起。

　　小米有一个独特且强大的"铁人三项"模式（见图 3-2），概括起来就是"硬件 + 新零售 + 互联网服务"。硬件的目的在于获客，以互联网服务获利，核心是提高效率。雷军说过，"互联网思维里最关键的是两个点，第一是用户体验，第二是效率"，"小米真正的护城河就是效率，而小米真正要做的就是效率革命"。雷军将小米的成功归结为小米抓住了商业的本质——效率。**通过生态链模式，小米与拥有同样价值观的创业者和企业走在一起，携手改变了很多行业的效率，并推动人们日常生活的改善。**

　　2014 年，小米正式进军国际市场，为了更好地进行国际推广，小米重金购买 Mi.com 域名，拥有了中国互联网史上最贵的域名之一。2017 年，小米进入印度手机行业 3 年，实现印度市场销量第一。小米认识到，任何手机市场都很重要，不过中国和印度的市场更加重要，因为这是世界上仅有的两个用户规模超过 10 亿的市场。2018 年，小米官方推特显示，小米在印度地区开设了超过 500 家小米商店，并创造了吉尼斯世界纪录。

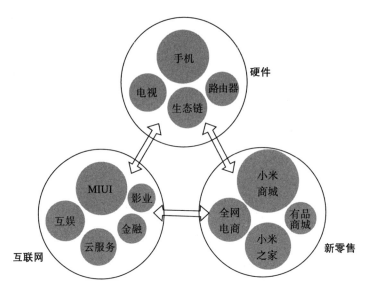

图 3-2   小米模式："铁人三项"

资料来源：小米官网。

根据 2020 年小米发布的半年报，上半年小米营收 1032 亿元，调整后净利润为 57 亿元，智能手机销量达到 2830 万台，稳居全球智能手机出货量前四之列，全球智能手机平均售价也同比提升 11.8%。2021 年第二季度，小米智能手机出货量跃升至全球第二位，同比增长 83%。

共生关系是一种主动协同增效

在数字技术背景下，封闭、孤立的企业管理模式开始无法适应新的环境。如果以竞争为主要战略导向，那企业基本离灭亡不远了。哈肯的协同论认为，合作要优于竞争，它是秩序形成的主流现象。因而，企业之间的竞争必须变为基于合作的竞争，甚至需要转变为基于合作抛弃竞争的模式。合作的优势不仅在于融合合作系统中每家企业的竞争优势，也在于优化企业之间的竞争关系，更好地激发每家企业的活力，最终更好地满足消费者的需求。所以，仅有基于竞争关系的被动协同增效是远远不够的，在企业的成长中，还需要基于合作共生关系的主动协同增效。协同共生效应的第三个关系就是共生关系，我们的观点是：共生关系的主动建立与维持是一种主动协同增效。

德国生物学家德巴里（Heinrich Anton de Bary）于 1879 年提出的共生概念，现一般指的是"生物在长期进化过程中，逐渐与其他生物走向联合，共同适应复杂多变环境的一种生物与生物之间的相互关系"。

日本著名建筑师与理论家黑川纪章在《新共生思想》一书中指出，共生将成为 21 世纪的新秩序。在数字化时代的新商业世界中，诸多要素之间深度关联却表面无序，原有的经验可能成为陷阱，企业的核心竞争力难以形成壁垒，挑战难以预知，这些都迫使企业管理与经营必须有所转变。事实上，在这个新时代，数字技术让万物互联，共生已经成为未来组织的进化路径和基本生存方式。

在共生关系中，各单元通过内外协同在相互激励中共同合作进化。在生物学概念中，共生关系有三个典型的特点供我们思考。

其一，共生关系的"利益"分配多元性。按照能量或价值产生和转移的标准，稳定的共生关系可分为三种，包括偏利共生、非对称互利共生及对称性互利共生（见表 3-2）。

偏利共生是共生单元结合在一起，其中一方获得利益，而另一方没有获得利益也没有损失的结合模式。在偏利共生关系中，各单元形成的结合模式会产生新能量或创造新价值，但新能量或新价值全部由其中一方获得。

表 3-2　不同共生模式的特征表现

	偏利共生	非对称互利共生	对称性互利共生
共生能量特征	1. 产生新能量或创造新价值 2. 新能量或新价值全部由一方获得，另一方没有获得	1. 产生新能量或创造新价值 2. 能量或价值在不同的共生单元之间按照非对称性分配	1. 产生新能量或创造新价值 2. 能量或价值在不同的共生单元之间按照对称性分配
共生作用特征	1. 新能量或新价值存在双向流动 2. 对一方有利，对另一方无利	不仅存在双向交流机制，还可能存在多向交流机制	不仅存在双向交流机制，还可能存在多向交流机制
共生演化特征	有利于获利方进行创新，对非获利方的进化无补偿机制时不利	存在非同步性进化	共生单元进化具有同步性

资料来源：袁纯清. 共生理论：兼论小型经济 [M]. 北京：经济科学出版社，1998.

非对称互利共生与对称互利共生的共同点是，共生单元的结合模式产生新能量或创造新价值，而且产生的新能量或新价值会在共生单元之间进行分配。其区别在于，非对称互利共生中产生的新能量或新价值更多偏向其中某共生单元，而对称互利共生的分配模式则是各方基本对等。

很明显，从学界的分类来看，组织管理追求的是实现对称互利共生，但这是一种理想情况。

其二，共生关系的互动与依赖类型。按照互动对于彼此后续生存的影响，共生可分为两种类型。一种是"生死相依型"，即共生关系一旦建成，宿主就会丧失独立生存能力；另一种是"聚散两便型"，即共生伙伴可以分离，属于一种"好聚好散，再聚不难"的共生关系。

其三，共生关系是一个动态过程。共生伙伴之间的行为逻辑是既合作又竞争，因而其互动的结果总是呈现为动态平衡状态。共生关系更加强调在竞争中产生新的、创造性的合作关系。本质上，共生关系中蕴含着以合作为主导的竞争关系。共生并不是排斥竞争，而是强调通过合作性竞争实现各单元之间的相互合作与成长。虽然小米与格力的关系开始于竞争，但它们也意识到共生合作的重要性。正因为如此，2020年9月3日，格力集团与小米集团、中信银行签署了战略合作协议，三方约定在产业基金、金融服务、产业投资、项目合作、资源共享等方面开展深度合作。

共生发展的理念很早就被学者提出并应用到组织管理中。在管理学中，较早便出现了"产业共生"（Industrial Symbiosis）的概念，它描述了产业之间的合作关系，认为不同的传统产业（如工业、水、能源等行业）需要"交叉嵌入"、通力合作才能获得竞争优势，才能保障人与自然和谐相处。[⊖]共生的核心是"双赢"及"共存"。在传统企业的实践中，企业习惯以竞争思维来制定企业战略与行动计划，因而它们往往以自我利益为中心，追求本企业股东利益最大化。但是，在世界范围内，企业管理者逐渐认识到，企业不应该仅为获取自身利益，更应该通过协同创造共生价值与构建共生关系，从而实现更美好的社会价值。

2019年8月19日，181家美国顶级公司CEO在华盛顿参加了商业圆桌会议（Business Roundtable）并联合签署了《公司宗旨宣言书》（*Statement on the Purpose of a Corporation*），对公司运营宗旨进行了重新定义，这意味着"股东至上"从此退出历史舞台。[⊜]该宗旨提出，除了实现公司自身的目标外，企业还需要为创造更美好的社会做出贡献。具体来

⊖　Chertow M R. Industrial symbiosis: literature and taxonomy [J]. Annual Review of Energy and The Environment，2000，25（1）：313-337.

⊜　Business Roundtable Redefines the Purpose of a Corporation to Promote 'An Economy That Serves All Americans' [EB/OL].（2019-08-19）. https://www.businessroundtable. org/business-roundtable-redefines-the-purpose-of-a-corporation-to-promote-an-economy-that-serves-all-americans.

讲，企业的目标还要致力于以下几点：创造客户价值，投资员工，促进多样性和包容性，公平且合乎道德地与供应商打交道，支持工作的社区、保护环境并积极投身社会事业，为股东创造长期价值。简而言之，企业的目标是实现更大的社会价值，建立更广泛的共生关系。

对于企业，**协同增效的逻辑是要主动追求共生**。因为建立共生关系能让共生单元协同进化，并以最小的代价或成本实现生存与发展，这是一种组织能掌控的主动协同增效逻辑。共生关系的终极指向便是提高资源配置效率与创新价值创造方式。"共生型组织"指不同组织之间是相互合作的关系，且在合作关系中，各组织彼此自主、独立，能基于协同合作进行信息资源共享，并共同激活、共同促进、共同优化，进而获得任意一方无法单独实现的高水平发展。 ⊖当共生型组织更好地关注共生信仰、顾客主义、技术穿透及"无我"领导时，组织内外才能彼此加持，相互促进成长。企业不能放弃主动选择，需要主动寻求建立与其他组织的共生关系。**判断是否需要共生，是否可以协同，关键就在于彼此关系的现实性质和未来趋势是否存在"互利共生"的特质与可能。**

企业共生关系的主动协同增效逻辑体现在四个方面（见图3-3）。价值网络中的各企业通过特定联结或机制形成稳定秩序、新功能结构，并实现整体大于部分之和。

一是价值机制。共生关系的构建基础是共生伙伴之间具有统一的价值理念与目标。共生伙伴是基于互为主体的理念、顾客主义的价值观而共同合作的。小米在选择合作伙伴时最首要的标准，就是价值观要与其契合。雷军曾表示，在扩展内部的合伙人团队时，着重看该高管对小米的价值贡

⊖ 陈春花，赵海然 . 共生：未来企业组织进化路径 [M]. 北京：中信出版社，2018.

献是多少，他的价值观是否与小米契合，他是否愿意与小米共同成长，而在选择外部合作伙伴时，小米联合创始人刘德表示，"团队的老大跟小米有共同的价值观"是挑选的六个重要准则之一。小米不追求暴利，不赚快钱，致力做精品，要求合作伙伴也是如此。

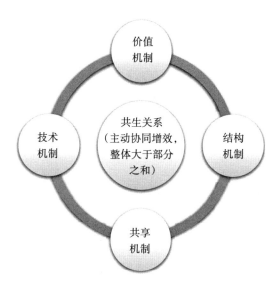

图 3-3　共生关系下主动协同增效的实现机制

二是结构机制。当合作伙伴之间形成共生关系时，它们之间往往会形成特定的契约关系、权力责任结构、沟通结构等。这些结构机制提供了各伙伴稳定运行的基础，并能将整体运营及各自战略、环境、规模与技术有效衔接起来。

三是共享机制。协同增效的产生在很大程度上取决于共享机制，包括信息、知识与资源共享。资源共享是协同管理研究中涉及最多的，协同管理最基本的特征之一就是在商业活动中进行资源分享。当各共生单元主动进行高效资源共享时，资源配置效率能得到最大限度的发挥。信息、知识共享，指的是组织内外及时共享各种相关的、准确的、完整的甚至保密的想法、计划、程序和知识。在协同的相关研究中，我们发现，信息与知识共享是协同效率的"心脏""生命线"及关键贡献指标。信息与知识共享质量的好坏直接影响到协同的效率和效果。

在数字经济时代，信息共享不仅要关注信息的简洁性、完整性、准确性，还要保障信息共享的及时性、智能性与机密性。当一切转化为数据时，信息就能被及时、准确、高效地共享与管理，产业价值链中的"牛鞭效应"（Bullwhip Effect）难题就很容易破解了。比如亚马逊就实现了信息的"供应链关联"，这帮助其简化沟通流程、降低沟通反馈频次，提升了对客户的协同响应效率。

四是技术机制。这是数字化时代共生关系带来主动协同增效的重要原因。田纳西大学全球供应链研究所（GSCI）的一份报告显示，人工智能、大数据、认知计算、区块链技术、物联网及预测性与规范分析已经成为供应链管理者最需要重点关注的技术。[一]数字技术（尤其是人工智能）为赋能企业共生网络提供了风险或混乱的深度"可预见性"，能让组织参与构建更智能的供应链网络，而且让组织发挥更大的组织内、外协同效应，使组织本身更专注于业务的战略需求。[二]

娜达·桑德斯（Nada R. Sanders）教授直接验证了信息技术对于组织内外协同及组织绩效的影响作用。[三]他们发现，信息技术实时高效地提

[一] Stank T, Scott S, Hazen B. A savvy guide to the digital supply chain [R]. The Global Supply Chain Institute White Papers，2018：1-56.

[二] Núñez-Merino M，Maqueira-Marín J M，Moyano-Fuentes J，Martínez-Jurado P J. Information and digital technologies of industry 4.0 and lean supply chain management: a systematic literature review[J]. International Journal of Production Research，2020：1-28.

[三] Sanders N R，Premus R. Modeling the relationship between firm IT capability，collaboration，and performance[J]. Journal of Business Logistics，2005，26（1）：1-23.

供了各主体共同决策需要的信息，减少了信息交换成本，并通过提升组织内外协同效率进而带来组织绩效的提升。技术帮助企业在构建共生关系上获得更大的主动协同增效。如果共生伙伴能形成一致的目标和价值理念，并基于技术穿透形成高效的数据、资源共享模式，并进行平等的价值分配，就会形成从无序到有序的共生秩序，并达成"整体大于部分之和"。

华为便是通过构建共生关系实现主动协同增效的。华为在《合作伙伴行为准则》中指出，华为期望合作伙伴能熟悉并遵守法律，保持高标准的商业道德，且能与华为公司共同成长。在 2018 年 3 月发布的《华为人力资源管理纲要 2.0 总纲（公开讨论稿）》中，华为提出要将获取分享的价值驱动机制向公司产业链与生态圈延伸，并整合外部资源，形成多层次、多类型的"民兵"队伍，共创共享，以提高公司与业务的整体竞争力。目前，华为业务的全球合作伙伴数量超 28 000 家，而且，全球 86% 的收入都来自合作伙伴的贡献。华为已在全球构建了 13 个面向企业市场的开放实验室（OpenLab），通过这些开放实验室为合作伙伴赋能，在创新解决方案、人才培养、IT 系统、营销、财务等各方面给予合作伙伴全方位的支持。同时，华为还联合政府、高校构建良性 ICT（信息与通信技术）人才生态，输出自己的行业经验、技术与人才培养标准。共生关系网络正是华为与合作伙伴取得主动协同增效、共生发展的重要基础。

小米共生空间存续的土壤是小米手机庞大的用户群。小米的品牌热度、供应链、资本和信誉等都是基于此而衍生出来的，这也是小米"竹林共生"的根基。2016 年底，小米智能硬件的生态链全年收入达到近 150 亿元，正是因为其强链接创造了稳固的生态绩效。小米的生态链布局由内到外分别为手机周边、智能硬件、生活方式（见图 3-4）。

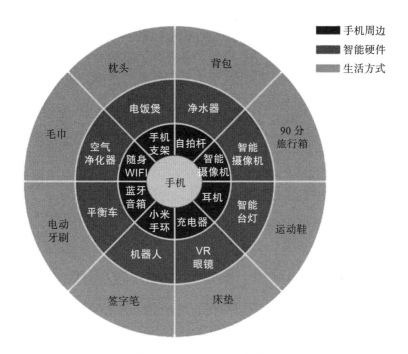

图 3-4　小米生态链布局

资料来源:《小米生态链战地笔记》,广发证券发展研究中心。

　　链接比拥有更重要,在生态企业的管理过程中,小米实施的是只入资不控股,股份比例一般为 20% ~ 30%,保持创业团队大股东的地位。因为创业公司新业务的发展,需要依靠团队的智慧和力量,因此必须要将创业团队人员置于主导地位,这些共生的企业才能真正成长。

　　小米还有一个底线,就是不能替"兄弟公司"的 CEO 做决定。而强链接的稳固靠的恰恰就是这种放手的勇气。小米极力倡导生态链企业保持经营和品牌的独立性,所以共生的企业既有小米品牌的产品,也有其自主品牌产品。对生态链企业来说,这样的安排不但有利于未来的资本运作,在营收结构上也会呈现合理性。

小米一直强调，"凡是小米生态企业，都建议实施全员持股"。在《小米生态链战地笔记》的序言中，雷军这样解读小米，"我们用'实业＋金融'双轮驱动的方式，避免小米成为一家大公司。如果我们自己搞 77 个部门去生产不同的产品，会累死人，效率也会低下。我们把创业者变成老板，小米是一支舰队，生态链上每一家公司都在高效运转"。[○]在小米，产品经理负责决策，公司内部的普遍共识是，有技术不等于做好产品，如果技术不能紧扣顾客的需求，就等于零。产品经理最重要的是和创业团队在一起，秉持"首战即决战"的原则，进行第一款产品的精准定义，否则第一战打败了，很有可能资源就消耗殆尽，团队被迫解散。小米的产品经理，大多由熟知小米打法的早期员工来担任。

在实施新产品孵化的时候，小米采用的是矩阵制孵化，每一支队伍就像一群特种兵，每一个公司专注某个或某几个产品领域，涵盖电饭煲、空气净化器、可穿戴设备、移动电源等，分工清晰。而小米提供的是产品经理指导、供应链、资金支持等，"扶上马，送一程，帮忙不添乱"。对此，谷仓学院 CEO 洪华曾进行了精准解读：一些传统企业是"拖车模式"，龙头动力有限；小米生态链是"动车组模式"，每节车厢都贡献动力。小米其实早已从以单一手机业务为主的商业模式，转变为"硬件＋新零售＋互联网服务"的商业模式，以小米手机为核心，投资驱动围绕周边产品布局，构筑一个互利共生的空间（见表 3-3）。由于构建了价值网，小米的动力源类似于动车，大家一起跑。小米之所以获得飞速发展，正是因为具有了整体观，实现了社会资源的优化配置。

○　小米生态链谷仓学院 . 小米生态链战地笔记 [M]. 北京：中信出版集团，2017.

表 3-3　小米各品类线上销售的比例

	2015.12	2016.12	2017.12	2018.12	2019.12
手机	74.35%	59.13%	49.27%	39.44%	32.34%
大家电	6.61%	10.00%	13.75%	26.84%	32.29%
影音电器	3.81%	3.18%	4.67%	4.97%	4.32%
生活电器	3.08%	11.00%	6.93%	7.80%	7.64%
智能设备	4.15%	6.94%	6.20%	4.31%	5.33%

数据来源：Wind 数据库。

　　这种生态链，就像是竹子隐藏在地底下的强大根系。小米冒出来的时候是手机，它的根系不断地蔓延，再生出一个个新的小竹笋，直至形成一片竹林。根系盘结在一起，形成一荣俱荣的共生网。由于整体利益一致，因而组织间协同的效率得以充分呈现。"竹林公司"比"松林公司"在面对不确定性时更有优势，因为竹子的生命周期很短，需要不断新陈代谢，如果环境成熟，三年就可以长成一棵参天竹子，通过生态链投资的方式就能在很短的时间里孕育出一片郁郁葱葱的竹林。

　　数字化转型、云计算、大数据、互联网等使企业之间的关联日趋紧密，生态链、生态网络等开始涌现。小米在生态链建设中，采用"竹林生态"的模式，作为根系为生态链公司提供养料，输送产品方法论、价值观，共享数字、平台资源等，而生态链公司则创造高性价比的产品，反向增加了小米的生态能力，二者互为"价值放大器"。**小米的经营逻辑是"不控股"，作战逻辑是"单品精准推送"，竞争逻辑是"共生"，商业落实是"设备互联"，最终形成"竹林共生"的生态逻辑，与其他生态企业在共生中协同发展。**

自组织带来系统自我进化协同增效

哈肯告诉我们，组织进化形式中有一类是自组织，自组织最大的特点就是在不存在外部指令的情况下，系统自动形成有序结构。[一]所以，在探讨协同共生效应时，我们把自组织作为第四个关系命题来讨论，我们的观点是：自组织带来系统自我进化协同增效。

自组织是在特定情境下发生在系统内的自发的组织化、有序化过程。事实上，自组织亦揭示出了系统进化的"目的性"与"调节性"。

目的性是指系统的自我进化不是盲目的，它遵循某种"结构性力量"，从混乱状态自发地进化成有序的时空结构。自组织与为了具有特定结构和功能而设计的人造机器不同，它的结构是自发地发展起来的。

调节性是指系统中存在能够自动调节、自我控制的内在主导力量。子系统、要素之间会形成制约与协调机制，最后共同决定系统的自我进化。自组织带来了系统的**自我进化增效**，最典型的例子就是我们自己的生命系统。

自组织理论告诉我们，物质发展的本质是**不断提高有序度的、自发的组织化过程**，这不仅仅体现在物质层面，在心理层面亦有自组织机理。哈肯在《信息与组织》一书中提出，人的大脑系统是比自然系统更高级、更复杂的自组织系统。[二]心理是大脑的功能，大脑的自组织带来心理的自组织。中国现代心理学家朱智贤认为，人的心理是一个开放系统，也是一个有信息交换、自控、有组织及调节的系统。[三]

[一] 哈肯.信息与组织 [M].郭治安，等译.成都：四川教育出版社，1988.
[二] 哈肯.信息与组织 [M].郭治安，等译.成都：四川教育出版社，1988.
[三] 朱智贤.心理学的方法论问题 [J].北京师范大学学报，1987（1）：52-61.

心理的自组织过程是"从无序到有序，再到无序，又从无序经过涨落到更高有序状态的不断向前发展的过程"[一]。管理学者章凯认为，人的心理系统是一种有意识的自组织功能系统，心理目标就是心理系统的序参量，是心理系统实现自组织的动力源泉。[二]个体可能有很多心理目标，这些目标之间存在竞争和协同关系，当某一心理目标得到激发且占优势时，就会形成支配心理系统的自组织，并发动和组织个体的信息构建。自组织是个体、系统获得发展进化（如形成稳定结构、新功能）的重要机制。

自组织发生的条件是什么？相关理论研究已证明，首先，系统需要与外界进行物质、能量或信息的交换，即具有**开放性**。耗散结构理论认为，系统要实现有序状态，就需要与环境保持交换，否则熵增会使得系统越来越无序。而心理系统一旦与环境相隔离，没有能量与信息交换，就会走向灭亡。其次，在交换中，获得**特定动力机制**是自组织出现的必要条件。元素、子系统之间的竞争协同及非线性机制使得整体的新功能涌现，并与环境进行交换，进而持续演化（见图3-5）。

普里戈金与斯唐热认为，当系统拥有开放性后，远离平衡态与非线性机制是系统从无序混沌走向有序结构的另外两个必要条件。[三]耗散结构理论的研究进一步表明，当系统具备自组织条件后，可以通过非平衡、非线性系统的涨落形成有序结构。

㊀ 涨落是热力学中的一个重要概念。它是大量微观粒子的一种统计平均行为，主要指相对于系统稳定平均状态的偏离。涨落是普遍的，而且还具有偶然性和随机性。例如，温度是物体所有分子动能的统计平均值。即使系统在平衡状态时，热力学量在统计平均值附近仍会有微小变化，这种偏离统计平均值的现象就称为涨落。有时涨落由于量小或耗散不会对系统产生影响，然而，有时涨落突破到临界点附近，就会被不稳定的系统放大，最后促使系统达到新的宏观态。

㊁ 章凯. 目标动力学：动机与人格的自组织原理 [M]. 北京：社会科学文献出版社，2014.

㊂ 普里戈金，斯唐热. 从混沌到有序 [M]. 曾庆宏，沈小峰，译. 上海：上海译文出版社，1987.

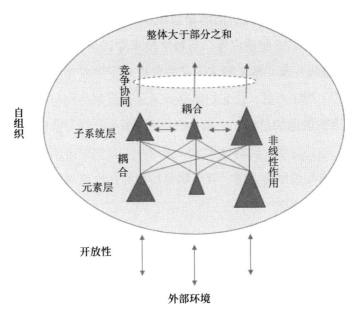

图 3-5　自组织协同增效机制

　　管理者需要理解的是，为了建立各自的模式和实现对整体的全局控制，所有变量都会产生竞争对抗。这种非线性相互作用的结果就是只有少数几个甚至一个因素赢得竞争，并通过放大、强化成为具有支配作用的关键序参量，也就是起决定性作用的关键因素。该关键序参量能够驱使所有子系统服从其指令，并形成相应的合作势态。因而，整个系统显现出行为较有规则性的、协同一致的合作局面，并遵循关键序参量的指令模式，建立起一种统一的组织和功能结构。赢得竞争的关键序参量保证了自我选择模式的优化，并激发提升了自组织带来的自我进化协同增效。这种选择模式的优化使得系统产生了更丰富的功能，具有更高的有序度，其系统与子系统之间也形成了相互适应度高的运动模式及耦合关系，而且系统与环境之间建立的联系也更牢靠。众多子系统彼此合作、协同一致，才使优胜模式得以实现。

在企业系统中，柔性价值网是自组织而成的社会子系统，其重要特征是开放性、动态性和适应性。当数字技术穿透企业价值网络时，"共同目标""强链接"及"基于顾客主义的价值观"会成为决定柔性价值网络自我进化的关键序参量，让它们能高效地进行资源交换与共享，并致力于实现顾客价值创造的目标。小米从成立到 2019 年进入世界 500 强之列仅用了 9 年，是史上最年轻的世界 500 强企业。我们对小米公司进行调研发现，小米的自组织进化之道，就是通过构建柔性价值网的可复制商业模式在多个行业获得成功的。

当小米进入一个行业时，它会以极致的思维做好创新，以最大的努力和诚意寻找价值观与目标相同的合作伙伴，构建共生协同发展的柔性价值网络。据小米联合创始人刘德介绍，他从 2014 年开始带领团队建立生态链部门，截至 2019 年，这个部门的产品创造了非常辉煌的成绩：手环世界第一，空气净化器世界第一，平衡车世界第一，充电宝世界第一，扫地机器人也是世界第一。更令人关注的是，小米公司还获得了 140 多项工业设计大奖，包括小米手机、电视、盒子、音箱等。⊖

小米在柔性价值网络中将自己定位为"赋能人"，它将技术、资源、思维模式等进行输出，为合作伙伴提供全方位支持。共同目标、价值观与资源、技术共享、协同驱动等序参量，使小米与其生态链合作伙伴"同频共振"，以席卷之势带动全局。小米的重要投资对象及合作伙伴云米的 CEO 陈小平在采访中表示，"小米是我们的股东，也是我们很重要的合作伙伴……我们可以通过小米的互联网思维系统改变我们做产品、做企业的理念"。小米生态链模式的关键就是构建自组织柔性价值网，通过理念、思维、技术、信任等赋能合作伙伴，使各伙伴在柔性价值网中

⊖ 《改革开放与中国企业发展》编写组．改革开放与中国企业发展 [M]．北京：社会科学文献出版社，2018.

能有效利用机会，实现资源高效共享，与小米一起获得自我进化协同增效。

范围经济与协同效应

新经济范式在数字经济的蓬勃发展中涌现，数据也成为新的生产要素。数字技术最大限度地打破了传统工业时代的经济范式，使其从相对封闭、垂直的线性管理模式转变为相对开放的互联网协同模式。很多传统企业之所以退出历史舞台，正是因为其封闭，无法进行网络协作。新经济范式最根本的特质就是开放的价值网络、自由多元的协同、分布式的自组织体系，它们也统称为范围经济模式。因此，协同共生效应的第五个关系命题是范围经济与协同效应的关系，我们的观点是：范围经济更能使企业获得协同共生优势。

范围经济（Economies of Scope）的概念起源于多元化的一些研究，主要指在多元化经济活动过程中共享资源，并使得企业长期平均成本下降。美国学者潘萨尔（John C. Panzar）和他的研究团队提出，范围经济是单个组织的多产品联合生产，主要指"厂商不再专注生产一种商品，而是生产多种产品，且随着经营产品种类的增多，平均成本下降"[⊖]。

蒂斯（David J. Teece）通过观察提出了一系列疑问，为什么飞机制造商会生产导弹和航空飞行器？为什么联合石油公司会利用地热资源来生产能量？为什么埃克森美孚会投资铀产业？他研究指出，多产品生产的

　⊖　Panzar J C，Willig R D. Economies of scope[J]. American Economic Review，1981，71：268-272. 事实上，潘萨尔和他的研究团队早在 1975 年就在一篇未经发表的工作论文上提出了范围经济的概念界定。

组织可能会更有效率，会出现产生于"诀窍共享"的范围经济[○]。蒂斯给出了两种诀窍参考，一是隐性知识的诀窍共享，包括信息、管理经验、活动与能力等。二是专用资产、设备或技术的诀窍共享，该资产或技术可以被用在多于一种产品的生产上。它们都能有效帮助企业降低成本，提升组织效率。

　　后来的学者如钱德勒（Alfred D. Chandler）等也对范围经济进行了进一步的探讨分析。钱德勒在《规模与范围：工业资本主义的原动力》一书中提到，范围经济是单一企业内部生产或分配多种产品而带来的成本节约；当两种或多种产品分享投入要素时，范围经济就会产生。[○]当范围经济带来更高效率时，管理层会更重视新产品、新工艺或新流程的开发。这种开发过程会激发组织创新力提升与科技创新，也让企业更有机会在新材料、新工艺、新流程及团队创新等方面取得突破，并最终形成强大的核心竞争力。

　　在工业时代，企业追求发展的一个主要方向是规模经济带来的协同效应。在经济学意义上，规模经济就是因企业扩大单一产品规模而使得长期平均成本降低所形成的经济节约性，它反映的是"工厂模型"。不过，随着经营环境的不断变化，规模带来的优势效应将不再显著，甚至很多时候"规模不经济"。

　　数字技术的出现，打破了行业边界与企业边界，使得范围经济范式更容易实现并具有更高的效率。数字经济拥有一些新的经济发展特征，这些特征影响了企业协同增效逻辑。中国信息化百人会在 2018 年发布的

　　○　Teece D J. Economies of scope and the scope of the enterprise[J]. Journal of Economic Behavior & Organization，1980，1（3）：223-247.
　　○　钱德勒．规模与范围：工业资本主义的原动力 [M]. 张逸人，译．北京：华夏出版社，2006.

《2017中国数字经济发展报告》中指出，数字经济是继工业经济之后更高级的经济发展阶段，数字化的知识和信息已经成为关键生产要素并贡献生产力。同时，开放、协作、共享、技术变革成为数字时代管理的主题，数字经济正迈向体系重构，并与实体经济加快融合。数据驱动、智能、平台化等管理特征凸显，跨部门、跨企业、跨地域的协同管理成为常态。

在我们看来，数字化时代具有以互联网为依托、数字资源为核心要素、信息技术为内生动力、融合创新为典型特点的经济发展特征。其中，数据成为一种新的生产要素，与其他生产要素交互并发挥非线性的叠加作用。当一切都在转化为数据时，企业更有机会应用数据资源进行组合创新，并发挥创新效能。例如，数字出版和音频出版正在冲击传统出版社，它们通过改变成本结构、盈利模式等提升了效率。

规模经济理论存在两个假设条件：一是生产技术水平保持不变，二是所有生产要素或投入均按相同的比例变动。⊖很显然，这两个假设条件在数字化时代已不再适用。作为一种新的生产要素，数据已经在金融、零售等很多领域贡献出了强大生产力，而且企业所处环境的快变与多变性使得"所有生产要素按相同比例变动"的假设显得不太现实。

一方面，规模领先事实上并不是真正的领先。在传统规模经济理论中，学者也证实确实存在"规模不经济"，即规模超过最优点时，企业会出现各方面（如人员分工、管理等）难以协调的现象，最后使长期平均成本曲线呈上升趋势。例如，学者早就发现，针对美国的中小型银行业金融机构，当总资产小于1亿美元时，银行具有规模经济性，但当总资产超过1

⊖　刘海藩.领导干部西方经济学读本[M].北京：中国财政经济出版社，1999.

亿美元时，银行往往出现规模不经济或规模经济不明显的现象。[⊖]在其他情境以及国内的研究中，学者们也陆续发现存在规模经济的临界点。[⊜]

另一方面，科技进步使得企业盈利模式发生了根本性变化，以规模来获得市场占有率的方式，开始受到技术带来的冲击。技术的发展使得规模效益慢慢移向那些小企业了。此外，值得注意的是，规模的本质是竞争而不是顾客，范围经济若是围绕顾客的多元需求而展开的，则更容易实现顾客价值。市场的变化与技术的发展，要求企业管理者必须调整企业的战略导向，从规模导向调整到顾客导向上来，经济范式也从规模经济转变为范围经济。

在数字经济中，范围经济的重要性要大于规模经济，且其所适用的行业已不仅仅是 IT 行业。与规模经济不同，范围经济的产生不是由于生产规模的扩大，而是由于生产范围的扩大。赫曼特·塔内佳（Hemant Taneja）与凯文·梅尼（Kevin Maney）在《去规模化：小经济的大机会》中提到，AI 驱动的技术浪潮使得规模经济面临"去规模化经济"的巨大挑战。那些小型、专业的企业能够利用数字技术平台与规模巨大、面向大众市场的企业进行竞争，它们可以为充满想象力、资源丰富的企业或个体创造无限可能。[⊜]相比规模经济，范围经济并没有严格的假设限定，其产出混合与技术应用也可能发生变化。现在，去规模化的浪潮逐渐在能源业、金融业、医疗业及媒体行业等展开。一个生产多类型产品的小型企业，可能无法获得规模经济效益，但通过数字技术、联合生产等却可能获得范围经济的效益。

⊖ Berger A N，Hanweck G A，Humphrey D B. Competitive viability in banking [J]. Journal of Monetary Economics，1987，20（3）：501-520.

⊜ 徐传谌，郑贵廷，齐树天. 我国商业银行规模经济问题与金融改革策略透析 [J]. 经济研究，2002（10）：22-30.

⊜ 塔内佳，梅尼. 去规模化：小经济的大机会 [M]. 杨晔，译. 北京：中信出版集团，2019.

戈德哈（Goldhar）等在《哈佛商业评论》上讨论新技术与范围经济时提出，新技术往往能使得生产成本降低，而计算机技术的应用能带来企业快速反应、高度灵活、生产加快、分散生产等新能力的形成。[⊖]这些新的技术能力不取决于规模经济，而取决于范围经济。那些小规模生产企业也可能采用计算机控制、程序化生产等先进生产技术，并通过增加产品品种或规格来获得效率（即范围经济）。对于整个制造业部门来说，原来很低的生产成本仅能在大厂中实现，但现在由于数字技术的普遍运用，经营规模小得多的小厂也能获得很低的生产成本。因而，今天的企业要由"向规模经济要效率"转为"向范围经济要效率"。

范围经济带来的协同共生效应可以从以下三个层面去理解。

第一，最为直接的就是有形资源、共性技术或公共服务的共享。多品种产品共享共性技术及相关设备、资源，促使平均成本降低。而且，在生产多规格或系列产品时，研发、渠道及公共部门的服务等也能共享，这同样能使长期平均成本降低。例如，企业建立了完善的在线渠道后，增加的新产品销售通常不需要额外成本投入。

第二，无形资源的共享。在多产品的生产与销售过程中，企业家或管理团队的管理能力、管理经验、经营技能都能得到充分利用。扩大产品或经营范围能最大限度地利用管理者的战略视野、管理经验、技能与能力。当企业的品牌口碑较好时，将多个品种的产品捆绑在一起也能实现范围经济。营销领域的研究告诉我们，当消费者对品牌忠诚时，他们对同一品牌的其他产品也有较高的满意度，由此可以形成所谓的"伞品牌"系列产

⊖ Goldhar J D, Jelinek M. Plan for economies of scope[J]. Harvard Business Review, 1983, 61（6）: 141-148.

品。⊖可口可乐之前推出过两款新产品,分别命名为 Tab 和 Mr. Pibb,但刚推出时销量并不理想,消费者大多持观望态度。后来,可口可乐将新产品的名称更换为 Diet Coke(健怡可口可乐)和 Cherry Coke(樱桃可口可乐)后,消费者才恍然大悟,两款产品的销量也随之大增。

第三,跨界资源共享。今天,共生网络成为范围经济发挥协同共生效应的重要基础,企业可以基于自身产品、专业能力与外部伙伴协同合作,以实现外部范围经济。企业嵌入到产业互联网中,能发挥产业协同效应,与产业伙伴协同拓展更大的市场。在外部表现上,范围经济可以延展为横向或纵向联合,利用数字技术、管理知识及经营信息促进生态协同。

最后需要关注的是,**范围经济分为内部范围经济与外部范围经济,前者是通过增加内部产品品类而获得长期平均成本下降,后者指多个企业分工协同组成生态系统,并通过合作协同带来经济节约**。小米通过手机、家电及生活用品等的逐步拓展,形成了独特的竹林生态模式,联合建设了共生网络,实现了外部范围经济;美的围绕"为家电产品整个制造供应体系协同提效",实现了内部范围经济。类似于规模经济理论,**如果经济组织的生产或经营范围的扩大使得平均成本降低、经济效益提高,则存在范围经济,否则存在范围不经济**。因而,管理者需要思考"全"的边界,考量在数字技术的更新与使用下,企业建立何种边界才是经济的。

互联网时代,生态伙伴之间的互联离不开信任、开放和协同关系。小米的"小爱开放平台"是领先的人工智能开放平台,小米在人工智能领域的技术积累通过该平台对外输出,通过提供多种能力给开发者,帮助

⊖ Besanko D, Dranove D, Shanley M. The economics of strategy[M]. New York : John Wiley & Sons, 1996.

开发者实现更多可能。在这个开放平台上，小米连接了 1000 多家企业开发者和 7000 多个个人开发者。[○]2018 年 11 月，小米 AIoT 开发者大会在北京举行，雷军宣布，"小米 IoT 平台"在全球连接了超过 1.32 亿台智能设备，支持近 2000 款设备，超越谷歌和苹果成为目前世界上最大的物联网平台，"小爱同学"累计激活设备数量约 1 亿台，累计唤醒次数超过了 80 亿次，月活跃用户数超过了 3400 万。更为重要的是，小米提出了"AI+IoT"万物智慧互联的概念。[○]相关业内人士指出，"小米 IoT 平台为 AI 提供了庞大的用户群、丰富的应用场景、海量的数据和强大的流量。依托小米 IoT 平台，小米人工智能'小爱同学'取得了高速发展。自2017 年 3 月问世，截至 2018 年 9 月底，'小爱同学'月活跃用户突破了3400 万，是全球最活跃的人工智能语音助理之一"[○]。

小米在投资生态链企业时，首要关注的是价值观一致——极致性价比。小米构建了基于自身优势的生态链，在这个生态链上新型企业得到了爆发式成长，小米生态链的逻辑是"做 80% 消费者接受的产品"，出现在米家店内的产品风格基本上都是极简的白色、黑色，价格上也一直保持平价策略。小米虽然投资生态链上的企业，却并不谋求控股权，更希望保持各个公司的独立个体特性。小米和生态链上的企业建立的是合作关系，小米生态链企业可以分享小米品牌的流量、声誉、渠道、用户基数等，小米则依托生态链企业不断涉足更多领域，让更多人的生活链接入小米互联网服务中，成为小米的数据终端。

　○　可为商学院 . 陈春花「中国 500 强论坛」专题报告：数字化与新产业时代 . [EB/OL].
　　　（2019-09-10）. https://www.sohu.com/a/340031322_120290540.
　○○　互联网科技队 . 小米 IoT 平台成为目前世界上最大的物联网平台 . [EB/OL].（2018-
　　　11-28）. https://www.sohu.com/a/278275834_100110410.

数字技术解决的最重要的事情，是将消费和生产完全融合。如数字技术与学习组合产生了知识付费，数字技术与餐饮结合产生了线上餐饮服务平台，数字技术与金融结合产生了数字支付，等等。在数字技术渗透到各个传统行业后，传统行业并没有因此被替代，而是通过技术更好地释放其潜在价值，则两者产生了协同效应。传统电视机供大于求，但对于小米的数字电视、智能电视、网络电视等产品，顾客的需求还在不断增长。⊖其实这就是链接带来的新的顾客价值创造，进而带来了新的增长空间。新的价值是需要用"共生"而非"竞争"的逻辑来创造的，而新创造出来的空间，就被称为共生空间。

小米的发展基于其构建的协同共生平台，小米真正理解顾客的需求，在用高性价比手机占领市场后，开始衍生其他品类。通过链接的"共生"逻辑，小米在构建生态链的共生空间内，通过协同方式释放出了极强的市场价值。

小米用了3年的时间，与77家企业共生，其中16家企业的销量已过亿，同时还孕育出了4家独角兽企业，开启了以智能硬件为载体的协同新时代。

通过打造一个共生经济体，小米缔造出了一个又一个商业神话。通过共生经济体的高效协同、互惠共生，小米与传统行业结合并释放出新的价值。数字化时代企业的生存逻辑已经发生了巨大改变，由以往工业时代的连续、可预测和线性思维，转变为数字化时代非连续、不可预测和非线性思维，商业模式也由"边界约束"转变为"跨界协同"。小米蓬勃发展的10年是移动互联网时代的一个缩影，更是数字化时代新商业模式的经

⊖ 搜狐智库．陈春花：共生逻辑和协同效应，创造了小米、华为、腾讯的成功．[EB/OL]．（2019-12-09）．https://m.sohu.com/a/359294521_100160903．

典案例。雷军在谈及新国货时表示，"我真的是希望工匠精神可以变成我的墓志铭，日本的工业是索尼带动的，韩国的工业是三星带动的，我希望未来小米可以带动中国的工业"[⊖]，所以，多年来小米始终坚持将"互联网＋"带动中国制造业转型升级作为其发展方向。

⊖ 澎湃新闻. 雷军：希望工匠精神可以成为我的墓志铭. [EB/OL].（2016-04-23）. https://www.sohu.com/a/71148116_260616.

协同共生效应
增效作用

我们提出协同共生论的概念，围绕着"如何实现协同共生价值"展开研究。首先我们探讨了协同共生效应——在动荡与巨变的环境里，无限链接与价值共生的特性促使企业必须寻求协同共生效应，这样才能够帮助企业找到与环境相适应的能力。

协同共生效应的核心价值，是获得增效作用。所以，在协同共生体系中，整体与部分、竞争关系、共生关系、自组织以及范围经济这五个关系命题，是影响协同共生效应的关键。企业只有善用这五个命题，尽可能地把企业自身与内外部的成员组合在一起，达成有效地协同共生，才能提高组织适应动态环境的能力，并从不确定性中获益。

第四章

协同共生架构

> 生物只有不断地协同进化，才能持续成长下去，逃脱灭亡的结局。

——利·范·瓦伦（L. Van Valen）

克里斯坦森（Clayton M. Christensen）与雷纳（Michael E. Raynor）在《创新者的解答》一书中指出，企业存在一个"增长魔咒"——每 10 家企业中大概只有 1 家企业能够保持良好的增长态势，大部分企业都会陷入停滞。⊖在发展过程中如何解决这个问题，是企业必须面对的挑战。那些获得长期发展的企业的实践表明：如果企业想要获得持续增长，在其成长过程中必须找到企业成长的第二曲线或新引擎。

新技术发展速度的加快与顾客需求的变化，使

⊖ 克里斯坦森，雷纳. 创新者的解答 [M]. 林伟，李瑜偲，郑欢，译. 北京：中信出版社，2010.

企业的效率来源、价值的创造及获取方式发生变化，为企业找到成长的第二曲线或新引擎提供了全新的可能性。阿里巴巴、华为、腾讯、小米等诸多企业的创新实践显示出的共性特征是：不断构建价值共同体，可以为企业拓展出全新的成长空间，提供可持续的成长性。

为了更好地理解企业成长性问题，我们先回归到企业理论发展史。企业理论的发展解决了两个根本性问题：第一，**企业的"存在性"问题**，即回答企业为什么会存在，它产生的机理是什么，与之相关的理论包括分工理论、交易成本理论、交易效率理论、风险分摊理论等；第二，**企业的"成长性"或"进化性"问题**，即回答组织如何管理企业并促进企业成长，与之相关的理论包括委托代理理论、管家理论、企业生命有机体理论、企业基因理论、动态能力理论、知识整合理论、SCP（Structure-Conduct-Performance，结构—行为—绩效）分析框架等。

关于第二个根本性问题，通俗地理解，企业成长就是指企业由小变大、由弱变强。从概念上理解，企业的成长性问题有两方面的内涵，其一是企业"量"的增加，即组织规模扩张；其二是企业"质"的提升，包括知识积累、整体能力提升等。在数字技术的驱动下，企业成长性问题的两方面都发生了根本性变化。在有关"量"的增加中，企业规模扩张的本质发生了变化，不再是线性逻辑，而是非线性逻辑。在有关"质"的提升方面，更需要关注技术与创新所产生的不可预估的作用。在此基础上，顾客本身的成长带来新的企业成长空间，这使我们有了解决企业第二个根本性问题的新机会——通过协同共生框架的搭建，让企业获得"量"与"质"两个维度的成长性，即效率与价值进化。

组织有效性的两个维度

探讨企业"量"与"质"两个维度的成长性问题，离不开组织有效性的研究。在组织有效性的研究中，针对**"判定一个组织是否有效的主要指标到底是什么"**这个问题，学者们有很多不一样甚至互相矛盾的研究结论。有的人认为客户满意度、资源获取等是判定组织有效性的主要指标，而另一些人则认为流程效率、内部稳定性等才应该是主要指标。斯坦利·西肖尔（Stanley E. Seashore）总结组织效能评价标准时提出了组织效能多重目标的金字塔体系，认为组织评价可以基于很多标准，需要分析构成金字塔体系不同标准的相关性与相依性。[一]他认为评价标准体系应包括长期和短期，过去、现在和未来，目的和手段等。

约翰·坎贝尔（John P. Campbell）与其研究团队通过系统研究，提出了 39 个组织有效性的"完整清单"指标。[二]但是，如此多的指标并不利于实践中的有效管理。因而，罗伯特·奎因（Robert E. Quinn）和其同事依据前人的研究结果，利用统计分析范式对这 39 个指标进行了分析，发现了组织有效性的两个维度[三]，提出了著名的竞争价值分析方法。

在竞争价值分析中，其中一个维度的一端强调灵活、自由和动态，另一端强调稳定、秩序和控制。他们发现，一些组织因具有灵活、因势而变的特征而会被视为有效的，例如谷歌；而另一些组织则因具备稳定、可预测的特征而被认为是成功及有效率的，例如波音公司。而在第二个维度

○一 佚名. 组织有效性评价标准的提出者——斯坦利·西肖尔 [J]. 现代班组，2011（05）：27.

○二 Campbell J P，Bownas D A，Peterson N G，et al. The measurement of organizational effectiveness: a review of the relevant research and opinion [R]. Report Tr-71-l（Final Technical Report），San Diego: Navy Personnel Research and Development Center，1974.

○三 Quinn R E，Rohrbaugh J. A competing values approach to organizational effectiveness [J]. Public Productivity Review，1981：122-140.

中，一端强调内部导向，另一端强调外部导向。IBM 被认为是有效组织，是因为它具备和谐稳定的内部流程；丰田被认为是有效组织，是因为它更能与外界供应链互动。这两个维度组成了四个象限，每一象限都有与其他象限相区别的名称和组织有效性指标。

因为不同端强调不同的价值，奎因等又将这一框架称为竞争价值框架（Competing Values Framework），如图 4-1 所示。每个象限都代表一组截然不同的表达组织效率的指标，每个象限都有一个动词可形象地表示出该象限的重点，无优劣之分。基于这个竞争价值框架，奎因和金·卡梅隆（Kim S. Cameron）提出了著名的组织文化测评方法，并分析了不同文化类型的特点。另外一些学者则将竞争价值框架应用到组织领导力、全面质量管理等领域。

图 4-1   组织有效性的竞争价值框架

资料来源：Quinn R E, Rohrbaugh J. A competing values approach to organizational effectiveness [J]. Public Productivity Review，1981：122-140.

根据不同的维度，组织可以找到更好的方式或手段来提升自身的有效性。所以，我们决定将竞争价值框架应用到协同共生架构中，并得出协同共生架构的组合维度。

为了提高协同共生效率，组织需要在不同维度或象限进行组合、协同，并形成系统效率。一方面，组织的有效管理必然是一个内外结合的过程，而且数字技术使得组织内外连接更紧密，管理者与员工更应具备"从外向内"的增长型思维。虽然管控很重要，但组织更应鼓励探索与包容试错，鼓励打破组织边界，鼓励协同成长。另一方面，数字技术带来的根本变化是组织以顾客价值为导向，与顾客一起创造价值。如果不关注外部协同的效率，组织一定会被顾客抛弃，失去价值创造与增长的机会。

我们可以参考竞争价值框架在全面质量管理中分析运用的模式，它与组织协同共生系统效率、价值进化的逻辑一致。以全面质量管理为例，首先，高质量必须要有"层级型"象限中的过程控制及监控质量的工具应用，如帕累托图、鱼骨图、方差图等。其次，要想获得全球领先的质量水平，必须利用"市场型"象限的质量提升策略，如创造合作伙伴关系，关注消费者偏好与价值感知，让客户参与计划与设计等。再次，全面质量管理还需要激发"家族型"象限中员工的团队性，给他们授权，关注他们发展，让他们真正参与到质量提升中。最后，质量提升策略还必须关注"活力型"象限，致力于创造超越客户标准的质量。卡梅隆和奎因发现，在大部分失败的全面质量管理实践中，公司至少在其中一个象限没有做好。⊖

协同共生的组合维度

借助竞争价值框架在全面质量管理中应用的方法，对组织内部与外部

⊖　Cameron K S., Quinn R E. Diagnosing and changing organizational culture based on the competing values framework [M]. San Francisco：JOSSEY-BASS，2011.

协同问题产生的原因进行分析后，我们发现，可以通过两个维度组合实现协同共生效率与价值进化：赋能和管控维度、内部与外部维度（见图 4-2）。

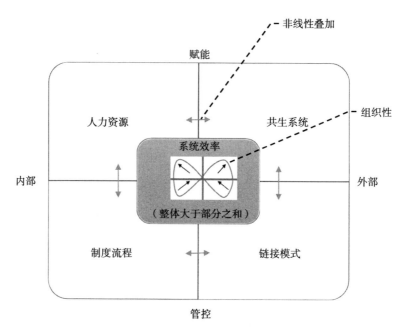

图 4-2 组织协同共生的两个维度组合

赋能和管控维度

无论是组织内外哪个子系统，都会在赋能和管控上对组织及员工产生影响。赋能是组织管理的核心，组织需要激活人的价值。赋能最早是由哈佛商学院教授罗莎贝斯·莫斯·坎特（Rosabeth Moss Kanter）在《变革大师》中提出的，她认为，要授予员工权力，让他们参与企业运营。[一]早期的赋能方式以分权、培训及资源支持等为主，数字技术的出现使得组织具

⊖ Kanter R M. The change masters: corporate entrepreneurs at work [M]. London: Allen & Unwin, 1983.

有了与以往不一样的赋能方式。

数字技术调整了组织结构、信息通道，也提供了新的技术处理及资源整合方式。尤其是数据作为一种全新的价值挖掘与增长点，成为赋能员工与组织的新引擎。这方面的例子有很多，如韩都衣舍通过"大平台＋小前端"的组织结构进行资源支持与服务输出，海尔通过创建"人单合一"机制及COSMOPlat（卡奥斯平台）等来赋能员工，中国平安通过构建HR-X系统来帮助员工完成很多程序性的工作，阿里巴巴将数据战略视为"核武器"并致力打造数据中台进行价值输出，出版社的图书以数字的形式呈现在用户面前，等等。在研究中，我们发现赋能的核心是创造一个与员工共同分享和成长的平台与机会，而不是仅仅给他一个岗位。[○]数字技术带来的组织赋能，可以更好地契合人的潜能发挥，满足组织成员对自由性、灵活性、成长性与价值创造的需求。

管控是组织管理的基础，它帮助组织获得相对稳定性和基本效率。但要注意，管控不是针对人，而是针对安全风险。在管控一端，组织设计契约规则体系、角色任务内容及清晰决策机制等。正是因为有了基本的管控，赋能才能发挥最大的功效，在本书第二部分的企业实践案例中，我们也会看到这一点。在无限链接的数字化时代，企业成长需要重构组织结构及角色规范体系，尤其是需要设计和构建企业规则体系，而在信息与数据起着重要作用的今天，契约过程中要关注信息的不对称因素等。只有设计好契约规则体系，企业才能从价值链重构与创新中获得数字技术带来的红利，从而产生更高的竞争力与效益。

○ 陈春花. 五件事成就"赋能组织"[J]. 中外管理，2018（05）：98-99.

内部与外部维度

在组织内部，只有当战略、组织结构、技术支持、制度体系合理且与价值观、行为体系契合时，部门与团队间的协同效能才能被释放，组织成员才能被激活，企业也才能确保持续健康发展。在组织外部，企业不是孤立存在的，而是嵌入在更大的社会价值系统中，技术发展让组织外协同成为绩效贡献与组织效率提升的重要来源，在组织外协同中，企业也更有机会实现价值共创与创新。组织外协同要求企业进行价值扩展，致力于为组织外成员创造更大的价值，这样才可能获得企业协同共生的机会。

基于这两个维度，在系统效率与价值进化的过程中，本书对四个主要象限的关注集中体现在以下几个方面。

人力资源象限：在协同共生管理中，这一象限由内部端和赋能端组成。它通过多元赋能路径激励员工，提高个体工作积极性与团队协同力，为组织内协同、系统效率与价值进化做出贡献。企业需要关注的是建立并发展内部人力资源的工作价值感、认同感，并通过结构、技术、文化心理、资源支持等路径来实现内部协同。

制度流程象限：它由内部端与管控端组成，关注的是企业的稳定、安全及风险控制。在大部分情况下，实现稳定或安全有赖于组织内员工契约或角色设计、流程体系及监控制度规范。当流程得以重构并能支持个体与团队工作时，它与人力资源赋能组合就会贡献组织内协同、系统效率与价值进化。

共生系统象限：它由外部端与赋能端组成，强调外部共生性、创造性。在组织外协同上，它要求企业关注如何与外部伙伴互动、如何设计赋能模式以更好地进行价值共创。例如华为非常强调与外部伙伴共生，华为大学与伙伴分享相关学习、资料与最佳实践。

　　链接模式象限：它由外部端与管控端组成，强调外部安全性与稳定。组织之间往往通过契约体系、数字技术等手段来保障组织效率与合作安全。它与"共生系统"象限组合贡献组织外协同共生效率与价值。而组织内与组织外协同的非线性叠加，则形成整个组织的系统效率与价值进化。

协同共生管理的两维度组合框架

　　在系统效率与价值进化的过程中，组织内外的协同共生以赋能为主，管控为辅。以赋能为主，组织内外成员与组织能实现自生长、自组织，组织成员能全心投入到个体、团队及组织协同工作中，实现"整体大于部分之和"。协同共生管理的两维度组合框架具有丰富的内涵与外延，主要体现在五个方面。

1. 协同共生管理模型的核心是激活人

　　虽然协同管理中也要进行流程建设及契约、制度规范设计，但协同管理的核心是激活人。无论组织内外，赋能的关键都在于人的价值释放。当以人为本的思想贯穿于协同管理时，人的主动性和创造性就会不断地被激发出来。今天的管理，需要塑造一种未来，它通过把人放在首位并赋予其力量来进行协同价值创造。

2. 借由组织内外、赋能和管控交互，发挥非线性叠加效应

　　组织需要在管控与赋能上把握平衡，在授权给组织内外部成员时，要将合理的规则、程序和限制同时交给他。只有赋能没有管控，就会有很大的风险；只有管控没有赋能，也会丧失动力；仅关注组织内或组织外，会失掉持续成长的机会。只有当组织内外、赋能和管控交互形成非线性 / 超

叠加效应时，才能实现整体协同功能涌现。简而言之，在任何一个象限的失败实践都会影响企业的整体协同增效。

3. 两维度组合隐含了产生组织性、获得自组织进化协同的方法论

协同共生管理两维度组合隐含了组织内外协同应该达成的战略目标，以及具体实现这一目标的过程与方法。正是通过战略目标、内外强链接、价值观、数据、技术协同等序参量构建了在组织内外、管控与赋能维度上的"组织性"（见图4-2），组织才能逐渐涌现新功能、产生新秩序，并在目标与价值的指引下获得自组织进化协同。在企业实践中，通过确认组织内外各个目标，我们可以挖掘出达成目标的各种可行方案，遵循合作与提高管理效率的原则，确定优选方案并加以实施。

4. 各成员互为主体是基础

协同共生管理的理念根基是共生。在协同共生管理的过程中，我们需要遵循各主体平等、共生发展的原则。协同共生管理从本质上来说是一门"合作之学"，需要组织内外各主体通力合作。对内，要实现员工、股东合适的结构安排与角色管理。对外，要实现客户、竞争对手、合作伙伴、社区及整个社会的协同共生发展。

在组织内部协同中，组织结构、责任与认知、价值观体系、管控与赋能平衡是关键。在组织外部协同中，相较于竞争，各个成员互为主体、相互合作是更为本质的表现。只有各有机体相互合作，生态和社会系统才会持续存在。协同共生管理的核心理念是组织内外的协调与合作，正是这种理念使"有组织行为"变得普遍起来。

5. 赋能式共生是关键

在组织内部协同中，稳定、管控依旧是组织绩效管理不可缺少的元

素，但赋能是更为本质的东西，赋能可以帮助组织成员释放更大的价值。在组织外部协同中，价值共创与扩展方式、契约管控工具及互为主体的赋能式共生是关键。特别在数字化时代，数字技术包括人工智能、大数据、移动互联等使个体工作有了更大的自主性与支持性，组织内外成员也得到了更多的创造力发挥空间与协同价值创造的机会。我们相信，对组织内外赋能是贡献组织系统协同共生价值的绝大部分动力来源。

综上所述，我们可以确认，企业的第二曲线或新引擎能够通过协同共生架构——协同共生的组合维度找到，并因此获得无限的可能性与成长空间。

美的的数字化转型之路可以帮助我们来理解这部分内容。随着互联网行业向传统行业的不断渗透，美的在 2012 年感受到了前所未有的压力，随后于 2013 年展开了数字化生存的探索（见图 4-3），迄今为止已经投入了近百亿元。

2013～2015 年	2015～2016 年	2016～2017 年	2017～2018 年	2019 年至今
数字化 1.0（632）	＋互联网	数字化 2.0	工业互联网	数字美的全球经营
软件驱动的业务、IT 一致性变革	大数据、移动化、智能制造驱动的企业效率提升	数据驱动的 C2M 客户定制（数字营销、数字企划、柔性制造）	IoT 驱动的业务价值链拉通	全面数字驱动的全价值链卓越运营

图 4-3　美的数字化转型历程

资料来源：美云智数. 2018 中国（广东）数字经济融合大会聚焦美云智数全价值链企业云. [EB/OL]. (2018-04-04). https://www.sohu.com/a/227232825_100098627.

在美的的数字化转型实践方面，美的集团副总裁、首席信息官兼 IT 总监张小懿在 2019 全球企业服务大会上总结道："美的的数字化转型已经历了两个标志性阶段。数字化 1.0，美的从 2013 年开始数字化建设，以往都通过事业部管理，各系统、流程及数据之间相互隔离，后来美的通过

632 项目重构系统，在 2015 年把所有事业部都推广上线，打下了数字化转型的基础。2015 年，美的又跟随市场热点提出了'＋互联网'。数字化2.0，美的在 2016 年建立了数字化 2.0，进行了渠道变革。之前是渠道层层分销，现在倒过来，市场需要什么，我们就生产什么，没有渠道库存，没有提前预备式的生产。这要求反应速度要跟上，另外订单变得碎片化。第一，要建立直接面向消费者、渠道的系统，第二，要把原来的结果型管理变成过程型管理。2017 年，美的发现很多工厂设备、核心零部件、物料都要连接起来，于是建了工业互联网。2019 年，美的在此基础上又进行了深度的业务变革——'＋互联网'业务变革。"⊖ 2020 年，美的开始了向全面数字驱动的全价值链转型，正是顺应了中国互联网经济"以消费互联网带动产业互联网"的发展大趋势。

作为中国家电领军企业的美的集团，随着数字化转型，经营业绩持续攀升。据美的集团披露的 2019 年年报和 2020 年第一季度财报，2019 年美的的营业总收入为 2794 亿元，同比增长 6.7%；归属母公司的净利润为 242 亿元，同比增长 19.7%。同时第一季度财报显示，海外订单同比增长超过 25%、全网销售规模同比增长 11.7%。⊜ 2020 年美的"618"总销售额⊜突破 125 亿元，同比增长 53%，6 月 18 日当天销售额突破 35 亿元，同比增长 48%。不仅如此，2020 年在京东、天猫、苏宁易购三大平台上，美的还连续 8 年蝉联家电行业第一⊛，并斩获了智能家电销量冠军，使用"美的美居"⊛获取智能数据的家庭超过千万户。

⊖　雪球网 . 2019 全球企业服务大会 —— 美的集团 [EB/OL]. （2019-09-09）. https://xueqiu.com/3146330096/132575636?page=2.

⊜　凤凰网 . 美的集团美云智数云端采购数字化业务创新组合拳出击 [EB/OL].（2020-05-14）. http://finance.ifeng.com/c/7wRdDsLghEi.

⊜　统计时间为 6 月 1 日 0:00 至 6 月 18 日 24:00。

⊛　钛媒体 . 美的"618"全网总销售额突破 125 亿 [EB/OL].（2020-06-19）. https://www.tmtpost.com/nictation/4479288.html.

⊛　"美的美居"是美的集团智慧生活服务平台 App。

美的集团董事长兼总裁方洪波认为："我们要建立效率驱动基础上的新的成本优势。以前我们靠的是要素的低成本，这很容易，只要管理得精细一点，每个人都可以做到，但是今天不行了。效率驱动是非常立体的、系统的概念，而不是机器换人、自动化、无人工厂。新的成本优势依赖于一种贯穿整个端到端、全价值链的工具和方法，你要持续保持这样的成本优势。"

这也正应了尼古拉·尼葛洛庞帝（Nicholas Negroponte）的一句名言，"预测未来的最好办法就是把它创造出来"。接着，我们分别从边界内的组织成长和跨边界式共生成长两个部分内容进行具体分析和探讨。

边界内的组织成长

在确定了协同共生的两个组合维度后，我们要解决的是组织成长的问题。按照科斯等经济学家的观点，组织边界存在于市场交易成本与内部管理成本取得均衡的地方：当企业内部成本高于市场交易成本的时候，企业边界（规模）就会缩小或消失，也就是市场替代企业；反之，当企业内部成本低于市场交易成本的时候，企业得以存在或者边界扩大，也就是企业替代市场。[⊖]从与市场互动的角度看，组织边界就是企业的经营活动范围和经营规模。

经济学家伊迪丝·彭罗斯（Edith Penrose）在 1959 年出版的《企业成长理论》中，提出了以资源与能力为核心逻辑的企业成长分析框架。她主张，对企业自有资源的运用及管理能力是企业成长的核心动力，真正限制企业成长的因素来自企业内部。我们的研究也表明，企业成长本质上是

⊖　陈春花，朱丽．协同：数字化时代组织效率的本质 [M]．北京：机械工业出版社，2019．

企业的自有资源与管理能力进行匹配，并基于此开展的一系列动态演化过程。彭罗斯认为，企业成长事实上并非由市场均衡力量决定，而是取决于企业内部使用资源所产生的服务或能力。[⊖]

换句话说，企业获得成长的前提条件，是企业内部运用资源所产生的能力能够驾驭动态的外部环境。从效率角度看，企业成长首先需要获得边界内系统效率，获得边界内组织成长。需要强调的是，这里探讨的边界内组织成长不是脱离外部环境而言的，而是主要通过提升内部协同管理能力来应对外部环境，并贡献组织效率。

组织内五大子系统协同增效驱动组织成长

我们以协同共生框架的两个组合维度作为分析组织内部效率的基础，在赋能、管控与内部端的组合维度中，把人力资源象限与流程制度象限看作组织内部的整体系统，那么，这两个象限外化在组织成长中，就是五大子系统，即战略子系统、结构子系统、运营子系统、技术子系统与文化子系统之间的协同，它们通过彼此耦合、交互实现"整体大于部分之和"（见图 4-4）[⊖]，而这五大子系统所构成的整体效率，即组织内部的协同，可以确认是组织效率的一个核心动力来源。

按照彭罗斯与斯密等人的观点，分工带来了规模经济，带来了责、权、利不一样的角色岗位及组织结构设计，这极大地提升了组织效率。分工体系背后一个很重要的点就是不同子系统之间的衔接与协作，即协同共

⊖ 彭罗斯. 企业成长理论 [M]. 赵晓，译. 上海：上海人民出版社，2007.

⊖ 系统管理大师卡斯特（Fremont E. Kast）将组织视为一个社会技术系统，在组织内包含目标与价值分系统、技术分系统、人际关系分系统、组织结构分系统和管理分系统。这五个子系统与我们的分类在内容上相类似。本书认为，战略子系统是企业成长需首要考虑的问题，也是我们重点关注的内容。而卡斯特划分的价值分系统、人际关系分系统与文化子系统类似。

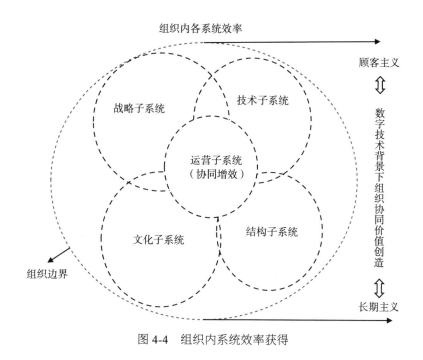

图 4-4　组织内系统效率获得

生问题。企业成长首先涉及**战略子系统**。企业制定战略时，一般会基于自身的资源和能力来做选择。但在数字技术背景下，企业需要更新战略思维方式，需要从未来看现在，以长期主义、顾客主义为牵引方向，在这一阶段，企业家有重要的能动作用，彭罗斯认为，组织内的个体都会提供"企业家服务"，他们通过机会识别、资源匹配、变革行动促进战略的产生与执行。

迈克尔·波特提出，企业的竞争优势既可以产生于生产、销售、交付产品或服务等一系列基本运营活动，也可以产生于支持基本运营活动的开发、人力资源、财务等辅助运营活动。**运营子系统**既包括研发、生产、销售与售后等基本活动，也包括人力资源、财务等辅助活动。价值创造、价值评价与价值分配的相关制度及管理也都属于运营子系统的范畴。运营子系统效率高的企业在相同战略定位下获得的效率也高，从而产生巨大优势。日本企业在 20 世纪七八十年代的成功主要归功于全面质量管理、持续改进、精益生产等营运模式带来的运营效率提升。当运营子系统较好地支持战略时，企业才能正常、快速地运转起来。在这个过程中，同时需要去中心化、结构扁平化、快速响应的**结构子系统**支持，以及**技术子系统**保障经验、信息及知识共享化。

战略实施落地时，需要组织成员的行动与战略一致，保障组织尽快适应行业与市场的瞬息万变。[⊖]因此，人力资源管理者不仅应该是人力资源方面的专家，更应该是业务能手，要能从业务端和市场端理解战略。对战略理解透彻，才能保证人力资源的能力与公司战略、运营保持一致。在一个不断变化的环境里，人力资源管理者需要同时面对两项工作：日常性工作及面向未来的工作。这样既能获得员工的贡献度，又能获得战略性管理人才，并为战略与业务转型升级做出贡献。因而对于战略子系统、结构子系统、运营子系统和技术子系统，最重要的是人力资源与制度流程的价值释放，企业需要建立员工和组织能力共享的平台。海尔在这一方面走得比较远，它将企业建设成平台，鼓励员工与组织在平台上进行充分的能力共享。员工与组织之间不再是传统的层级关系与雇用关系，个体的创造性可以在平台上得到最大程度的释放，人人都可以成为 CEO，员工基于对未来的理解和思考进行创业活动，平台提供资源连接与创业支持。这样，海尔的人力资源充分实现了战略、运营、技术及结构的联动协同作用，为海尔转型成为数字化时代的企业做出了巨大的贡献。

最后一个是**文化子系统**。企业的不同文化，可以产生不同的战略与运营模式，为企业带来不一样的执行力量。日本企业推崇"现场主义"的改

⊖ 陈春花 . 下一个竞争的议题是人力资源与企业战略的协同效率 [EB/OL]. (2017-06-24). https://www.sohu.com/a/151587415_660818.

善型创新，很多企业都要求高管进行一线、现场性质的实质办公。[一]美国人力资源上市软件公司终极软件（Ultimate Software）则是关心、尊重员工的典范，2017 ～ 2019 年连续被评为"美国 100 家最适宜工作的公司"之一。除了全额医疗保险、限制性股票等丰厚福利外，它还为员工提供有意义的工作、多元职业发展机会及整体性体验，从而形成了高信任组织文化，并因此受到尊敬。这也使得其员工非常愿意为公司的成长做出价值贡献。

任正非在《致新员工书》中写道："华为的企业文化是建立在国家优良传统文化基础上的企业文化。"这一文化理念在华为的"铁三角模式""实施 10% 的不合格干部末位淘汰，用危机感激励领导担责冲锋"及"人力资本增值目标要高于财务资本增值目标"等管理原则和实践中得到了充分的体现。

以往的研究成果发现，当一家企业的文化包含重视消费者、股东、企业员工及领导艺术等要素时，其经营业绩要远胜于那些不具备这些企业文化特征的公司。[二]在为期 11 年的考察中，科特和赫斯克特观察到，前者的总收入平均增长 682%，后者则仅为 166%。[三]我们认为，当一家企业的文化与内外部环境相匹配时，就能带来更有效的战略制定及执行，并取得良好的绩效。对于经营业绩不佳的企业，企业文化往往起着负向作用。所以，管理者需要挖掘企业特有的文化价值取向，找到与自身匹配的核心价值点，并将之与公司的战略、运营、人员管理结合在一起，充分发挥文化在企业成长中的协同作用。最为重要的是，文化子系统要能帮助企业及员工快速适应外部环境的变化，使其善于捕捉环境中的成长与创新机会，真正为客户创造价值。

　　㊀ 丁孝智 . 日本文化与企业经营管理 [J]. 中国商论，2016（31）：57-59.
　　㊁ Kotter J，Heskett J. Corporate culture and performance[M]. New York：Free Press，1992.
　　㊂ 陈春花 . 企业文化塑造 [M]. 广东：广东经济出版社，2001.

需要关注的协同困境

组织内部协同增效，是通过这五大子系统充分结合、交互而产生的，唯其如此，组织系统整体才能处于"有组织"状态，企业才能获得持续成长。在企业的管理实践中，管理者往往会遇到子系统内或彼此之间的协同困境。经过深度的案例观察与访谈，我们发现，企业经常遇到以下协同管理问题（见表 4-1），这些协同困境导致了企业成长的停滞。在这些协同问题中，有三类需要引起管理者的重视。

表 4-1   组织内部协同共生管理典型问题

协同问题	发生的主要层次
1. 职能单元（如风控、财务、信息系统等）对业务单元不能有效支持	运营子系统、技术子系统、文化子系统
2. 股东短期财务回报与公司长远发展的协同	战略子系统、运营子系统
3. 业务渠道间信息分享、协作差	运营子系统、文化子系统、技术子系统
4. 业务单元与业务单元之间的冲突	运营子系统、战略子系统、文化子系统
5. 职能单元之间的流程、协同配合问题	运营子系统、文化子系统
6. 战略方向与组织结构、内部运营不一致	战略子系统、结构子系统、运营子系统
7. 组织、部门或团队内分工过细导致内部功能重叠，部门指标考核与整体战略不匹配	战略子系统、运营子系统、结构子系统
8. 组织内沟通、分享及协作氛围较一般	文化子系统、技术子系统
9. 员工能力与组织流程、岗位需求的协同匹配	运营子系统
10. 组织内员工学习氛围较弱，成长意识淡薄，能力不能有效支持战略执行	运营子系统（人力资源）、文化子系统、战略子系统
11. 员工不断成长与组织持续发展的动态协同匹配问题	运营子系统（人力资源）、战略子系统、文化子系统

第一，运营子系统（尤其是人力资源）与战略子系统之间的协同。人力资源与战略的高效契合是组织获得成长的关键。华为在其"人力资源管理纲要 2.0（公开讨论稿）"中提出，公司基于不同人才在战略实现中的不同价值定位，并按照相关责任体系构建了"人才金字塔"。这种人才构建

法则以战略为中心，确保企业内部所有成员在实现战略时能贡献价值，让人力资源与战略真正联动起来。

第二，以运营子系统为主的两方面协同。一是职能单元与业务单元之间的协同，也就是运营子系统与结构子系统之间的协同。在传统科层组织结构下，不同部门和单元具有不一样的职责和目标。因而，在企业的运行过程中，管理者往往各自为政，各行其是，无法进行有效的目标融合。二是业务单元与业务单元之间的协同。这也是一种常见的协同问题，它造成了组织内耗、冲突与资源浪费。深入分析就会发现，这也是运营子系统与战略子系统之间的协同问题，原因往往是管理层在战略共识、边界划定上出现分歧。

第三，以文化子系统为基石的组织协同。按照埃德加·沙因（Edgar H. Schein）的观点，文化结构的最底层是基本假设，基本假设是一种潜意识，包含企业普遍认可或默许的、可被传承的组织内意识形态，如信仰、思想、认知等。企业基本假设所具有的独特作用，预示着只有当深层次的组织文化中融入了信任、开放、协作、利他等元素时，企业才能真正自主协同起来。如果一个组织内的战略、制度体系较为合理、规范，但"部门墙"依然很厚，成员间协作的意愿和氛围也很一般，管理者们就需要挖掘出藏在行为表象下的深层文化问题。

优秀企业的管理实践启示

我们梳理了很多优秀企业的内部管理，发现它们有一些共同特点。

一是具有强执行力的目标管理体系，即战略子系统与运营子系统的协同。管理层制定清晰、可考核的目标以分层落实战略，同时也能为实现该目标提供足够的资源。

二是内部信息与资源高效共享，具体呈现在运营子系统、技术子系统、文化子系统间的资源与信息协同。这些优秀企业大都建立了信息、资源和能力共享的平台，数字技术在此发挥了重大作用。无论是谷歌、苹果、Facebook，还是腾讯、阿里巴巴、华为等，都是如此。

三是以协同价值取向为基础。它们将"诚、利、信、不争"的价值取向注入企业文化。[⊖]"诚"是价值预期的核心，具有"诚"的价值取向时，双方才能真正组建在一起。"利"是价值创造的关键，有"利"才能集合智慧，但要强调的是"利而不害"。"信"是价值评估的内核，对价值创造的结果的评判要"言而有信"，要结合长短期利益进行协同行为评价。"不争"是价值分配的灵魂，绝不能让"雷锋"吃亏，但也要倡导"为而不争"。在企业进行价值分配时，要与组织成员的价值创造相匹配，要让组织以"不争"的"柔"和"利"的"刚"完成组织价值评价与分配。

优秀企业非常关注人才能力、组织学习和创新，即运营子系统、结构子系统、技术子系统及文化子系统的协同。这些企业非常清晰地认识到，员工的能力和创造力是应对环境不确定性的关键。所以，一些企业构建了去中心化结构的敏捷型组织，努力让组织结构进化更好地匹配战略与业务发展，发挥其联结人和事的功能；引入领先的技术平台，让信息、流程高效共享；加大在人才招聘、员工能力发展和组织学习氛围建设方面的投入。下面我们分别以华为、奈飞（Netflix）以及我们自己的实践为例来说明。

华为在协同价值取向方面的管理经验值得各个企业参考。在干部管

⊖   陈春花，朱丽 . 协同：数字化时代组织效率的本质 [M]. 北京：机械工业出版社，2019.

理标准中，华为将品德、核心价值观和绩效一同视为最核心的要求。它充分尊重每一个员工的价值创造，拥有丰富的"各尽所能，按劳取酬"的价值创造、价值评估及价值分配实践经验。华为深刻地认识到，只有让每一个员工发挥最大的价值创造作用，并让那些对企业做出真正贡献的人得到合理的回报，企业才有长久生命力。对于文化中的"不争"，任正非说过，"作为一个办事处主任，不应担心吃亏，只有吃点小亏，才能成大气候。希望每个办事处主任都能够做好一个主任，做一个完全的人，做一个长远、永久的人"[⊖]，任正非自己也一直保持着不争荣誉、不争利的心态。

奈飞公司是另一个典型的例子，这家公司依赖于人才创新脱颖而出，所以让组织始终充满活力是其管理特征。它从全球招聘顶级人才，发挥顶级人才的价值创造力，尽可能废除那些影响人才表现的规章制度。值得注意的是，奈飞并不太重视员工培养、职业生涯规划等传统管理方法，它秉持"员工的成长只能由自己负责"这一理念，内部有"永远在招聘"这一说法，为的是找到顶级人才以激发更大的组织活力。奈飞的管理方式，在很多企业看来是很难理解的，或者很难借鉴，但奈飞最强的恰恰是这一套管理方式，它能招聘到与其文化相契合的高绩效人才，也能让这些人才获得与自己的价值创造力相匹配甚至更高的薪酬激励。

在华为，人力资源管理的重要价值贡献，在于构建持续的开放学习能力。因此，华为不断传递持续创新、学习的理念，致力于个体与集体的学习成长。当华为认识到，干部层的学习氛围不够，还存在管理者战略洞察力与业务发展不匹配的问题时，就持续构建学习型组织以提升创新力。华为还不遗余力地培养干部的领导力，让干部的领导力发展与组织发展真正协同起来。打造学习和创新氛围，提升领导力水平，是华为能化危机为机

⊖　任正非. 团结奋斗，再创华为佳绩：与华为市场培训人员座谈 [EB/OL].（2020-06-29）. https://www.sohu.com/a/404688369_567128.

会的重要原因。

我们自己的实践创新也充分证明了这一点。在我们构建的组织学习平台"知室"上，已经有超过 200 家知名企业体验到了创新与团队学习的魅力。即使在 2020 年的新冠肺炎疫情危机之中，知室平台上的企业依然取得了超过预期的绩效。这些企业的领导者在总结其取得成效的原因时，一致认为正是组织成员通过组织学习提升了应对不确定性的能力和信心，有足够的信念协同作战所致。

我们再来看看美的是如何探索的。**美的的边界内组织成长采取的是"端到端"的管理重构**。美的的数字化 2.0 在 2016 年开启，该阶段美的将重心转向数据驱动的消费者 C2M 客户定制。在互联网下半场，美的牢牢把握"以客户为中心"的理念，希望获得"对接消费互联网驱动制造业发展"带来的巨大机遇（见表 4-2）。

表 4-2　互联网"上半场"和"下半场"对比

	互联网上半场	互联网下半场
核心对象	主要是"人"的互联网（Internet of People）	主要是"物"的互联网（Internet of Everything）
业务目标	主要是消费型互联网（2C）	主要是生产型互联网（2B）或称产业互联网
支撑中心	主要是以计算机为中心而不是以数据为中心的互联网	主要是以数据（数字对象）为中心的互联网
互联网与传统产业的关系	互联网产业与传统产业是并立甚至是对立的	互联网产业与传统产业无界限，"你中有我，我中有你"

资料来源：腾讯研究院。

美的认为，在数字化转型的过程中，会面临四个方面的问题与挑战：第一，在转型战略方面，企业转型大都畏首畏尾，无明确的转型战略和路径，导致数字化都是补丁式进行的，这导致数字化转型根本无从谈起。第二，在数字化价值方面，企业管理层没有把数字化转型作为企业转型的重要支持和赋能，这样的价值认知是有偏差的，因为会导致 IT 投入不足，无法对企业转型进行有效支撑。第三，在数字化战略方面，如果企业实施的系统、优先级、关系、路径等不够清晰，业务的痛点就会挖掘得不够充分，IT 可能带来的价值空间就不能有效体现，大数据、移动化等新应用价值就不能充分发挥。第四，在 IT 转型方面，IT 的转型观念与意识不足导致 IT 引领能力不够，IT 交付模式、新能力未做转型，所以借助云技术为企业提供的价值也会明显不足。

针对以上问题，美的在以下五个方面实施了数字化转型举措。第一，在智能制造方面，美的建设了透明化工厂，实现了供应商、工厂、客户全面的互联与信息拉通；在建设生产线、机台、物流的自动优化与联机能力中，以工业数据信息为驱动，提升制造的效率和能力。第二，在大数据方面，To C 的数据有明确的标准及运营方式，To B 也开始不断数据化，建立了产品、订单两条价值链拉通的端到端分析，用数据进行业务驱动。通过 To C 和 To B 端的数据整合，美的就可以进行集成实时分析。第三，在移动化方面，To C 端"以用户为中心"，让用户通过移动端就可以方便地了解产品、购买产品与服务，有利于用户运营。To B 端代理商、供应商实现业务移动化、无纸化、可视化、条码化。第四，在美的云方面，构建美的私有云，建设智慧云、物流云、金融云等，将应用系统云化，构筑美的生态。第五，在全球化方面，美的支持全球多品牌、多渠道，支持全球制造和供应链的整体规划、高效协同。

美的集团的 13 万员工在 2012 年创造了净利润 80 亿元，实施数字化转型后，到 2019 年，同样是 13 万员工，却创造了净利润 242 亿元。自 2011 年起，美的没有再扩张厂房、购买土地，反而向政府退还了 5000 多亩土地。美的洗衣机在业务巅峰时期的仓库面积约 120 万平方米，但是管理变革后只剩下 10 万平方米。与此同时，美的智能制造实现了全方位效率提升，具体表现为，人均生产效率提升了 33%，生产损耗减少了 68%，以市场维修为标志的产品品质改善了 10%，原材料 / 在制品库存降低了 90%，物料提前期缩短了 61%，物流损失工时减少了 58%。是什么使得美的在人员数量基本不变、占地面积缩减为原来近 1/12 的情况下，盈利能力反而实现数倍增长、智能制造效率大幅提升？这一切都得益于美的的"端到端"管理重构。

美的独特的全价值链"端到端"数字化转型，具体是要实现数字化基础上的消费端带动生产端，产品、订单两条价值链拉通的"端到端"管理重构，改变整体的成本，提升效率水平。正如美的董事长方洪波所言，"在全新的移动互联网时代，中国家电产业的消费需求模式、商业流通模式、产品开发模式等都处于变化之中，传统的经验、方式和方法都已经失效"。⊖传统的国内白电产业，普遍实施的是以大规模制造、大规模压货、大规模分销为特点的产销模式，很难适应市场存量竞争，更难应对线上平台高速发展对线下体系产生的巨大冲击。过去家电行业"生产什么用户买什么，产销周期长且低效"的运营模式，再也不能有效地满足终端需求，整个行业亟须进行管理变革。

在数字化转型中，美的确立了"双智"战略转型，明确定位"美的不是互联网企业"，但是要实现"互联网化、移动化、智能化"，通过"双智"战略建立数字化美的。"双智"具体是指智能产品和智能制造。美的智能产品定位为创造智慧和有温度的产品，美的智能制造定位为全价值链数字化经营，通过践行"双智"战略，实施自动化、信息化、智能化管理。其中，作为制造业关键支撑的智能制造，通过对硬件设备、生产物流

⊖ 刘小雪 . 家电产销模式或因小天鹅"T+3"而发生变革 . [EB/OL]. (2016-08-09).https://xiaote.co.chinachugui.com/news/itemid-111019.shtml.

及数据的自动或智能管理，来整体聚焦交付精准、效率提升、品质改善和数字化透明，将制造端价值链整体拉通。在此过程中，美的可以实现订单跟踪的全流程透明，To B 到 To C 实现选配、定制。

在经营转型上，美的从发展模式和经营思路上彻底转变。在发展模式上，"减量提质"：专注核心业务，改善产品结构，提升资产效率。在经营思路上，"先做减法、再做加法"。减法是指减少规模小或经营欠佳的品类，关停并转，退还土地厂房；加法是指加大科技、人才投入，加大自动化和信息化投资。在发展战略上，"退一步、进两步"。"退一步"是指减量和做减法，提升生产效率和盈利能力，推动深化转型；"进两步"是实现现有业务的全球化，以及拓展新产业，进入工业自动化和机器人产业。通过以上内容以及整个集团的转型升级，推动"供给侧结构性改革"。

此外，在分权及信息报送体系中，美的遵循"集权有道、分权有序、授权有章、用权有度"的原则，通过信息化手段对整个价值链进行全流程管控，确保数据清晰透明。美的还提出"一个美的，一个标准"，即集团制定重大经营决策的标准和准则，事业部具有完全的经营决策权，采取"小集团、大事业部"的管理方式。

最终，美的从用户下单到需求被满足分为四个周期。第一个周期，收集客户的订单，然后统一交付工厂；第二个周期，工厂收集原始资料；第三个周期是产品的生产周期；第四个周期是发货满足客户需求的周期。[⊖]第一个周期是收集用户的需求，涉及需求端；最后一个周期是需求端被满足，涉及供给端。产品生产从客户下订单、提出消费需求开始，而不是从工厂进行生产开启，实现了以"需求"拉动"生产"的巨大转变。

⊖ 智能公会. "T+3"是如何倒逼小天鹅洗衣机产业转型 [EB/OL].（2016-04-19）https://www.sohu.com/a/70154893_372297.

从美的明确数字化转型的困境、明确五个数字化转型举措、进行"双智"战略引领、产销模式变革、分权及信息报送体系调整、发展模式和经营思路转变以来，整个集团对于用户的响应速度大幅提升，响应周期大幅缩短，真正实现了美的大数据驱动的业务价值链闭环管理。

美的的边界内的组织成长，还体现在全价值链"端到端"的协同释放价值。2019 年，加特纳公司（Gartner）对美的的数字化水平的评估结果是，在整个制造行业中，美的属于标杆，处于行业领先地位。美的首席信息官张小懿指出，"美的的数字化转型脉络非常清晰——以数字化连接研发、计划、制造、采购、品质、物流、客服等全价值链各个环节，打通制造与生活的接合点，实现全价值链端到端的全面协同，将制造与生活推往新的高度"。

2020 年，美的在集团核心战略上确定了企业"全面数字化、全面智能化"的目标地位。全面数字化、全面智能化的目标是要建立一个以数据驱动的平台，该平台的最终目的是实现全价值链的卓越运营（见图 4-5）。通过企业全价值链流程的全部数字化，美的成为让数据产生价值的工业互联网公司。美的将企业内部的业务环节和管理环节连接起来，而连接的关键是数据。通过打通人、机器、数据系统的整体连接，用数据挖掘、分析、整理的方式，实现对各环节运营的指导和预测。美的致力于运用数字技术为企业经营的每个环节和过程创造价值、提高效率，最终带动全价值链的效率提升。

实现全价值链"端到端"的协同，对美的的数字化建设能力和产品创新能力提出了更高的要求。为此，**美的设立了"中央研究院"，获取研发协同效应。**

在从"中国制造"向"中国智造"转变的过程中，美的的研发体系所承担的作用日益凸显。2014年4月，美的设立中央研究院，在此之前美的研发体系并未呈现整体上的协同效应，这制约了美的"产品领先、效率驱动、全球经营"的三大战略主轴的落实。当美的建立四级研发体系之后，与变革前对产品更为关注相比，现有的四级研发体系对基础性及前沿与颠覆性研究给予了更多关注，可以从整个集团层面匹配共性和个性关键技术的研发，从而便于为美的短、中、长期技术储备进行系统管理和筹备。美的的中央研究院之所以致力于那些基础性、颠覆性与共性技术研究，是因为其定位于公司的中长期发展。

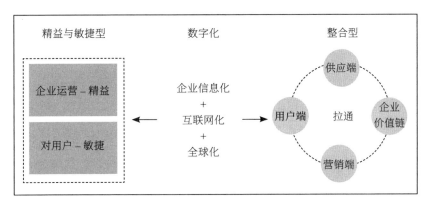

图4-5 美的数字化转型模式

资料来源：奥拓玛科技 . 家电巨头的华丽转升，从"制造"到"智造"的数字化转型之路，没有最好，只有更好！[EB/OL]. (2018-06-18). https://www.sohu.com/a/236398985_809329.

在共性技术层面的创新会由中央研究院推荐，因为全产品类的创新，需要整合的技术宽度会更宽，涉及的事业部比较多，是一种跨类别的产品综合性创新，任何独立的部门都无法推进。而对于一些更加基础的研究，中央研究院在承担一部分的同时，会与外部院校或是研发机构协同创新，此外也有将用户融入进来的创新项目。创立中央研究院以来，集团每年都会承担十多个突破性的产品创新项目，由于多团队的协同和技术驱动，创新的效率非常高。同时，它还负责核心技术与新产品的发展，帮助事业部攻克核心技术，协调事业部间的技术转移，实现研发体系的服务、支持与共享工作。[⊖]

美的创新体系变革——设立中央研究院符合协同逻辑，中央研究院的设立，破除了原有的研发各自为政的藩篱，实现各事业部之间的协同，通过研发的协同效应，美的的创新能力实现了大幅提升。美的"人机协同"的创新，给协同共生架构展示了全新的空间，在两个组合维度上，通过人工智能技术，使得效率与价值进化的成效更加明显。

跨边界式共生成长

南加州大学格林纳（Larry E. Grainer）教授于 1972 年在《哈佛商业评论》上发表的《组织成长的演变和变革》（*Evolution and Revolution as Organizations Grow*）一文中提出了组织成长的阶段模型，并绘制了企业成长曲线图。[⊜]格林纳提出，在企业成长的每一个阶段都会有相匹配的组织结构、领导方式与管理协调机制等。在企业发展到一定阶段后，组织内的制度、流程都会趋于完善，因此我们能够看到很多成熟的传统企业，其内部效率都比较高，并建立了较好的协同文化。但这些在边界内获得有效成长的企业，有些时候也容易陷入"彭罗斯管理约束"，即一家企业因为受限于管理资源，在其成长过程中极有可能面临管理能力的瓶颈，导致处于低成长状态。

⊖ 邓博. 美的研发网络如何协同制胜？ [EB/OL]. (2017-11-10). https://www.sohu.com/a/203546658_200961.

⊜ Grainer L E. Evolution and revolution as organizations grow[J]. Harvard Business Review, 1972, 76（3）: 37-46.

因此，在探讨了边界内的组织成长后，我们来探讨跨边界式共生成长，帮助企业避免落入边界内成长的陷阱，帮助企业通过寻求跨边界式共生成长，找到组织成长的第二曲线或新引擎。

数字技术加速了企业与企业、产业链与产业链之间的连接，提供了企业从外部获得"边界外"组织效率与价值进化的条件和能力。今天的企业已嵌入到各式各样的价值链或价值网络中，组织/产业平台、价值网络、产业生态系统及生态链/生态网等概念无不昭示着，企业迎来了向外获取效率来源、与组织外部协同成长的新机遇。如果能具备打破边界、跨边界式成长的思维，那么企业必将有机会摆脱停滞的困境。

英国"社会哲学家"查尔斯·汉迪（Charles Handy）在《第二曲线》中提出，要在第一曲线达到巅峰之前开始寻找企业的第二曲线，这种第二曲线不同于之前的成功经验和模式，是在企业时间、资源和动力都很充足时开始的企业创新成长之道。[⊖]格林纳也强调，管理的关键任务就是找到一套新的组织实践，这套组织实践能帮助组织实现成长进化。我们决定从跨边界式共生成长中，找到组织获得外部协同增效、系统效率与价值进化的方式。

四次工业革命的管理特征与企业成长进化

先让我们从历史视角回顾历次工业革命，从中我们可以一窥企业协同增效效率的获取与价值进化的路径（见表4-3）。

从世界历史范围来看，企业最早的存在形式是工厂，它替代了之前的个体手工业及家庭手工业作坊。在这个阶段，得益于蒸汽机械的广泛应

⊖ 汉迪. 第二曲线：跨越"S型曲线"的二次增长 [M]. 苗青，译. 北京：机械工业出版社，2017.

表 4-3　"工业革命"视角下企业成长系统效率特征

	时间	主要技术变革	组织特征	效率主要来源	协同增效主要类型
第一次工业革命	18 世纪 60 年代~19 世纪 40 年代	蒸汽	以工厂为主,出现职能部门	生产与销售的协同	竞争关系带来的被动协同增效
第二次工业革命	19 世纪 70 年代初~20 世纪初	电力	公司制及垄断组织,科层制为主	内部各部门分工与协同	竞争关系带来的被动协同增效
第三次工业革命	20 世纪 40 年代~21 世纪初	信息技术、新能源技术等	出现扁平化平台或网络组织形式	外部价值链协同	共生关系带来的主动协同增效
第四次工业革命	21 世纪初至今	移动技术、大数据、人工智能、虚拟现实、量子通信等多技术协同	共享平台组织兴起、战略敏捷组织等	外部价值网络协同	共生关系带来的主动协同增效

用（第一次工业革命,18 世纪 60 年代开始）,工厂能把个体集中起来利用机械等进行分工操作。在这个阶段,生产效率提高,规模化生产实现,生产与销售开始进行分工,职能化组织结构也逐渐出现。企业与环境中其他企业的基本关系就是市场交易或竞争关系。**这一阶段,企业成长的效率主要来源于企业内部,取决于内部的生产、销售等协同效率,也可看作由竞争关系带来的被动协同增效成长。**"工厂制"发展的一个结果就是,单个企业主需要与他人进行资本"合伙"才能实现更好的发展。此时,企业管理保持高效价值创造的重点是：组织用高效生产以适应竞争。在工厂生产中,机器生产替代手工生产,在竞争关系下,企业自身的生产能力、产品运输及销售成为组织成长的核心。

19 世纪 70 年代初期,随着第二次工业革命的开始,电力得到广泛应用,内燃机与新交通工具出现并得到使用,化学工业也开始建立,这些都极大地加速了生产力与生产关系的变革发展。"工厂制"后出现了"公司制"，公司取代个人成为社会经济活动的主体，企业组织规模进一步扩大。福特开创的流水线模式引发了大量生产并使一些企业获得了规模效应，一些领域出现了大型企业集团甚至是垄断组织。这一阶段，企业与企业之间依旧以竞争模式为主，组织结构以"科层制"为主，组织效率依赖于内部的分工与协同效率。**第二次工业革命带来了生产的标准化、专业化、定额化，组织的分工协作更加紧密，各部门的协作目的以生产为中心。规范化、制度化管理也帮助企业明晰了组织内部的分工与协作，极大地贡献了组织效率。此时的企业，依然处于通过竞争关系产生的被动协同增效中。**

第三次工业革命（20 世纪 40 年代开始）在信息技术及新能源技术等领域取得了很大突破，带来了巨大的社会经济及管理变革。各企业之间的联系更紧密，大规模制造向大规模定制转变。企业的生产组织形式也发生了巨大变化，能否快速响应客户需求成为决定企业能否生存的关键因素，因此，以企业为主体的产业开始呈现出产业组织网络化及产业边界模糊化的特征。这个阶段的企业开始大量寻求外部合作，产业链之间的协同与竞争成为企业间关系的核心，组织效率的主要来源转向外部，成长动力则依赖于产业链之间的协同与合作。平台型组织在这个阶段涌现，它们打破组织边界，整合消费者、合作伙伴等外部资源，进行全员创新。这一阶段的组织结构变得扁平化，更能响应前端的消费者诉求。

第三次工业革命的核心特征是信息化，它引发了生产与组织方式的巨大变革。信息技术的快速发展使大量物质流转化为信息流，生产组织中的各环节可被无限细分，企业之间的协同合作变得更深入。一方面，企业会进行生产过程或价值链的"纵向分离"，将内部生产过程或价值链的某些阶段外包，依靠外部组织来提供成本更低的产品、服务或职能活动。另一方面，加强"横向联系"，企业借助数字技术可以在较短时间内以较低成本聚合各种资源，与产业链合作伙伴甚至是竞争对手深入合作，形成新型竞争协作关系。1996 年，詹姆士·穆尔（James F. Moore）在《竞争的衰亡》一书中指出，公司要实现组织成长，需要商业物种共同进化以建立"商业生态系统"，即与其他公司协同进行顾客价值创造，倡导培育协作性经济群体。[⊖]**信息技术变革使得价值链协同成为组织效率的重要来源，这个阶段出现了以共生关系构建为核心特征的主动协同增效。**

21 世纪初，第四次工业革命来临。世界万物发生深度互联，技术变化及普及的速度加快都是这一阶段的典型特征。跟前三次工业革命明显不同的是，第四次工业革命的核心特征是以"智能协同，连接共生"为主题。通过数字技术实现人与人之间、人与机器和工具之间以及人与组织之间的连接共生。

连接、协同、共生能更好地集合智慧与力量去创造单一企业无法创造的价值，为企业提供价值创新与非线性成长的机会。这也是我们观察到很多企业能够得到更多成长机会的原因。碧桂园和美的集团组合打造优质的产城融合项目，将美的"美好生活"科技融入碧桂园的住宅项目；李宁和人民日报组合打造"李宁＆人民日报"卫衣，成为跨界营销的典范；智慧树网与各大学的"在线＋线下"的组合带来新的教学与学习体验，也破了教育资源的时空限制；淘宝首创"云春游"形式，八大博物馆（包括中国国家博物馆、敦煌研究院等）支持进馆直播，吸引了超过 1000 万人围观。

第四次工业革命中主导的技术特征是移动技术、大数据、人工智能、虚拟现实、量子通信等多元技术连接协同。这些新兴技术将作为一种组合投入现有组织及经济系统，它们带来的是组织生产形式及价值管理模式的巨变。企业化生产向社会化生产转变，人工智能等，或增强人类创新，或

⊖ 穆尔. 竞争的衰亡：商业生态系统时代的领导与战略 [M]. 梁骏，杨飞雪，李丽娜，译. 北京：北京出版社，1999.

替代人类创新。虽然，第四次工业革命刚进入"导入期"[⊖]，也就是范式重构期，但是，我们已经可以看到数字化与产业进行深度融合后基于共生关系产生的无限可能性与成长性。这种可能性与成长性不仅表现在"前端"的数字化，让消费者有了更好的消费体验，也体现在企业"中后台"的数字化，让组织成员间有更好的工作体验。数字化使"供—需"真正结合起来，顾客可以真正参与创造和体验，企业也可以提供"生态链"服务，整合生态各方资源。数字本身也将成为企业的核心资产，为组织提供更大的价值挖掘。"第四次工业革命"使企业获得了更多的外部成长机会，同时也帮助企业释放更大的系统效率。**在这一阶段，企业成长的动力来源于数字技术支撑下的企业价值网络之间的协同，效率来源于共生关系构建的主动协同增效。**

从四次工业革命的历史发展来看，企业的成长进化与技术变革、环境变化等密不可分。四次工业革命的发展阶段与主导的技术特征、主要的生产组织方式有着密切关联，不同阶段的企业成长也体现出很大的差异。组织结构、流程、战略、营销及人员管理都成为企业效率提升的基本抓手，而外部共生关系的构建更是企业协同增效的最重要支撑。

在实现跨边界式共生成长方面，美的采用的是外部协同倍增效应的模式。在传统分工体系"分"的逻辑之下，我们将更多的关注点放在生产本身上，忽略了交易前的长时间协作过程，以及交易完成后的文档管理、数据分析、知识管理等，而这些都是企业的隐性知识资产。美的的工业互联网将以上知识资产都在平台上进行了沉淀、传承和再运用。

美的与京东的战略合作，就是借助消费互联网的消费端，拉动产业互联网生产端的管理重构，获得了系统间的协同倍增效应，美的 2020 年

⊖ 张海丰. 中国产业政策如何应对第四次工业革命?[J]. 社会科学，2020(2): 18-27.

"618" 卓越的销售业绩就是最好的证明。京东与美的合作开展的供应链协同，通过基于电子数据交换（Electronic Data Interchange，EDI）的全方位协同，共同建立深度的协同供应链，完成了订单预测、销售计划、订单补货等的全面对接。这不仅可以降低缺货风险和库存率，还可以提升双方的运营效率，可谓消费端和供应端的深度协同发力，在未来实现"零库存"管理的同时将消费端和生产端深度协同起来。

EDI 是国际贸易的重要手段，也是电子商务发展过程中 B2B 业务的关键所在，但 EDI 在中国还处于萌芽阶段。作为双方认可的供应链协同战略，京东与美的的系统对接一期项目于 2014 年 11 月立项，2015 年 1 月正式实施，二者实现了基础订单和库存数据的共享，随后通过传输 500 万条数据、数千万个商品数据实现了共享。2015 年 5 月，京东和美的又实现了二期对接立项，同年 7 月，"协同计划、预测及补货"项目顺利上线，8 月实现了京东首次备货订单下达美的。

京东和美的在供应链深度协同方面的尝试，作为应对供应链信息不对称的协同尝试，能有效对接互联网的消费端和供给端，为消费者提供更高效的一站式服务。进行产业链深度协同后，京东可以降低缺货风险、提升存货周转率、提高数据共享效率、提高销售额，美的则可以达到智能补货优化、生产预测性加强的效果，而对消费者而言，也能减少等待时间、获取便捷一站式服务。最终，通过生产端和消费端的"端到端"对接，实现了协同倍增效应。协同倍增效应的获取，本质上源于从分工体系到协同体系的转变（见表 4-4）。

数字化成效已经在美的制造端落地、输出，并蔓延至生活端的布局，为大众创造了丰富的想象空间。在制造端，美的于 2018 年正式发布了美的工业互联网平台 Midea M.IoT，该平台具有"制造业知识、软件、硬

表 4-4　分工体系与协同体系的典型对比

	分工体系	协同体系
认识论	还原论	整体论
核心理论	分工理论	协同理论
效率来源	专业化提升效率	协同提升效率
价值贡献	贡献局部价值	贡献整体价值
责任体系	独立分散的责任体系	合作协同的责任体系
目标关系	目标间相互独立	角色间相互嵌套
角色认知	独立角色贡献于自身任务和目标	协同角色贡献于自身及他人目标
适用时代	工业化时代	数字化时代
价值空间	传统行业	互联网＋传统行业
价值增值	更多关注生产端	生产端和消费端——"端到端"对接
实现方式	大规模生产	个性化定制
效应机制	分工效应	协同倍增效应

件"三位一体的独创优势，可以实现美的的精益运作。在生活端，美的将平台的"三位一体"优势延伸至智慧家居，通过构建"安全、连接、智慧"的内核，为用户提供智能化的智慧家居体验，创造更美好的人机交互场景和体验，力图实现对于客户的敏捷反馈。

美的进行工业互联网改造后，帮助其工厂实现了库存减少、物流周转率提升（如南沙智慧工厂库存减少了八成，基于自动配送系统的物流周转率提升了 2 ～ 4 倍），并开发了全自动的生产线，最终品质提升了 17%，整体制造效率提高了 44%，空调内销与外销交付周期分别缩短至 3 天与 24 天。⊖

美的工业互联网平台 Midea M.IoT 不仅可以有效地应用于美的的多个工厂，而且已经将制造业数字化转型的成功经验对外输出。迄今为止，美的已经对外服务了超过 150 家企业，帮助它们实现了数字化转型升级，涉

⊖ 中国新闻网 . 8 年投入过百亿，美的用数字化重塑制造与生活 . [EB/OL].（2019-07-26）. https://www.sohu.com/a/329501425_123753.

及电子、汽车、家电、地产、快消、能源、航空等 20 多个行业[○]，代表企业有永辉超市等。

组织外部协同共生的管理问题

数字技术的冲击很可能会带来负面影响，这种负面影响不仅仅有资本逐利的原因，还有人性的因素。一是过度依赖于技术而忽略或者轻视人的作用，企业将无法实现真正的数字化转型，而且要承担更多的转型风险，更不可能实现在价值网络中的协同创新成长。二是数字化带来了"商业地震"，它促进虚拟世界和现实世界的连通和融合，企业之间有了更多在数字空间与现实世界交互的机会，但也带来了虚拟世界对现实世界的冲击。三是在处理组织间关系及组织网络协同时，组织往往会陷入"信任陷阱"和"治理陷阱"。缺乏"共生"理念的企业将面临诸多组织间协同问题（见表4-5）。

表 4-5　组织外部协同共生管理典型问题

问　　题	类　　型
1. 组织间信息与沟通系统不一致，知识、信息与资源共享较差	竞争对手或合作伙伴协同
2. 组织间缺乏信任及契约机制	竞争对手或合作伙伴协同
3. 组织与消费者缺乏有效互动	客户协同
4. 缺乏有效的利益共生空间	竞争对手或合作伙伴协同
5. 与上下游合作伙伴之间的系统对接	产业链协同
6. 产业链之间的知识转移与创新	产业链协同
7. 合作价值理念、战略目标不一致	合作伙伴协同
8. 共性关键技术创新很难产生	产学研协同
9. 下游经销商与企业合作协同效率低	产业链协同
10. 基于契约的信任建立、协同制度创新	竞争对手或合作伙伴协同

○　中国证券报.中证网.美的集团数字化转型 8 年投入过百亿元，已对外服务超过 150 家企业.[EB/OL].（2019-07-26）. http://www.cs.com.cn/ssgs/gsxw/201907/t20190726_5972368.html.

要避免这些负面影响，需要企业真正具有"共生理念"。研究和实践表明，良好的组织间关系可以帮助企业间产生关系承诺，共同面对外部环境的冲击。在寻求跨边界式共生成长时，组织应该以顾客价值为导向，寻求行业或跨行业的共同成长。数字技术带来的组织间边界的模糊性、可渗透性，使得企业间更容易进行合作共生与协同互动，从而帮助企业更有效地满足顾客越来越多元的需求。

企业选择跨边界式共生成长模式，既可与行业内企业合作获得互补优势，又可与行业外企业合作，通过非竞争联盟的经营协同，创造更大的价值。同时，在数字技术的帮助下，企业之间的协同价值创造也更容易传递给消费者。随着数字技术的深入发展，企业管理者会发现，与外部协同成长、构建共生关系是一种必然选择。

协同共生架构
效率与价值进化

企业始终要回答"存在性"与"成长性"这两个根本性的问题。在新技术带来巨大挑战，同时也带来巨大机会的环境中，新型商业模式层出不穷，新兴企业迅速崛起。由此，企业"成长性"遭遇的挑战更为严峻，很多曾经辉煌的企业出现了断崖式的跌落，甚至被快速淘汰出局。这一切都引发我们更加关注一个问题，那就是企业如何在不确定的环境下获得持续成长。

从解决这一根本性问题出发，我们提出了协同共生的两个组合维度：赋能和管控维度、内部和外部维度。在获取系统效率与价值的过程中，组织内外的协同共生中以赋能为主，管控为辅；组织内协同要求整体大于部分之和，组合外协同要求企业进行价值扩展，致力为组织外成员共生提供价值。这两个组合维度又可分为人力资源、流程制度、共生系统与链接模式四个象限。协同共生框架具有丰富的内涵与外延，主要体现在五个方面：一是协同共生管理模型的核心是激活人；二是借由组织内外、赋能与管控交互，发挥非线性叠加效应；三是两维度组合隐含了产生组织性获得自组织进化协同的方法论；四是各成员互为主体是基础；五是赋能式共生是关键。

在协同共生架构的基础上，我们具体探讨了边界内的组织成长和跨边界式共生成长两部分内容。通过本章的研究，我们可以确认，协同共生框架是为了解决组织成长性的问题。通过组织内五大子系统的协同，组织外跨边界式共生成长，企业找到成长的第二曲线或新引擎，并由此产生无限的可能性与成长空间。

第五章

协同共生管理模型

管理的任务正在发生变化。随着组织变得更加扁平、更有弹性、对顾客需求的反应更迅速以及更加依赖于员工的技能，管理者不得不去适应这些变化。

——尼尔·M. 格拉斯（Neil M·Glass）

哈佛商学院教授弗朗西斯卡·吉诺（Francesca Gino）对协同困局进行了研究，她发现，很多领导者都认为协同是一种努力就可以获取的价值，而不是应当传授的技能。[一]基于这样的认识，这些管理者会通过各种方法简单粗暴地支配员工，让他们合作，但是，这并不能真正实现协同。吉诺深入研究后认为，要想破解协同困局，需要培训员工，让他们习惯倾听，具备同理心，能够提供和接受反馈，既知道如何领导也了解如何追随，能够明确表达想法或

[一] 吉诺. 破解协同困局 [J]. 哈佛商业评论（中文版），2019（12）: 518-561.

观点，以及能够进行双赢互动。我们在实践研究中发现，影响组织间协同困局的因素，同样也存在于数字技术企业中，我们需要通过构建协同共生管理模型来摆脱协同困局。

协同共生管理模型（SDAP）的提出

组织是由人构成的，确切地说是由人的行为构成的。当我们关注与研究行为时，会发现组织的协同效果并不明显，而且导致协同失败的原因很多。但是，吉诺的研究以及让管理者关注协同困局的观点，给了我们很大启发，我们沿着这个思路，发现影响个体协同效果的原因主要有三个方面。

一是外部环境原因，即实现协同的外部条件（包括产业条件、市场结构、竞争状态以及数字技术基础），我们称之为"场景"。

二是个体的主观原因，即员工自身是否愿意充分参与到共同工作中，是否有协同工作的动力，我们称之为"意愿"。

三是客观原因，即"能力"（包括协同技能、沟通能力及专业能力等），以及组织支持条件（包括组织信息、组织流程、协同制度框架、组织结构与氛围等），我们称之为"过程"。很多主体之所以会表现出"协同惰性"，没有展现出相应的协作意愿和动力，是因为他们并没有被充分激活，也缺乏相应的能力与组织支持，不能对外部环境与变化做出响应。

我们发现，要实现协同增效，企业必须具备一定的外部环境条件、一定的组织结构基础，在意愿、能力等层面赋能协同主体。而数字技术大大拓展了协同共生的场景空间，在这样的场景空间下，人们不但容易达成协同共生，也能感受到协同共生带来的好处。这些启发和观察提供了极具价值的帮助，我们运用组织行为"情景（Scene）—人（People）—反应（Reaction）"[⊖]的基本模式，得出协同共生管理模型的相关要素（见表 5-1）。

表 5-1　基本组织行为模式在协同共生管理中的运用

情景（S）	人（P）	反应（R）
产业条件 市场结构 竞争状态 数字技术基础	工作动力 协同技能 沟通能力 专业能力	组织信息 组织流程 协同制度框架 组织结构与氛围
场景（S）	意愿（D）与能力（A）	过程（P）

我们确认，协同共生管理模型（SDAP）即场景（Scene）—意愿（Desirability）—能力（Ability）—过程（Process），场景、意愿、能力与过程为协同共生管理模型的四大基本要素。

无论是在组织内协同共生场景中还是在组织外协同共生场景中，在协同共生意愿培育和协同共生能力构建的基础上，**协同共生管理大体需要遵循"协同共生场景识别→协同共生行为执行与沟通→协同共生绩效评价与关系评估→协同共生价值分配→下一阶段协同共生提升与行为决策"的过程路径**（见图 5-1）。这个协同共生管理过程模型与我们在《协同：数字化时代组织效率的本质》中提到的协同管理的四环节（包括协同价值预期、协同价值创造、协同价值评价、协同价值分配）大体一致，并强调协同共生过程中的赋能、反馈、评价、分配与共同成长。

⊖　此公式源于华生的行为主义理论，行为受客观刺激的影响，其公式为 S—R（刺激—反应）。新华生主义也被称为新行为主义，其公式为 S—O—R（刺激—心理加工—行为），用来表示人的行为模式。考虑到互联网时代的语言习惯，我们把"情景"一词确定为"场景"。

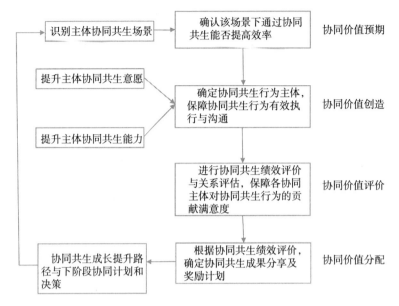

图 5-1　协同共生管理过程模型

注：关于协同价值预期、协同价值创造、协同价值评价、协同价值分配，请参考陈春花，
　　朱丽，徐石，等．"协同管理"价值取向基础研究：基于协同管理软件企业单案例研
　　究 [J]．管理世界（增刊），2017：13-21.

　　首先，组织需要判断某一场景是否适合通过多资源调配或协同共生来
提高效率。如果协同共生能提高效率，那么组织要先明确该协同共生过程
所涉及的主体与资源。其次，在协同共生行为的执行与沟通过程中，所有
个体在角色责任框架内开展工作，并相互支持。哈佛商学院教授艾米·埃
德蒙森（Amy C. Edmondson）认为，坦诚沟通、合作配合、反复试验与深
入反思是驱动协同行为成功的四个有效支柱。在协同价值创造中，各成员
之间的互动协同存在不确定性，这时需要大家打破协同认知障碍，提倡集
体讨论、反思及共同工作。当协同共生过程中存在冲突时，各组织成员需
要激活"冷认知系统"[⊖]，要基于事实，深思熟虑后再行动，并基于共同目
标，倡导有效的分歧沟通模式。

────────────

　⊖　冷认知系统位于大脑前额叶皮层的中心位置，自控力与决策均出于此。

协同共生绩效评价与关系评估是协同共生过程的一个关键环节，它是企业进行协同共生效率提升与持续合作的基础，也是协同共生价值分配的前提。为了更好地促进协同共生，组织要构建科学、系统的协同共生评价体系，全方位衡量各主体的价值创造，保障各主体在协同共生价值创造中的贡献满意度。企业可以评估组织内外协同共生水平，协同共生水平高的组织有一些共同特征。例如，对于组织内协同共生评价，最直接的判断标准就是集体绩效，当集体绩效较高时，组织的协同共生水平相对较高，其协同共生价值观也是组织文化的核心成分。对于协同共生水平高的企业，另外一些显著特征就是各组织成员能够顺利地进行共同决策，组织内外在更深、更广的范围内分享信息，组织成员相互信任、尊敬，组织鼓励所有成员发挥创造力，各成员愿意解决困难，以及所有成员对成本敏感、有明确的责任，等等。

对于组织间协同共生评价，组织间价值共创与经济绩效表现成为判断的直接标准。在这一点上，组织间协同共生评价的重点是，探讨组织间协同共生对于产业成本下降、新价值空间获取是否有利。同时，管理者通过沟通、激励等策略构建伙伴关系，构建组织间认同感、承诺感及信任机制，在这些方面表现好的组织，一般都呈现较高的组织间协同共生水平。例如，丰田设计了一个协同伙伴评价体系，用于评估潜在供应商，评估标准包括价格、合作经历、信任关系等，这样能在管理前端建立协同共生基础。丰田与合作伙伴的协同模式是以长期改进、共同发展为基础，在规划新产品时，丰田就会让供应商参与进来，后续的生产调度计划也对供应商开放，确保供应商能及时做出产品决策并获得合理的回报。而且，它与供应商共同改进，为供应商提供内部专家帮助、支持及落实管理实践。丰田还构建了协同共享的知识网络，并组建供应商协会、问题解决团队及自主学习小组等，对供应链伙伴提供各种咨询服务，让其了解、学习丰田的管理与业务知识，利用信息技术促进知识在供应链之间的流动与共享，并提高知识共享的效率和实现共同知识创造。

同时，丰田会从可靠性、质量、创意、协作等维度长期评价所有供应商的绩效。它希望供应链合作伙伴能致力于成本削减，并参与其全供应链成本削减的目标计划。在危机处理上，丰田也有特别的响应结构，特别是针对生产部分的细致管控，它能快速联合供应链上下游伙伴，团结一致应对危机。

总体来看，丰田是以整体协同共生的视角对供应链进行管理，这种协同共生理念使得整个供应链形成"同心结构"。它们不但在技术体系、流程体系等方面紧密交织，更在社会文化体系上彼此相容，形成了协同共生的伙伴关系。供应商合作伙伴也成了丰田精益体系的核心组成部分，就像是丰田流程的外延部分。

当协同绩效产生后，需要进行协同价值分配。当协同共生创造价值后，一定要对协同共生行为进行奖励。协同共生分配体系按照利他主义与价值贡献进行分配，并协调价值空间，让共生成员获得协同共生成长中应有的回报，这样每一个成员都会致力于为创造顾客价值做贡献。微软构建的新价值体系就强调促进合作、帮助成长、奖励价值这三个协同共生维度，它要求员工时刻反思自己的贡献是什么，自己是否为他人的成功做出了贡献。海尔也关注协同共生价值的分配，在它所构建的工业互联网产业平台上，它极力推动社会资源协同创新，并对所创造的价值进行优化分配。当顾客价值得以实现后，产业链中价值创造的协同共生主体都能分得一杯羹，这也激励各主体持续地进行价值共创，并致力成为协同共生体。

最后，根据现有的协同共生状况，组织要确定协同共生成长提升路径与下一阶段的协同共生决策。在反复的协同共生试验中，组织会发现存在不少协同共生问题及可提升的空间。如果能进一步完善协同共生管理体系，则整个协同共生体会更有序、稳固。对于企业来说，协同共生管理体系往往是复杂的，但是，复杂体系中的要素与机制完善能使其获得较大非线性增长空间。一般来说，协同共生意愿、协同共生能力、协同共生过程中的行为执行与沟通、价值分配及共同成长设计是协同共生中的核心环节。管理者对协同共生意愿与能力负有很大的责任。张瑞敏曾对管理层强调："部下的素质低，不是你的责任，但不能提高部下的素质，是你的责任。"在张瑞敏的带领下，海尔通过"自主经营体""共赢增值表"及构建卡奥斯平台等管理实践，在协同共生意愿、能力及执行等各层面为员工提供了极大的平台赋能，整体协同共生力因此得以提升。

特别要强调的是，在数字化时代，需要通过数字技术平台实现协同共生成长，通过技术穿透保障协同共生能力及协同共生行为执行。数字技术框架与信息共享是协同共生管理的基石，它是组织内与组织间进行高效资源分享、信息共享与共同决策的基础。随着数字技术的发展，企业之间的联系愈发紧密，越来越多的企业成为生态网络组织。供应链也演变为供应网络，其中包括从采购、生产、运输到销售全过程所涉及的各企业和部门组成的网络。因而，企业需要构建以敏捷与智慧为核心特征的生态网络，关注通过数字技术来实现高效协同的共生战略。如百信银行（由中信银行与百度公司联合发起）执行"开放银行＋"策略，率先应用金融科技实现银行与商业生态连接的共生模式。在数字技术的支撑下，百信连接了人、信息和服务，促进了组织协同共生效率的提升与价值进化，朝着有序稳定的共生态迈进。

理解了协同共生管理过程模型后，下面我们分别来介绍协同共生管理模型中的四大要素：场景、意愿、能力与过程。

场景（Scene）

数字化带来企业成长场景重塑，使得协同共生价值实现的可能性变得更大。

如今，数字经济加速向各产业渗透，根据中国信息通信研究院的研究数据，2019 年，全球产业数字化占数字经济比重为 84.3%，全球服务业、工业、农业数字经济渗透率分别为 39.4%、23.5% 和 7.5%。产业数字化使得组织成员面临更大的不确定性与新发展的可能性，由此需要展开共享协作的场景大大增加。

今天，企业处在更多场景中，不仅是线下转移到线上的场景变化，更重要的是原本割裂的场景联通联动起来。例如在体检中，通过数字化的连接，线下体检、体检报告、线上问诊与用药建议、社区店取药、效果跟踪等一系列环节可以无缝串联，形成完整的闭环"大场景"。这就将原本分散在体检、药店、保健品、线上论坛、健康监测硬件等领域的资源按照消费者需求的逻辑重新组织在一起，各个环节除了直接面对消费者，还能直接与其他环节发生协同互动。华为基于数字技术开发的智慧协同"新物种"IdeaHub 就破解了远程医疗中"场景割裂、数据孤立"的协同困境。它成为远程医疗的技术底座，以病患为核心、数据联通为基础，全线打通了"院内急会诊场景""院内预约会诊场景""院外远程会诊场景"，形成多学科协同会诊的模式，在远程接诊、院前急救、手术示教、远程会诊、智能护理、远程培训、术后康养等场景的连接上真正做到了"医疗协同一张网"。[⊖]

亚马逊构建了 Prime 会员体系，用这一体系连接了一系列业务，如电

⊖ 生物谷．华为破除远程医疗"场景、数据、协同"三壁垒的具体路径 [E/OL]．（2020-11-27）．https://new.qq.com/omn/20201127/20201127A0DRLG00.html.

商、流媒体服务、电子书、物流、AWS 云、智能硬件等。对于用户来说，每增加一个新场景的权益，就会提升系统内其他场景权益的边际收益，这样不同场景间就形成了联动，用户的黏性也随之增强；对于行业或企业来说，会员体系则重新定义了上下游的关系，创造了新的价值主张的空间，[⊖] 扩展了协同场景范围。企业微信与 OA 服务提供商泛微合作，致力于为组织提供内外协同场景服务（包括组织内部员工的互联互通），使得内部员工能与外部供应商、渠道商以及客户或消费者等实现全方位连接，完成采购、销售、客户、项目、招聘等多种内外协同管理应用场景服务。通过连接微信的海量用户群，企业微信能为消费者传递有温度的服务。

2018 年，马化腾在《给合作伙伴的一封信》中提到，移动互联网下半场，腾讯要做好"连接器""工具箱"及"生态共建者"。马化腾提出，从 2013 年开始，腾讯的目的是成为一个更简单、纯粹的公司，成为与社会更适配的"连接器"。企业微信就是在这样一个大背景下产生的，它的价值定位是要打造一个高效连接器，无障碍连接组织内外的信息和资源，连接思维、创意与梦想。

连接背后的逻辑是协同，只有在有效协同模式下，组织才能更好地应用新技术、新方法及新商业模式来实现共生型组织中各个成员的成长。因而，企业微信解决的核心问题就是组织内外协同，即通过数字技术框架实现组织内外的目标融合、资源整合、能力分享及创新增长。所以腾讯的创始人马化腾说："'连接力'是对企业和社会产生更深远影响的第四种力量。"

通过对企业实践的观察和研究，我们发现构建协同共生场景需要做到

⊖ 陈春花，廖建文. 重新认知行业：数字化时代的生态空间 [J]. 哈佛商业评论（中文版），2020（2）：132-139.

以下三点。

第一，组织内协同工作场景与组织外协同价值场景。

在企业协同共生场景中，最基本的场景分为组织内协同工作场景与组织外协同价值场景。

组织内协同工作场景是组织边界内基于顾客价值实现的各部门、团队、个体之间的协作共享。例如，在组织中，基于数据和产品的联通，多个业务单元利用渠道交叉销售以创造顾客价值；职能部门赋能以支持业务部门实现顾客价值与组织战略；组织内员工通过数字技术框架进行在线协同办公、共享隐性知识（Tacit Knowledge），提升工作能力与顾客服务效率。这些都是数字化时代下组织内的典型协同场景。

我们发现，为了更好地提升组织内个体价值共创与协同效率，不少组织展开了组织结构变革，例如海尔的"自主经营体"、京瓷的"阿米巴模式"、华为的"铁三角"等，其核心特点就是激发个体的工作动力，并辅以匹配的结构支撑、资源与社会支持，最大限度地提高团队协同效率。

组织内协同的典型场景有：总部为下属单位确定价值定位，业务单元与业务单元的协同，总部职能部门与业务单元职能部门的协同等。对组织内协同场景的有效识别和管理，能让组织获得最大的边界内效率，而场景的信息化、数字化和智能化是突破传统协同管理效率的关键。

组织外的协同价值场景是跨组织边界的不同主体（包括外部组织与顾客）之间的协作共享。供应链管理是组织外协同的一个典型场景，供应链协同共生主要指"供应链成员间进行信息共享、资源共享、沟通交流，进行共同知识创造、联合决策，并目标一致地为客户提供更好的价值"[⊖]。学者们已探讨了供应链管理机制以应对协同混乱的供应链网络，包括经济契约实践、共同管理实践、供应链设计、关系管理、信息与技术分享等。经济契约是最为常见的协同管理实践方案，供应链伙伴们针对利润分享、奖惩以及成本与风险控制等签署具有法律效力的契约文件。共同管理是指供应链成员共同计划、决策，它能较大程度地保障计划与决策的协同性。供应链设计主要指供应链的制度结构与顾客反应结构设计，它决定了协同体系对顾客需求的响应效率。关系管理则通过沟通、激励策略及培训等构建供应链合作伙伴关系。信息与技术共享是在供应链伙伴间，利用特定的数字技术框架，及时、准确地分享数据、信息和知识，这是企业间共同决策和高效协同的基础。这些协同共生管理机制，为供应链协同共生管理研究提供了重要的理论与实践基础。

同时，数字技术的快速迭代，促使协同共生管理模式在供应链场景效率提升上发挥越来越大的作用。因为数字技术带来的联通性，使原来以"链式结构"为主的供应链管理模式转化为以"网状结构"为主的管理模式，这一转变不仅体现在数据信息的互通上，更体现在人才、文化及创新的相互影响上。在今天的供应链管理中，很多公司利用数字化改造供应链以获得竞争优势，形成了多方协作的数字生态系统，从而能对客户期望的成本、响应速度及价值创造做出反应。

德勤在 2020 年发布的《拥抱数字化思维——在数字化供应链中连接数据、人才和技术》中称，数字化供应链将成为未来 5 年的主导模式。宝洁明确提出"成为全球数字化能力最强的公司"，它围绕市场变化构建数字化供

⊖ Cao M，Vonderembse M A，Zhang Q，et al. Supply chain collaboration: conceptualisation and instrument development[J]. International Journal of Production Research，2010，48（22）：6613-6635.

应链体系，基于数据赋能实现全链路的协同，提高了供应链的柔性与灵活性。供应链数字化协同管理的实践，使宝洁获得了供应链整体的透明性、智能化和共享协同化。尽管新冠肺炎疫情带来了很大的冲击，但宝洁依然完成了 2020 年的财务目标，实现有机销售额增长 6%。而且，宝洁的数字化供应链也为合作伙伴提供了价值增长，如帮助麦德龙实现华南大仓库存水平降低近 40%，同时把货架有货率提升了 2%。数字化使宝洁的供应链从模糊定性走向了精准定量，并最终实现"千场千链"，完成了多场景的需求服务。

企业微信则是通过价值连接与连通为客户构建组织内外的协同共生场景。企业微信创设的时间并不长，但它的成长轨迹却是数字技术加速应用与组织系统效率逐步释放的过程。微信在个人社交领域获得巨大成功后，其领导者逐渐意识到，企业也需要构建移动化的"社交圈"。因而，在微信的基础上，企业微信进一步探索了以企业为主体的生态链重构及工作重塑。2014 年 9 月，微信发布了基于移动化的企业社交"微信企业号"。与此同时，阿里巴巴在同年 12 月也发布了专门针对企业用户的办公移动应用"阿里钉钉"。两种产品在企业界引起了较大的反响，移动协同办公的数字化时代随之加速到来。

2015 年 12 月 1 日，微信发布了《微信企业号白皮书》，重点探讨如何重构"互联网 +"企业生态。微信企业号与微信服务号在重构企业生态链及提升协同效率中开始发力。一个典型的例子是，在传统的以定制类为主的家居企业中，客户往往需要通过实体店来发出请求，而微信服务号、微信企业号能让客户线上直接提交设计申请，系统根据地理位置、需求特征等将申请推送给合适的设计师，设计师通过微信企业号领取任务并直接与客户进行一对一沟通。用户根据与设计师的交互体验及产品对设计师进行评分。⊖

⊖   简道云 . 微信企业号的五个典型案例分享 [EB/OL]. (2015-07-26). http://blog.sina.com.
       cn/s/blog_14d40ba9a0102vmxm.html.

通过对企业微信的访谈，我们了解到，他们期望将组织各连接通路打开，使企业成为生态型组织、大数据组织。因为有着"连接赋能"的理念，他们希望连接更多的元素，包括企业内部的全部员工、企业外部的上下游（合作伙伴、科研院所、客户等），正是这些连接使得企业的经营管理活动与商业行为发生重构，使得组织有更大的概率实现管理变革与商业模式创新。

企业微信的数字化升级分为"三步走"。2016 年 4 月 18 日，企业微信发布了第一个产品版本，它所做的第一个重要动作是将企业内部所有的员工连接起来，完成连接的第一步。企业微信与众不同之处就在于与微信一致的用户体验，这是它带给客户的附加价值。为了更好地实现组织内场景中的协同，2017 年 6 月，企业微信发布了第二个版本，这次主要连接办公系统并开放应用接口，这是连接的第二步。这两步主要关注了组织内效率，正如马化腾在 2016 中国（深圳）IT 领袖峰会上所言，"企业微信是腾讯针对企业工作场景的重要产品，期望帮助企业大大提升工作效率"。这个阶段的企业微信致力于加强组织内部沟通与共享，其产品也大大消除了内部的信息不对称性。而此阶段与应用合作伙伴的连接主要服务于企业的办公需求。例如，Teambition 创始人齐俊元提到，借助企业微信的力量，Teambition 可以为用户提供顶级的服务，这帮助它获得了来自 38 个行业的付费用户。因为企业客户感受到熟悉的沟通体验、清晰的应用门槛及重要外部力量即企业微信的推荐，这形成了重要的组织内赋能。[⊖]当然，腾讯在提升组织内部效率的过程中，也一直思考如何利用企业微信提升组织外部协同效率。

在中国，基本上"人人都有一个微信 ID"。而企业微信有潜力直接与这 12 多亿客户相连接，在数字化时代，这对企业来说无疑是一个巨大的、

⊖　Teambition 创始人齐俊元：企业微信给予合作伙伴三大赋能 [EB/OL].(2017-12-22). http://www.sohu.com/a/212099222_260069.

可挖掘的数据财富库，也是企业服务效率提升的"数据引擎"。张小龙曾强调，"企业微信如果定位为公司内部的一个沟通工具的话，我认为它的场景和意义会小很多，只有当它延伸到企业外部的时候，它才会产生更大的价值"。[⊖]

第二，在持续变化的环境下，企业还需要与外部技术伙伴、跨界业务伙伴一起打造协同共生场景。

知识能力和跨界协同是今天企业创新与成长的核心动力。与技术伙伴、跨界业务伙伴的协同共生能更大程度地激发企业的技术革新、产品迭代及企业知识系统更新，而且企业构建或加入多领域协同共生的创新生态系统，能够提高企业创造高顾客价值的效能，以及为企业实现可持续发展奠定基础。但是，在寻求这种协同共生场景时，往往也会遇到一些难题，因为不是所有企业都能从合作中获得知识红利或协同共生红利。协同共生价值取决于彼此间协同共生理念的一致性、协同共生管理的恰当性，以及协同共生行为的执行度。在协同共生场景中，企业需要关注的重点是，外部技术或市场与内部研发的协同共生、外部伙伴业务与企业业务的协同共生，其核心是如何构建全新的价值创造方式并彼此共享。

2019 年 12 月，企业微信举办了 2019 年度发布会，正式发布了企业微信 3.0 版本，完成了企业连接的第三步，即实现与外部的连接。企业微信的 3.0 版本一方面整合利用了私人微信号广泛普及的优势，另一方面又将私人生活与工作社交区分开，帮助个体设立了严格的"公私边界"，让员工能轻松自由地切换。同时，在这一阶段，企业微信致力于开放生态，与外部企业一起共生。

⊖   企业微信：做好连接的本分 [EB/OL]. (2019-01-14). https://www.sohu.com/a/288972880_505310.

企业微信的产品与服务取得了较大的成效，这主要表现在成长速度、市场份额、合作伙伴等方面。截至目前，企业微信服务的行业已超过 50 个，超过 250 万家企业在应用企业微信，其中，超过 80% 的中国 500 强企业选择了企业微信，有 6000 万活跃用户在使用企业微信服务。在医疗与保险行业，企业微信覆盖了 90% 的前十强企业；在汽车、银行、能源领域，企业微信覆盖了 80% 的前十强企业。[○]此外，已经有超过 17 000 家合作伙伴及超过 450 万个应用系统被接入企业微信生态，且企业微信已对外开放 13 类共 231 个 API 接口，为连接企业的人—事—物提供全面支持。可以说，企业微信为组织协同共生管理提供了典型范例。

第三，客户协同共生是变化最深刻的场景。

在工业时代，客户协同一般发生在企业的品牌宣传、售中与售后等阶段，此时产品或服务往往是固定的，客户或消费者从中获得的价值与参与感较为有限。而在互联网经济与数字技术的支持下，客户可以通过各种形式，广泛地参与企业的价值链活动，包括产品设计、研发支持、品牌宣传、销售等。企业能与客户形成动态的协同共生演化与价值共创关系，此时，价值主导逻辑是客户和企业双主导的协同共生逻辑，工业时代以企业为主导的供给方逻辑被淘汰。

在传统业务体系中，企业与外部组织及顾客之间的协同往往是割裂的，但是，数字技术的应用与工业互联网的发展，使企业拥有了更多的与外部合作伙伴及顾客直接协同的机会，这些不同主体被统一到同一场景中。如海尔主导搭建了卡奥斯平台，这是一个引入用户全流程参与体验的工业互联网平台。卡奥斯平台通过数字技术协同整合各行业资源，实现

○ 张宁. 企业微信的"快"与"慢"[EB/OL]. (2019-12-25). http://finance.sina.com.cn/chanjing/gsnews/2019-12-25/doc-iihnzhfz8093985.shtml.

了物联网全流程的"超链接"与场景落地。例如，海尔的"三翼鸟"场景品牌可以覆盖衣、食、住、娱的生活需求，实现基于大规模定制的客户协同。在"衣联网"场景中，卡奥斯平台构建了基于物联网的衣物全生命周期智慧解决方案，囊括了设计、采购、生产、运输、仓储和销售等触达用户的服装设计、采购、生产、运输、仓储和销售等过程，以及触达用户的洗（洗衣机）、护（护理柜）、存搭（智能衣柜）、收（网器）等服务流程，将各主体与物通过数字技术整合在一起，为用户提供全流程的最佳体验。在"出行"场景中，卡奥斯平台改造了房车的设计流程，让顾客直接参与进来，并组成互联工厂、智慧家电、车联网、房车营地以及旅行爱好者的连接生态，形成由用户主导的个性化智慧方案。

我们再看看企业微信的一个客户案例，这是一家美妆行业的企业。在我们的访谈中，IT 负责人强调，企业微信帮助完善了信息沟通模式、提升了场景管理效率。一方面，任一员工在企业内部发送的信息很快就能传递到整个团队。在这一过程中，哪些人看到了，哪些人没有看过，都有很清楚的记载，而且这条信息可以作为待处理事项。这可以有效管理内部信息、提高沟通效率。另一方面，企业微信可以增加外部客户为好友。这使得这家客户更接近消费者，更了解消费者的需求。截至目前，这家客户4000 个 BA（Beauty Adviser，美容导购）已经有 50 多万个外部联系人，并且有客户不断地加进来。将外部客户加入企业微信的做法，可以有效避免因员工离职而造成的组织客户流失，因为组织客户存在于组织的企业微信通讯录中而不是员工的个人通讯录中。

基于场景管理，客户借助企业微信获得了大量信息用于管理变革及效率提升。一个最典型的应用是食堂的扫码就餐。据客户 IT 负责人介绍，"每个工人在工厂就餐时，必须用企业微信扫码，这样就可以很清楚地知道，每天有多少人吃饭。通过扫码就餐我们发现了很多问题，有助于工厂人力资源部、稽核部开展工作，也提升了组织的运营效率"。当然，外部客户利用企业微信进行场景管理的例子还有很多。

　　企业微信构建了组织内外信息流动的高效模式，在组织内形成了开放而具有弹性的内部协同，在组织外也努力促成以顾客为导向的外部协同。我们认为，组织内外协同的核心基础之一就是信息的高效流动与分享。而信息高效流动与分享的价值主要体现在两个方面。其一，消除不同主体间由于缺乏联系而产生的信息不确定性。无论是互联网、物联网还是区块链，都提升了主体接触信息的概率，也降低了各主体在生产、交换等活动中的信息不对称及不确定性。其二，消除认知理解上的不确定性。信息有统一的"语义"与"表达"，各主体能基于相关信息做出准确的认知判断。而且，信息的流动能促进主体之间持续的认知与反馈，这可以帮助消除主体难以达成共识而产生的不确定性。企业微信的数字化技术框架能较好地整合企业内外部各主体，让每一主体都能进行高效率的信息处理与流转，进而带来越来越高的协同创新绩效。

　　企业微信和海尔的实践带给我们很多启发，也让我们更深地感受到：数字经济来临后，企业成长与价值创造的场景被重塑，各主体之间的联通与协同大大增加。通过数字技术的穿透，很多企业把企业外部成员设计到企业共生战略与实践中，形成全新的发展场景。**协同共生场景中的关键词不再是命令和权力，而是共同进化，集合彼此智慧，利用数字技术和市场变化找到新的成长可能性。**

意愿（Desirability）

　　意愿是组织内外高效协同共生的基础。在巴纳德（Chester Irving

Barnard）提出的协作系统概念中，他把协作意愿作为正式组织的三个基本要素之一。[⊖]在他看来，协作意愿（Willingness to Cooperate）是指"组织成员对组织目标做出贡献的意愿"。我们沿用其定义来理解意愿的内在价值。在协同共生论中，从本质上而言，协同共生意愿既指成员在组织内为实现目标协作与交流的意愿，也指基于整体目标而达成的跨组织交流、分享共生价值的意愿，更暗含了组织内外各成员对自身目标的追求意愿。

所以，在协同共生管理模型中，**协同共生意愿就是指组织内外成员对整体目标做出贡献的意愿**。

协同共生意愿本质上是动机问题

个体为什么愿意对组织目标做出贡献？这主要源于组织与个体就满足感做了"交换"。如果组织不能给个体带来满足感，个体其实不会愿意做"交换"，也不会愿意去主动协同。培养和激发协同共生意愿，需要挖掘意愿背后的动机与个体目标。理论研究表明，人的动机可以细分为很多不同类型。[⊜]它们通常被归为两类：外部动机与内部动机。外部动机是基于外部奖惩、控制等决定个体行为的驱动力，内部动机是自发的、驱使自己从事某种行为的内部力量。外部动机关注外在因素，如奖惩、规则等，在此动机作用下，个体展现的多是服从行为；内部动机关注工作、行为本身，重视乐趣和自主，在该动机驱动下，个体会对自身行为赋予更多承诺，产生主动性行为。

华为虽没有直接考核员工的动机，但在激发个体协同行为的内部动

⊖　巴纳德认为，正式组织是有意识地协调两个以上的人的活动或力量的协作系统或体系。
⊜　张春虎. 基于自我决定理论的工作动机研究脉络及未来走向 [J]. 心理科学进展，2019，27（8）：1489-1506.

机与外部动机上做了有效的激励设计。在外部动机方面，华为制订了员工持股计划，基于个体业绩考核和持续贡献的价值进行分配，坚持"按劳取酬，多劳多得"原则并实现淘汰制，这使得华为在外部奖惩上保障员工能获得与其对组织贡献相匹配的利益或惩罚；在内部动机方面，华为让员工保持"饥饿感""危机感"和"使命感"，激发他们主动工作与努力奋斗。高层管理者对企业的成长和长期发展做出贡献，中层管理者对企业的稳定和效率做出贡献，而基层管理者对企业的成本、质量和短期效益做出贡献。因而，任正非强调，对基层员工，要唤起他们对奖金的渴望、对股票的渴望、对晋级的渴望、对成功的渴望，激发他们工作的企图心；对中层员工，要让其追求不懈改进，提升工作的主动性，保持工作的稳定性和组织高效率发展；对高层员工，通过轮值 CEO 制、评定公司"蓝血十杰""明日之星"及首席专家头衔等来强化其使命感，激发他们工作的内在动机。在工作设计上，华为非常强调授权并"让听得见炮火声的人去做决策"，这些举措都是培养内在动机的核心。

事实上，由于人具有社会属性，个体在行为过程中会基于社会角色、主流价值观等因素而行动，这些社会属性甚至会内化于个体价值观中，所以我们还需要关注内部动机与外部动机之间的较为复杂的影响或转化关系。理论界发现，持续的外部驱动力（如外部奖励、强加目标、监督评价等）会通过削弱人类的三种基本心理需要（包括自主的需要、能力的需要和联结的需要）而损坏个体的内在动机，并让个体失去主动探索与学习的动力。

依据自主性在动机中占比的提升，自我决定理论的奠基人、开创者爱德华·德西（Edward L. Deci）和理查德·瑞安（Richard M. Ryan）提出，外部动机可以分为外部调控、内摄调控、认同调控和整合调控这四个类型，[⊖]外部动机与内部动机、"去动机"共同构成了个体的行为动机连续体（见图5-2），这为协同共生理论研究与实践管理提供了基础范式。在连续体上，内部动机是高度自由和自我决定的，而外部动机是部分自主和外部驱动的，去动机则是无意愿状态。这一动机框架为激发协同共生意愿或行为提供了理论依据。

这些有关意愿的研究启发了我们，我们把研究的个体延伸为组织间的个体成员，来探讨协同共生意愿。

综上研究让我们认识到，只有充分激发个体的内外部动机时，才能诱发个体产生更高的协同意愿与绩效。如果要提升个体的协同共生意愿，**最有效的做法就是培育个体的内部协同共生动机，并通过适当的外部刺激来提升其协同共生意愿**。在管理实践中，我们一方面要确保给予组织成员基本的物质激励、资源支持，以提升个体能力所需要的满足感；另一方面还需要消除那些控制性的奖励，增加信息性的反馈或奖励。同时，在个体协同工作中，组织或管理者可以对工作进行再设计，让工作变得有趣和高自主性，并及时为组织成员提供社会性支持，这能增强个体协同共生的内在动机，满足个体对能力、自主与联结的需求。**协同共生意愿培育的核心是充分激发组织中个体协同共生的内在动机，让组织协同共生文化、协同共生制度或机制等外部力量能逐步内化为个体内在动机的一部分。**

⊖   在自我决定理论研究中，外部调控（Externally Regulated）指个体展现某种行为是为了达成外部需要，如获得奖励或避免惩罚；内摄调控（Introjected Regulation）指个体理解、接纳外部规则，但并不完全接受外部规则，做出某种行为是为了避免焦虑、愧疚，或者为了提高自尊，个体在这类动机中的总体感知仍受外约束和限制；认同调控（Regulation Through Identification）指个体认为行为或外部调节是有价值而且重要的；整合调控（Integrated Regulation）指外部规则已完全内化为个体的一部分，跟个体的价值观和需求一致，但它还是属于外部动机，因为行为起因还是为了获得特定结果而不是纯粹乐趣。参考Ryan R M, Deci E L. Self-determination theory and the facilitation of intrinsic motivation, social development, and well-being [J]. American Psychologist, 2000, 55（1）: 68-78。

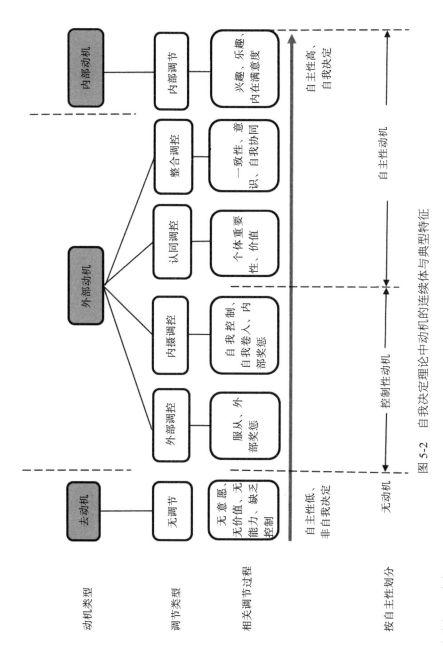

图 5-2　自我决定理论中动机的连续体与典型特征

资料来源：参考调整自 Ryan & Deci（2000）。

如何培育、提升协同共生意愿（见表 5-2），巴纳德采用**诱因与贡献**逻辑进行了解答，即组织协作共生体系如果要正常运转，就需要满足"诱因≥贡献"。诱因既可以是物质因素，也可以是精神因素；贡献是个体为组织目标做出的努力与牺牲。当组织成员在集体行动中其个体需要或目标得到满足时，个体工作就是有效率的，而整个协作共生系统也会更有效力。对应动机分析框架，我们需要解决的关键问题是，组织提供的诱因要能形成促进个体协同共生行为的外部动机和内部动机。

表 5-2   组织内外的协同共生意愿提升路径

	意愿下的动机类型		关注点	典型管理理念、实践及方式
协同意愿	去动机		组织个体意愿不足、能力不足	共生型战略执行一致性语境构建
	协同共生内部动机		内在兴趣与自主性	工作意义感塑造团队认同感提升信任氛围建设领导协同共生力打造
	协同共生外部动机	外部调控	满足组织个体的自主需要、能力需要和联结需要	协同共生价值分配制度机制设计领导协同共生力打造
		内摄调控		
		认同调控		
		整合调控		

价值目标认同是关键

当在协同网络中建立起高效耦合、互动机制及目标规范机制时，网络中的各主体形成较强的承诺、信任感与危机感等内外部驱动力，就会有更大的协作共生意愿和相应的行为。高效耦合互动的核心是基于顾客价值的协同共生战略，数字技术使企业与顾客之间产生了更广泛的连接，当企业能快速满足或者创造顾客需求时，它会向拥有"强链接"能力与高效柔性价值网结构的共生型组织靠拢。这类组织在发挥高效协同共生力的过程中有一个共同特点，即以为用户更好地服务为战略共同目标，并通过实现顾客价值促进组织成员的目标达成。

当各主体在目标方向上达成一致，感知到完成整体目标有助于实现自身目标时，就会形成目标认同感，并因此产生主动协同共生的心理基础。 华为、腾讯、阿里巴巴等领先企业的管理实践也表明，建设协同共生目标体系，构建组织间分享、交流的技术平台，能够获得协同共生的价值。理论研究与管理实践都证明：当组织实现协作时，组织就具有"有效性"；当组织成员的个体意愿、个体目标满足程度较高时，组织的"能率"较高。组织要达到的理想状态就是实现高有效性和高能率。

从管理的视角来看，问题的焦点都会落在领导者身上，领导者对于协同共生绩效影响甚大。特别是在组织变革与冲突管理中，协同共生意愿的达成是管理者促进转型与解决矛盾的关键。领导者需要关注如何让自己真正具有领导者的权责，如何把不同意愿的组织成员联合起来并形成集体行动的内在动力。约翰·麦斯威尔（John C. Maxwell）指出，领导力无关头衔、地位与组织结构图，而是一个生命影响另一个生命的过程。领导者展现的一切都深刻影响着员工和整个组织，他的协同共生观念、协调行为以各种无形或有形的方式都影响着其他个体。

巴纳德在《组织与管理》一书中明确提出，经理人进行协调是有效领导行为的必备条件。亨利·明茨伯格（Henry Mintzberg）也认为，成功的管理者需要具备"练达维度"和"协作维度"。⊖即领导者需要时刻跨越边界、文化来工作，需要维持组织内外的信息交流以保持高效协同。在《激活组织》一书中，我们提出数字化时代的领导者新角色，认为对组织领导

⊖　明茨伯格.明茨伯格管理进行时 [M]. 何峻，吴进操，译. 北京：机械工业出版社，2010.

者的新要求是，他也要学会成为被管理者，让自己能在不同的组织新组合中胜任新的角色，[一]这为领导者融入企业外部构建共生体奠定了基础。在组织内部，领导者的新角色也同样可以帮助其提升内部动机，进而产生更高的协同共生意愿。**领导者的协同共生意愿更是通过示范行为的"涟漪效应"渗透到整个组织成员的认知中。**

微信领导人张小龙赋予了企业微信鲜明的文化特色。张小龙曾总结，微信的四个核心价值观就是关注用户价值、让创造发挥价值、产品"用完即走"、让商业化存在于无形中。[二]这里所体现的就是高效为客户创造价值，因而，企业微信秉持"人即服务"的理念。这一理念体现的是，使所有组织成员都能成为企业服务客户的窗口，而且是基于认证的、有可靠背书的服务。[三]

企业微信通过开放应用接口，连接各生态伙伴，提供服务场景与技术。企业微信致力于为客户创造价值，坚持生态开放原则，任何服务商都可以利用企业微信平台向企业客户提供 SaaS 应用、定制化服务。目前，微软、致远互联、Teambition、中控智慧等优质的软件商已加入企业微信生态。企业微信也能让企业开发整合属于自己的应用与连接服务，如一家农牧企业成功利用企业微信平台实现了集团内部管理系统以及工厂设备的连接。正是因为这些连接，这家企业获得了整体性、移动化的解决方案。

⊖ 陈春花．激活组织 [M]．北京：机械工业出版社，2017.

⊜ 腾讯大学．张小龙：微信四大价值观 [EB/OL]．https://daxue.qq.com/content/content/id/2321.（"用完即走"是指一个好的产品不是黏住用户，而是尽量让这个用户离开你的产品。这与传统的用户黏性思维截然不同，它告诉我们，产品应该是服务于客户，而不是让客户有产品依赖症，要合理地使用产品，要了解"除了微信，还有生活"）。

⊝ 懂懂笔记．张小龙给企业微信定了一个方向：人即服务 [EB/OL]．(2019-01-15). http://www.sohu.com/a/289228860_134438.

　　化妆品企业用企业微信连接顾客，发现利用企业微信与顾客沟通的服务能展示更专业的 BC（美容顾问）形象，这也提升了顾客的复购率。更重要的是，通过数字化方式与外部客户协同，企业微信帮助企业将客户相关信息沉淀在企业侧，使之成为整个企业的数据资产，这些数据亦是企业进行管理协同创新的重要源泉。一家商超百货集团在利用顾客数据资产这方面走得相对较远，高效地为顾客提供优质的数字化购物体验。基于企业微信，它通过"百货移动 BI（Business Intelligence，基于移动终端的智能数据分析）"实时掌握门店的运营数据，并根据数据分析及时调整运营策略。而且，企业微信使得巡店管理的流程得到极大优化，流程数据可追踪，门店管理效率也大大提升。总之，企业微信使组织与外部客户进行连接，让企业与客户发生充分的互动与协同，以更好地帮助企业实现顾客价值。正如张小龙所说，"让每个员工可以直接提供服务。而在这样的方式中，顾客的忠诚度是很高的。"[一]

能力（Ability）

　　要想取得较好的协同共生绩效，组织成员必须具备相应的协同共生能力。有意思的是，一些学者直接将组织协同定义为一种能力，如蒂姆·佩蒂特（Timothy J. Pettit）和他的同事认为，**协同共生能力是一种与其他主体高效地共同工作的能力**。目的是获得彼此所期望的利益，并共担风险。[二]

　　协同共生能力能帮助个体、团队及组织外成员寻找提高工作效能及促进新知识产生的更高效程序，可以提升各主体在战略、战术及运营层面上

　⊖　微加云. 张小龙的"4 小时"，关于企业微信的重点全在这里 [EB/OL].（2019-01-21）. https://www.51vj.cn/news/detail-747.html.

　⊜　Pettit T J, Croxton K L, Fiksel J. Ensuring supply chain resilience: development and implementation of an assessment tool [J]. Journal of Business Logistics，2013，34（1）: 46-76.

的共同决策效率，因此，协同共生能力的好坏，最终决定了协同共生的收益。从长远来看，组织具有强大的协同共生能力，才能真正提升企业的竞争力与持续生命力。今天的组织，一定要有能力协同多样性，并确保不同成员、不同功能、不同平台在同一个目标框架下共同工作。

战略是一个协同共生价值的能力模型

在工业时代，企业战略围绕着竞争和资源展开。到了数字化时代，**战略不再是一个竞争模型或资源模型，而必须是一个能力模型，且是一个构建协同共生价值的能力模型**。数字技术带来的环境不确定性，使得企业无法像在工业时代那样明确自己的竞争对手，也无法以独占资源来获得竞争优势。对企业而言，组织需要的新战略，也是一种新能力，以应对不确定性。这一新的能力，包括强链接能力、构建柔性价值网与共生逻辑。[⊖]强链接能力，在企业内部表现为开放的、社区化的组织形态，在企业外部则表现为以顾客为核心的相互连接的价值共同体。构建柔性价值网是指企业以顾客为中心，快速组合相关伙伴，高效满足顾客的需求。构建共生逻辑则是指企业通过共同成长设计，创造更大的价值空间，从而获得价值分享的新机会。

数字化提供了协同创造价值的新方式，一些领先企业利用数字技术创造了组织内外开展协作共生的新方法，以提高价值网络的透明度、分享度。为了满足业务的独特需求，它们堆叠和融合多元技术。例如，华为在数字化领域深耕细作，在企业业务中践行"平台 +AI+ 生态"战略，提出针对消费业务领域的"1+8+N"全场景智慧化生态战略。这些战略都是以协同、共生网络为核心特征，实现多主体的价值共创共享。在协同共生

⊖　陈春花，赵海然. 共生：未来企业组织进化路径 [M]. 北京：中信出版社，2018.

过程中，华为开发或使用的华为云 WeLink、企业智慧屏、CloudLink 协作智真系列等数字技术产品，成为其进行高效率协同治理的关键。可以预见，数字技术让组织网络协同治理成为一种常态。截至 2018 年底，华为已与 211 家世界 500 强企业、48 家世界 100 强企业形成数字化转型的合作伙伴关系。也正是华为协同共生价值的能力模型——华为战略，帮助华为成为全球领先的企业。

三种机制构建组织内协同共生能力

通过对领先企业的观察，我们发现，很多企业都是通过流程机制、沟通协调机制与能力获取机制来提升组织内协同共生能力的（见图 5-3）。下面我们来分别讨论这三个机制。

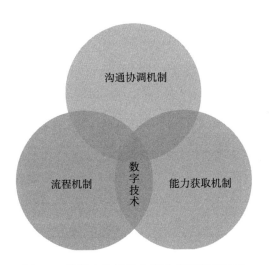

图 5-3　组织内协同共生能力构建关键要素

根据我们对协同共生能力的研究总结与实践分析（见表 5-3），协同共生能力包括对内协同共生能力（主要是内部沟通协调能力）与对外协同共生能力（包括顾客关系维系能力、战略伙伴关系维系能力、外部协调能力等）。总体来看，协同共生能力是指基于组织的既有资源和能力，通过协调组织的活动，取得组织绩效的能力。[⊖]

表 5-3　企业协同能力研究及其主要观点

研究维度	代表人物	主要观点
企业对内协同能力：内部沟通协调能力	Henderson & Clark（1990）	协同失败会降低企业适应外部竞争环境的能力
	Simonin（1997）	企业把协同经验转化为能力，并在能力的作用下，将协同经验内化为组织或是个人的协同能力
	Ramaseshan & Loo（1998）	沟通有助于改善双方的协同知觉，有利于协同能力的提升
	Day et al.（2000）	协同能力包含流程调整、流程整合的组织内部管理能力
	Gataldo et al.（2006）	可通过设计一种快速反应的新机制来提升协同能力
企业对外协同能力：顾客关系维系能力	Dick & Bau（1994）	顾客关系是企业正向协同能力的体现，可以获得顾客忠诚度和满意度
	Rajendra，Srivastava & Fahey（1998）	顾客关系是企业的无形资源，是无法被模仿的，是企业协同能力的着力点
	Day et al.（2000）	协同能力包含与顾客相关的知识和技能
	Hooley et al.（2005）	支持企业协同能力的因素相互作用，形成的非模仿性的隐形资源
	Rapp et al.（2009）	顾客关系带来的协同能力与企业竞争优势正相关
企业对外协同能力：战略伙伴关系维系能力	Powell（1987）	战略伙伴关系能使企业在新技术获取、共同研发产品、新领域占领、共担风险方面获得独特能力
	Mohr & Spekman（1994）	战略伙伴间协同是一个非常复杂的动态过程，协同能力在过程中起导向作用
	Mentzer et al.（2000）	战略伙伴会伴随时间的推移，通过形成价值观、固化规则、心智模式等，带来彼此协同能力的进一步提升

⊖ Day G S. A two-dimensional concept of brand loyalty [J]. Journal of Advertising Research，1994（9）：29-35.

（续）

研究维度	代表人物	主要观点
企业对外协同能力：外部协调能力	Monge et al.（1998）	沟通可以增加联盟网络的弹性，协同能力有助于向联盟群体利益方向发展
	Kraut et al.（1999）	协调活动考察企业和供应商之间的协同能力，是非正式的人际关系管理能力
	Fang et al .（2007）	供应商和跨国集团的信息交流和密切联系，是协同机制或是能力在起作用

资料来源：结合 Day et al.（2000）[一]、汪延明（2015）[二]和协同相关文献整理所得。

对内协同共生能力的内在机制研究层面包含流程机制、沟通协调机制和能力获取机制。流程调整、流程整合的管理能力，可通过设计一种快速反应的**流程机制**来提升。沟通有助于改善双方的协同知觉，有利于协同能力的提升，这是**沟通协调机制**的内涵。对内构建协同共生能力，是要将协同共生经验转化为能力，并在能力的作用下，将协同共生经验内化为组织或个人的能力，这是组织成员**能力获取机制**的关注点。例如韩都衣舍构建了协同共生的"大平台＋小前端"的赋能体系。在多变的客户需求环境下，韩都衣舍构建了"小单快返""三人小组"等机制，在公司内部根据用户需求组建若干品牌小组。品牌小组属于"小微组织"，其他部门属于服务平台，为小微组织提供资源支持、服务输出、价值评估和迭代提升等赋能服务。可以说，服务平台是小组背后强大的支撑体系，保证小组高效地满足客户需求。而且在小组之间，若干个小组组成一个"相互独立又相互协同"的网络协同体，这是其组织网络化和智能化管理的基础。韩都衣舍基于工作管理的流程调整或组织设计，确保高效赋能。

企业微信则以"信息效率是企业生产效率的重要变量"为核心认知，

[一] Day G S, Schoemaker J H, Gunther R E. Wharton on managing emerging technologies [M]. New York: John Wiley & Sons, 2000.

[二] 汪延明. 产业链信任治理：基于技术董事协同能力的视角 [M]. 北京：经济日报出版社，2015.

拓展业务价值逻辑，致力于解决多场景的信息流动与连接问题，实现立体式"网状"信息流动模式。

影响组织间协同共生能力的三个典型路径

在组织间协同共生管理中，有三个影响协同共生能力的典型路径需要关注（见图5-4）。[⊖]

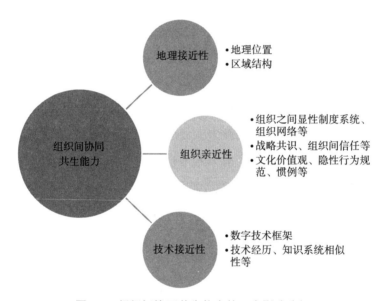

图5-4　组织间协同共生能力的三个影响路径

其一，地理接近性（**Geographical Proximity**）。组织间的频繁互动有利于组织的知识创新，能有效降低组织对固有经验的黏性和路径依赖性。地理接近性一般是指组织间物理距离的远近，与两者的地理位置及相对的地理区域结构有关。它是影响组织间直接交互频次的一个尺度。研究者

⊖　Knoben J，Oerlemans L A G. Proximity and inter-organizational collaboration: a literature review [J]. International Journal of Management Reviews，2006，8（2）: 71-89.

认为，较高的地理接近性促进了组织间面对面的交流（包括计划的和偶然的），这可以促进知识转移和创新；较低的地理接近性不利于隐性知识的转移与共享。同时，研究也表明，在基础知识和隐性知识的生产过程或谈判过程中，地理上的近距离对组织间协同显得尤为必要。当然，数字技术框架下的沟通和共享能力大幅度降低了地理接近性对于组织协同的影响，组织可以根据实际情况选择不同价值的伙伴。

其二，**组织亲近性**（**Organizational Proximity**）。组织间协同共生能力的强弱还取决于组织亲近性，即组织之间显性制度系统、组织网络、战略共识、组织间信任、文化价值观、隐性的行为规范、惯例等相似的程度。组织亲近性不仅包含正式制度系统的相似性，也包含组织认知风格、文化系统及社会关系结构的相似性。正式制度系统帮助组织间构建伙伴关系，确保组织员工以协同的力量去执行流程与规范。当组织之间共享一套信念和话语体系时，彼此间的沟通交流会更顺畅，也能最大限度地降低彼此间合作的不确定性。因此，在高组织亲近性的企业网络中，组织之间更容易相互理解，也更容易形成认同感与默契。这种认同感与默契使得组织更容易形成一种知识整合与创造能力，在彼此的互动中更易传递隐性知识与非标准化的资源。可以说，高组织亲近性是组织间构建高效率协同网络、进行联合知识创造的前提。海尔小微企业的"小块松散组合"式组织模型设计，就是利用了"组织亲近性"。海尔的组织模型设计使得各小微组织都具有以用户为中心进行自组织的亲近性，海尔通过平台化、授权、目标分解等统一管理，使小微组织间可以根据用户需求自主协同与创新。在海尔，小微组织内与小微组织间都具有高效率的协同，已形成了一个共同创造价值的生态圈。

其三，**技术接近性**（**Technological Proximity**）。技术接近性不仅指各组织采用相似的数字技术框架，还指不同组织成员具有类似的技术经历或知识系统。技术接近性主要是指技术经历与知识基础的共享情况，它是企业知识协同管理的基础，本质上是基于技术或知识系统的异质性与互补性，实现企业对外部知识的吸收与企业创新。技术接近性通过组织吸收能力来影响组织协同创新，当组织间的技术接近性较高时，组织成员才更容易吸收、转换对方的知识。它通过技术协同使组织获得更为丰富的知识资源，并通过异质性知识的互补、融合产生创意与概念框架。对外协同能力的获得主要通过共享的技术规则、规范和结构等实现。

在数字技术的冲击下，地理接近性、组织亲近性及技术接近性这三个主要影响路径也更容易互相影响。例如，高技术接近性的企业更容易形成高组织亲近性，而在数字技术的加持下，低地理接近性对组织协同的负面影响进一步降低。

我们还要强调以下一些需要关注的现象。组织间协同共生是一种基于合作的组织间关系，这种关系模式是组织通过持续沟通获得确认的，它的维系并不依赖于传统市场与层级控制体系。[○]如果组织网络中有组织通过市场权力或合法权威来建构组织间关系，就无法产生真正的组织间协同共生。**企业可以追求自己在协同网络中的专业权威和地位，但更重要的是分享权力，与其他主体构建相互平等、既独立又协作的协同共生关系**。学者们发现，组织间的协同共生是一种互惠互利的关系，而且多方之间有明确的角色与权责界定，以实现共同的组织目标。

事实上，在组织协同共生管理中，协同共生能力构建有明显的层次性，协同共生能力受不同层次的要素、结构等影响，最终推动组织整体形成稳定或有序的协同状态。要构建组织内协同共生能力，在数字技术的穿

　　○　Hardy C，Phillips N，Lawrence T B. Resources，knowledge and influence: the organizational effects of interorganizational collaboration [J]. Journal of Management Studies，2010，40（2）：321-347.

透下，企业需要做好沟通协调机制、流程机制与能力获取机制的制度安排。只有这三个机制被设计出来并得到运用，组织成员才更有机会和能力去贡献、分享和整合显性与隐性知识，才会促进组织内协同共生能力的提升。当在地理接近性、组织亲近性与技术接近性上有较高的一致性时，企业才能更高效地与企业网络中其他企业构建长期协作的关系，这时，企业间的信任度会提高，企业的协同共生能力与效率也会提高。

对企业微信的相关实践研究，让我们可以了解构建组织间信任的新能力。跟随组织内、外协同分类阐述的逻辑，我们也从这两个方面来认知信任，即组织内信任与组织间信任。

组织内信任是组织内部的个体、团队、部门等主体之间关于"收益损失"衡量的心理状态。当主体预期对方能带来积极收益且利益侵害或损害较少时，就会有较强的信任感，反之亦然。

组织间信任是一个组织基于相关信息做出的关于对方组织是否可信的判断，是组织成员共同拥有的对另一组织的信任感知，而不是个别成员对另一组织的信任或个体信任的简单叠加。[⊖]

此外，我们要延展到另一个非常重要的维度，即顾客信任。组织的核心目的是实现顾客价值，而顾客信任是顾客对企业整体品牌、产品或服务等的认同与信赖，顾客信任是顾客消费行为与顾客价值得以实现的前提。一般来说，在顾客满意度被不断强化后才形成顾客信任的基础，顾客信任包括三个维度，即认知信任、情感信任与行为信任。认知信任、情感信任与行为信任是层层递进的关系，最开始形成的是基于产品或服务的认知信任，是顾客对产品或服务能否满足个体需求而做出的认知判断。当产品或

⊖　刘超，陈春花，刘军，等 . 组织间信任的研究述评与未来展望 [J]. 学术研究，2020（03）：95-104.

服务被使用后获得持续的满意度，则形成情感信任。而情感信任发展的高级阶段是行为信任，当顾客非常依赖企业提供的产品或服务时，就会在行为上表现出长期的重复购买。

建立信任是组织寻求协同效率的关键。除了信任方与被信任方的具体特征、组织的契约体系设计等影响着组织内外信任构建的要素外，信任还有一个重要的来源，就是技术保障。当然，我们也要理解技术的"双刃剑效应"，它既能促进信任，又能轻易破坏信任。企业对技术的应用要致力于构建并保障信任，应做到以下几点：一是保障数据的安全和透明，如何使用数据都要事先说明，不要泄露数据；二是通过技术给顾客带来实实在在的高价值效用，包括实时就客户建议与需求进行反馈、及时提供承诺给消费者的产品或服务等；三是选择合适的技术框架实现不同场景的信任升级；四是通过技术反哺提升组织信任氛围与文化价值观（见图 5-5）。

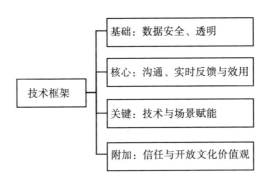

图 5-5　使用技术框架保障信任的要点

企业微信选择了基于数字技术框架保障组织内外信任的方式。它不但持续性地发布《企业微信安全白皮书》，详尽说明数据的产生、传递、使用、存储、销毁、安全审计等问题，还致力于满足客户需求与信任提升。

企业微信负责人黄铁鸣表示，"未来，企业微信与微信生态会更紧密地结合，连接支付，连接小程序，输出更多能力以满足更丰富的企业使用场景"。可见，企业微信会通过更广泛的技术框架与应用，增加合作伙伴对于未来价值获取的期望。

过程（Process）

协同共生过程是培育并维持组织成员持续协同共生行为的过程。

如果说协同共生意愿主要解决的是对组织成员自主性的需要，协同共生能力主要解决的是构建能力的需要，那么协同共生过程主要解决的则是组织成员反馈（feedback）和联结（relatedness）的需要，使在协同共生过程中给予组织成员支持与帮助的需求得到满足。

协同共生本质上是一个过程。

在具有影响力的协同研究专刊上，一些学者如芭芭拉·格雷（Barbara Gray）、弗朗西斯·韦斯特利（Frances Westly）等认为，协同就是一个过程，在这个过程中，不同主体能超越各自特有的缺陷，充分利用协作主体间的多元性与差异性，共同参与并提供建设性的问题解决方案。[一][二]在企业实践领域，企业间很早就展开了对协同共生模式的探索，并获得了共同管理的有益协同经验。

沃尔玛与宝洁曾经组成几十人的专门协同工作团队，他们来自不同的职能领域，共同进行团队合作的策划与执行。团队共同构建了 JIT（准时

　㊀　Wood D J, Gray B. Toward a comprehensive theory of collaboration [J]. Journal of Applied Behavioral Science，1991，27（2）：139-162.

　㊁　Gray B. Collaborating: finding common ground for multiparty problems [J]. The Academy of Management Review，1990，15（3）：545-547.

制）自动订发货系统、电子财务转账系统等，并构建了基于信息系统的战略合作关系与管理模式。这种模式使得沃尔玛和宝洁不但彼此共享信息，还共同讨论营运监控及利润分配策略等，并在执行上通力合作取得绩效，最大限度地满足顾客需求。共同管理降低了两个企业的间接成本，提高了资金使用效率与决策效率，让它们能更好地对顾客需求做出反应。

中信银行于 2005 年就建立了业务协同处，设置负责协同的专人专岗，在意识层面（强调协同共生意识）、制度层面（已制定 30 多项协同制度）、利他层面（狠抓协同贡献）等层面，促进企业协同共生过程的有效展开。

哈佛商学院教授艾米·埃德蒙森在进行了 10 多年的协同研究后也提出，协同本质上是一个过程，它描述的是一个更为积极、动态的过程，让不同背景的人能一起协同工作。因而，埃德蒙森认为，协同始于认知，通过开展一系列沟通交流、相互支持的活动，进行反思、反馈，并通过协同努力把工作做好，最后形成协同的理念（见图 5-6）。[一]埃德蒙森还强调，高效互动是取得协同绩效的关键原因。要想取得跨界创新绩效，组织成员在跨界协同过程中要形成"知识共振"，让所有成员都有意愿将当前的知识转化为新知识，并与外界"新"的或异质性的知识充分碰撞，这样新想法才能不断迸发、碰撞，最终实现知识的整合和延伸。

平衡计分卡创始人罗伯特·卡普兰和戴维·诺顿指出，组织协同是一项关键管理流程，它将公司、业务单元、支持单元、外部合作伙伴、董事会与公司战略进行衔接。[二]通过在业务部门、职能部门与外部网络成员之

[一] 埃德蒙森 . 协同：在知识经济中组织如何学习、创新与竞争 [M]. 韩璐，译 . 北京：电子工业出版社，2019.
[二] 卡普兰，诺顿 . 组织协同：运用平衡计分卡创造企业合力 [M]. 博意门咨询公司，译 . 北京：商务印书馆，2006.

间产生协同效应，企业能创造更大价值。在跟踪与分析"战略执行明星组织榜"后，他们发现，那些业绩优异的明星企业往往能更好地达成目标共识，以及进行资源共享及价值链整合等，以实现"整体大于部分之和"。

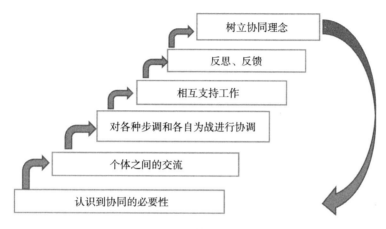

图 5-6　协同过程

资料来源：埃德蒙森. 协同：在知识经济中组织如何学习、创新与竞争 [M]. 韩璐，译. 北京：电子工业出版社，2019.

所以，管理者必须意识到一个事实：协同共生过程可持续的核心是保障组织成员对协同共生的持续贡献以及一定强度的投入。组织成员的持续投入既需要组织在资源层面给予支持，又需要组织在协同共生过程中给予及时反馈及赋能。

最后让我们来看看海尔，它的数字化转型实践可以较为完整地帮助我们理解协同共生管理模型。海尔已连续 3 年作为全球唯一物联网生态品牌蝉联 BrandZ 全球百强，连续 12 年稳居欧睿国际世界家电第一品牌，旗下子公司海尔智家位列《财富》世界 500 强。海尔将自己的品牌定位为"携手全球一流生态合作方持续建设高端品牌、场景品牌与生态品牌，构建衣食住行、康养医教等物联网生态圈，为全球用户定制个性化的智慧生活"。

根据海尔官网资料，截至 2021 年 2 月，海尔集团拥有 3 家上市公司，拥有海尔（Haier）、卡萨帝（Casarte）等七大全球化品牌，成功孵化 5 家独角兽企业和 32 家瞪羚企业，在全球构建了 10+N 创新生态体系，设立了 28 个工业园、122 个制造中心和 24 万个销售网络，且已深入全球 160 个国家和地区，服务全球 10 亿 + 用户家庭。

在数字化时代，海尔开展的"人单合一"模式极大地激发了员工的工作热情，让他们将自身报酬、用户价值和企业战略有机结合在一起，实现个体与企业的自组织、共进化。海尔有工业制造的基础，更能实现以顾客价值为核心的平台赋能，让顾客、员工及各协同主体能共享产品或服务的增值部分，真正提升全产业链效率。张瑞敏指出，"物联网是移动互联网之后下一个最重大的经济活动（载体）。它最核心的东西是实现社群经济。所谓社群经济就是根据每一个人的需求为他提供场景服务"。海尔的协同共生模式已具雏形，它在成长路径中的协同共生思想与实践值得大家思考与探讨。

海尔的协同共生管理，我们认为可以用海尔自己总结的"人单合一"模式与"共赢增值表"来呈现。

"人单合一"模式

"人单合一"模式的标志事件，是海尔在 2012 年成功实现了跨文化融合。具体体现在海尔在日本收购三洋电机，以及在东南亚收购洗衣机、冰箱等多项业务。海尔还在 2012 年并购了新西兰著名家电品牌斐雪派克（Fisher & Paykel），并拥有 100% 股权。[⊖]2016 年 1 月 15 日，随着对美国

○　谭书旺. 海尔收购新西兰家电龙头企业斐雪派克 [EB/OL]. (2020-04-02). https://www.sohu.com/a/384993274_120639951.

通用电气家电业务（GE Appliances，简称 GEA）的整合，海尔全球化开启了新的历史时期。海尔与 GE 签署战略合作备忘录，树立中美合作新典范，形成新的联盟模式，《华尔街日报》盛赞海尔创造了"中国惊喜"。海尔在国际市场真正"走出去"，成为全球大型家用电器的第一品牌。

"人单合一"模式初创。员工创造价值的过程是与"单"相联系的。员工要从用户那里发掘出"高单"，即有价值的订单，或者通过竞聘加入一个已经拥有订单的自主经营体，从而通过订单将自己和用户需求结合起来。这就是"人单合一"。每个人都必须找到自己的"单"，即用户需求，并和团队一起满足用户需求，从而创造增值，这就是价值创造的过程。员工价值分享的过程也是与"单"密不可分的。在海尔，员工的报酬是根据"顾客价值"来计算的。

在"预酬算赢"机制下，员工清晰地知道自己必须实现哪些用户价值，能够获得多少回报。员工的薪酬完全地和他创造的用户价值相联系：没有用户价值，就没有薪酬；创造的用户价值越大，得到的回报就越多。"我的价值我创造，我的增值我分享"，其特色就是"人人都是 CEO"。员工如何创造自己的价值，又如何与企业分享自己创造出的增值？海尔用创造性的薪酬体系来解决这个问题，这个体系就是"人单酬合一"。

海尔的自主经营体遵循的是"缴足企业利润，挣够市场费用，自负盈亏，超利分成"的分配制度。"人单酬"机制可以高效地实现高单自生成、人单自推动、单酬自优化。但如果不能按照既定要求满足用户需求，自主经营体的每个成员都将无法获得薪酬，甚至出现账面亏损。自主经营体全部都以市场逻辑来运作，不符合绩效要求的就会被淘汰。

张瑞敏在内部谈话时表示，"我们现在做的就是叫每个人都承接互联网时代的单，就是'人单合一'。互联网时代，如果你能找到这个单，你的'酬'和这个'单'连起来，比你原来的酬可能要高。但你要是找不到，你就只能解约离开"⊖。海尔内部提出的一个理念叫"外去中间商、内去隔热墙"。"内部隔热墙"就是原来不能与市场直接接触的中层管理人员。"原来海尔有个考核班子和很复杂的评价体系，而现在海尔采用的是用户直接评价，不再需要这么多管理者。"⊜

海尔抽取隔热层的方式是，大量裁撤中层，将海尔在各地的销售体系全盘改造为仅是独立自然人的小微公司。2013年海尔成功裁员1.6万人，2014年裁员约1万人，两年裁员约2.6万人。⊜对海尔这家传统制造企业而言，灵动性大大提升。"随着家电智能化，裁的应该是工人，但海尔却要裁中层。一是组织结构扁平化，二是行政、营销人员这些中层都不是拥抱互联网的核心人员，这不仅仅是减少人工成本的问题。"⊛海尔的裁员让组织有能力面向互联网时代的未来。

为了实现"人单酬合一"，海尔进行了多年的探索，开发了一系列工具，其中最重要的工具有两个：人单酬账户和关差机制。人单酬账户是每个自主经营体计算其收入、支出的工具，包括三个子账户：资产账户、费用账户和薪酬账户。资产账户和费用账户二者的结余以损失和费用的形式计入薪酬账户，与薪酬账户中的收入项进行抵扣，最终生成自主经营体的薪酬。关差机制是指闭环优化，当现实操作中第一竞争力目标无法实现的时候，预酬中设想的薪酬就无法达到，这时候自主经营体体长、二级经营体资源平台就要和员工一起想办法、找原因，努力缩小"绩效结果"和"第一竞争力目标"之间的差距，从而缩小"预酬"和"实际薪酬"之间

⊖ 李媛. 海尔裁撤2.6万指向"中间层"[N/OL].（2014-06-18）. http://epaper.bjnews.com.cn/html/2014-06/18/content_518224.htm?div=-1.

⊜⊜⊛ 卢晓. 海尔瘦身剑指中层 两年裁了两万六 [EB/OL].（2014-06-19）. http://finance.people.com.cn/n/2014/0619/c153180-25168191.html.

的差距。此外，公司可基于该工具和机制淘汰经营状况不好的或是与公司整体发展战略不符的小微组织或个人。

海尔的"共赢增值表"

传统的财务报表是基于封闭的企业视角，而不是从生态的视角出发。海尔"共赢增值表"则从利益相关者的视角对所有伙伴的贡献进行了价值衡量。海尔基于该表建立了一种价值共创的合作伙伴关系与共生共赢的氛围。海尔生态品牌战略的核心是与用户在一起。海尔的所有员工与生态伙伴都通过"单"联系在一起，形成利益共同体，齐心协力满足用户需求，创造用户价值，并按照贡献多少来分配自主经营体创造的超额价值（见图5-7）。海尔非常强调使人的价值最大化，员工通过创造用户价值实现自我增值，而高增值则意味着获得无上限的高分享。

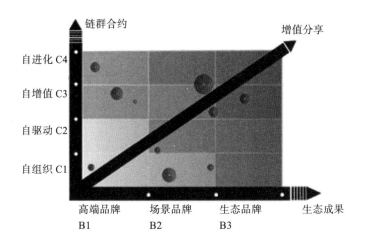

图 5-7　基于用户价值实现的"人单合一"体系

资料来源：海尔集团总裁周云杰在《企业家》周刊的观点图解。

共赢增值表的出发点，首先是用户和利益相关者，是生态圈价值总量的"增值"。对于由用户付薪带来的生态圈整休价值增值，对于这些额外创造的利润，可以根据价值贡献与投入情况，在资本方、生态圈参与方、创客之间进行分享。基于共赢增值表与人单合一计分卡，企业可以让每个创客在创造用户价值的同时分享自己的价值，这加速了物联网生态的质变，创客的自驱力、自进化也让企业可以更好地应对不确定性。

共赢增值表是一种数字化时代对传统利润表特有的补充，使企业的观念从过去的以企业为中心转变为以用户为中心，从过去的封闭式驱动模式转变为开放的、有用户和资源方参与的模式。同时，在组织和员工关系的转变上，它还实现了将自上而下的"以企业为中心"的员工管控，转变为从用户到用户的"以用户为中心"的循环生态赋能模式。

小结 ▶

协同共生管理模型（SDAP）
能力塑造

基于组织行为"情景一人一反应"的基本模式，通过把企业置于数字技术的情境下，关注人们的协同共生意愿与能力，以及相关的反应与变化，我们得出协同共生管理模型，场景、意愿、能力与过程成为协同共生管理模型中的四大基本要素，并提出协同共生管理过程模型，帮助组织打造实现协同共生价值的能力。

在协同共生管理模型中，我们得出如下结论。

第一，我们需要识别与创造协同共生场景。数字化带来企业成长场景重塑，使得协同共生实现的可能性变得更大；客户协同共生是变化最深刻的场景；在持续变化的环境下，企业不仅仅要有能力构建组织内的协同工作场景、组织外的协同价值场景，还需要与外部技术伙伴、跨界业务伙伴一起打造协同共生场景。

第二，需要提升协同共生意愿。协同共生意愿本质上是动机问题，价值目标认同是关键，领导者自身的协同共生意愿具有示范效应。

第三，今天的战略不再是一个竞争模型或资源模型，而必须是一个能力模型，且是一个构建协同共生价值的能力模型。通过流程机制、沟通反馈机制与能力获取机制能够构建组织内协同共生能力；地理接近性、组织亲近性、技术接近性则是三种影响组织外协同共生能力的典型路径。

第四，协同共生本质上是一个过程，组织协同是一项关键管理流程，高效互动是取得协同共生绩效的关键原因。

第六章

协同共生价值重构

如果一位年高德劭的杰出科学家说某件事情是可能的，那他可能是正确的，但如果他说某件事情是不可能的，那他很可能是错的；要发现某件事情是否可能的界限，唯一的途径是跨越这个界限，从不可能跑到可能中去。

——阿瑟·克拉克（Arthur C. Clarke）

尼科洛·马基雅维利在《君主论》（*The Prince*）中指出，"没有比引领新事物的新秩序更难把握、更冒险和更不确定的了"。我们的日常感受也同样证明了这一点，大多数人习惯于按照已有的方式进行各项工作，大多数传统企业对威胁视而不见，即使颠覆性创新已经在它们周围发生。究其根源，是因为这些威胁与它们所熟悉的经营之道完全不同，即使它们感受到了威胁，也会将其忽视。例如柯达公司，当数码相机已经成为一种必然选择时，它依然围绕着光学胶片推进业务，结果被淘汰出局。无数的企业实践证明，**很多一度辉煌的企业陷入困境的根本**

原因，是它们的经营理念不再有效。数字技术对于企业经营理念的冲击是巨大的，它不仅影响着组织内部的效率与创新，也透过组织外部要素直接影响着组织绩效，如果企业沿用传统的经营理念，势必被淘汰。

桑德斯教授等发现信息技术能提升组织内外的协同效率，能促进高组织绩效达成。[一]他们研究发现，信息技术能提高信息分享的效率，降低信息分享的成本，并为各主体实时共同决策提供信息支持。因此，当一整套数字技术用于人与人、团队与团队、组织与组织之间的沟通和交易时，重构组织内和组织间的价值创造、价值评价和价值分配模式便成为常态。

埃森哲在《2021年技术愿景》报告中指出，在疫情的冲击下，技术加速带来了新的工作和商业模式，创造了新的互动和经验。在6200多位参与调查的商业和技术领导者中，92%的受访者表示，他们的企业正在紧锣密鼓地进行创新。而且，他们认为利用技术架构进行业务创新、构建数字孪生体、普及技术应用、打破边界以及与伙伴共创价值成为企业必须关注的数字技术趋势，尤其是人工智能与企业管理实践进行深度融合，让组织可以参与构建更智能的供应链网络，释放数据作为新生产要素的价值，令组织内外发挥更大的协同效应，使组织本身更专注于业务的战略需求。[二]一些领先企业利用数字技术创造了在组织内外开展协作的新方法，大幅提高了供应链的透明度、分享度、可靠性。这些显而易见的成效，得益于企业的价值重构，我们称之为"协同共生价值重构"。

[一] Sanders N R, Premus R. Modeling the relationship between firm IT capability, collaboration, and performance [J]. Journal of Business Logistics, 2005, 26（1）: 1-23.

[二] Núñez-Merino M, Maqueira-Marín J M, Moyano-Fuentes J, et al. Information and digital technologies of industry 4.0 and lean supply chain management: a systematic literature review[J]. International Journal of Production Research, 2020: 1-28.

影响价值重构的关键因素

数字技术带来协同共生价值重构，是一种广泛意义上的创新，这促使我们从创新的本质特征去寻找影响价值重构的关键因素。按照熊彼特的观点，创新可以简单定义为建立一种新的生产函数，即"生产要素的重新组合"，就是要把一种从来没有的关于生产要素和生产条件的"新组合"引进到生产体系中去，而企业家的职责就是创造"新组合"，实现"创新"。[⊖]在今天，数字资源渗透到产业链的每一个环节，引发诞生无限可能的"新产业组合"。借助数字技术，关注价值实现、重新定义产业价值成为企业探索与实践的基本路径。

"创新理论"是熊彼特在《经济发展理论》一书中提出的，后面经过《经济周期》和《资本主义、社会主义和民主主义》这两本书的扩展和延伸，形成了独特的理论体系。"创新理论"的最关键特点，就是关注经济发展中生产技术与方法的变革作用。熊彼特的理论中有几个明确的观点给了我们启发，帮助我们找到了价值重构的关键因素。

第一，**"革命性"的决策**。熊彼特有一个比喻："不管你把多大数量的驿路马车或邮车连续相加，都绝不能得到一条铁路。"这意味着，**创新不会依赖于原有的经验，不会用固有的模式产生新的可能性，而需要企业有能力超越自己与过去的成功，从一个全新的视角去理解和行动**。创新是一种"革命性"的变化，因此，管理者必须采用新的决策模式，或者做出"革命性"的决策。

第二，**"企业家"是创新主体**。熊彼特把实现"新组合"的组织称为"企业"，把实现这种"新组合"的人称为"企业家"。我们的理解是，在

⊖　熊彼特.经济发展理论 [M].郭武军，吕阳，译.北京：华夏出版社，2015.

熊彼特的创新理论中，创新发生在生产过程中。在生产过程与经济活动中，企业家必然是主体，同时，每个**企业家只有实现了生产要素与生产条件的"新组合"，才成为一个名副其实的企业家。**

第三，**创新是边界重构。**"新组合并不一定要由控制创新过程所代替的生产或商业过程的同一批人去执行"，就如熊彼特所说的那样，并不是驿路马车的所有者去建设铁路，建设铁路恰恰是对驿路马车的否定。所以，**新组合意味着对传统企业的淘汰；意味着采用不同的生产要素与生产条件的组合，打破原有行业的组合方式，诞生出全新的物种；意味着对传统企业及行业的颠覆与价值重构。**

第四，**创新必须创出新价值。**熊彼特认为，新工具或新方法在经济发展中所起到的作用，最重要的是能够创造出新的价值。这是检验创新的标准，也是准则，所以在熊彼特看来，创新有五种情况：新产品、新生产方法或生产技术、新市场、新资源以及新组织组合。这五种情况更明确地表明，**创新必须是一种结果，并获得价值验证。**在数字技术背景下，平台技术赋能与价值链接的出现，使这五种情况的价值创新得以更迅速地实现。

综上所述，"'革命性'的决策"以及"企业家作为创新主体"的观点，帮助我们理解在创新中决策模式会发生改变；"创新是一种'新组合'"，帮助我们确定边界重构与价值链接成为关键因素；"创新必须创出新价值"，让我们关注数字技术赋能的作用，从而确定平台穿透的作用。结合创新的本质理解这几点，我们提出影响协同共生价值重构的四个关键因素：决策模式、边界重构、价值链接与平台穿透。

决策模式

什么是决策？赫伯特·西蒙（Herbert A. Simon）说："决策贯穿于整个管理过程，管理就是决策。"作为决策理论的代表人，由于"对经济组织内的决策程序所进行的开创性研究"，西蒙于 1978 年获得了诺贝尔经济学奖。在决策准则方面，西蒙用"令人满意的准则"代替"最优化"决策；在决策技术和思维过程方面，西蒙确定了程序化决策和非程序化决策的差异。

在决策过程中，西蒙极为重视非正式渠道的信息连接作用，甚至认为非正式渠道应该在信息连接中起主要作用。他特别强调信息连接在一起对决策过程的作用，并将信息连接在一起作为决策的前提。西蒙将"信息连接"定义为"决策前提赖以从一个组织成员传递给另一个组织成员的任何过程"。西蒙创造性地提出，今天的关键性任务是对信息进行过滤，加工处理成有效的组成部分，而不是对信息进行简单的生产、储存或是分配。简而言之，"今天的稀缺资源不是信息，而是处理信息的能力"[⊖]。

在探讨组织等级结构时，西蒙将组织比作一个三层的蛋糕。最下面一层是基本的工作过程，具体是指取得原材料、生产产品、储存和运输的过程；中间一层是程序化决策的制定过程，指的是日常生产操作、分配的系统；最上面一层是非程序化决策的制定过程，指的是对整个组织系统进行设计和再设计，系统提供基本目标和目的，对组织活动予以监控。[⊖]

我们借用西蒙的决策理论，结合熊彼特的创新理论，来探讨协同共生价值重构的相关决策模式。正如西蒙关注信息连接对决策的影响那样，数

⊖⊖　西蒙. 管理决策新科学 [M]. 李柱流，汤俊澄，等译. 北京：中国社会科学出版社，1982.

据已经成为新的生产要素，促使新经济范式和新商业模式的出现，因此，今天的决策模式，是以数字技术和数据作为关键要素，贯穿于程序化决策与非程序化决策过程中，帮助基层、中层与高层管理者把组织内外的信息高效地组合在一起，形成有效的决策，从而实现新价值创造。

数字化与决策过程

数字技术改变了信息的连接方式，信息爆炸和"万物皆媒"重塑了人类身处的信息世界。数字化通过重构各种连接方式，包括信息—信息、人—信息、人—人、人—机全连接，彻底调整了决策的信息连接和组织内外价值创造方式。西蒙在对新型组织的描绘中指出，当组织表现出越来越复杂的人—机系统特征时，管理也会随之发生种种变化。

在探讨新型组织管理变化时，西蒙用"合理化"和"专业化"两个词来概括，他认为在组织设计的人—机系统中，**决策的自动化和合理化**是最为关键的，这使得管理者的日常工作更容易、更满足和更有意义。在《管理决策新科学》中，他明确指出，高层管理者必须将注意力集中在组织的外部，且对组织内部信息的关注程度要小于对周围环境信息的关注程度；对高层而言，信息系统的关键是从外部信息源收集、筛选，协助进行战略决策。[一]我们的研究也表明，不同层级的管理者对组织的贡献不同。高层管理者对于企业的成长和长期发展做出贡献，中层管理者对组织的稳定和效率做出贡献，基层管理者对企业的成本、质量和短期绩效做出贡献。[二]数字技术下的决策变革，可以借助数据共享、数据洞察以及数据决策使三个层级都有所贡献，帮助整个组织实现高效运作。

[一] 西蒙.管理决策新科学[M].李柱流，汤俊澄，等译.北京：中国社会科学出版社，1982.
[二] 陈春花.你是否搞混了高层、中层、基层的职责？[EB/OL].（2020-12-28）.https://www.sohu.com/a/445553907_167719.

"今天与未来之间的关系，也仅仅是在于今天这些决策对于未来具有的影响而已。"①数字技术使得高、中、基层管理者的决策过程发生了变化，管理者们将越来越发现，他们需要更多地与动态结构系统打交道，面对组织内外的数据系统、动态结构中的问题，需要用客观的、分析的方式进行诊断和纠正，才可以让决策更有效。

作为创新的主体，企业家势必承担着决策的责任，所以，我们需要认识到，**管理决策的困难之处在于，既要面对人，也要面对事**。决定决策效果的关键在于两个方面：其一，决策方案是否合理；其二，组织成员的接受与支持程度。②有效的决策，首先要决策的是，是否有人能够胜任并执行决策，最终，决策的目的是执行，③所以非程序化决策的效率高低也将取决于人和事是否可以有机融合，是否有人能够进行高效落实执行。

在数据、信息及知识判断的加成作用下，企业能够对外部环境做出及时、敏捷的决策反应。基于数据驱动的敏捷决策管理，让组织管理更接近管理现实，并通过数字"量化"管理状态，极大提升组织效率。企业微信的愿景之一是"为企业提供可以智能管控、动态应对任何市场环境和内部管理变化的能力"④。

企业微信通过数字化的运营帮助企业积累数据，并形成有助于决策的相关数据。具体来说，企业微信中不但能形成组织内各成员之间的互动、协同数据，而且还能形成与合作伙伴、外部客户协同的数据。在企业内部的人力资源管理中，形成的大数据可以是员工在工作中产生的结构化或非

---

① 西蒙.管理决策新科学[M].李柱流，汤俊澄，等译.北京：中国社会科学出版社，1982.
② 陈春花.快速有效决策的五种方法[EB/OL].（2019-08-23）.https://www.sohu.com/a/335861198_99961378.
③ 陈春花.管理的常识[M].北京：机械工业出版社，2010.
④ 微加云.企业微信回顾×2019微信公开课PRO[EB/OL].（2019-01-14）.https://www.51vj.cn/news/detail-741.html.

结构化数据，基于对员工数据的技术分析与模型工具，可以向管理者提供人才管理方面的实时性或洞察力的决策参考。[○]

数字化重构程序化决策

由于机器决策过程中的高效率、精准性和长周期，数字化决策已成为今天提升工作效率的强大助力。人们通过编程向机器人传授决策的标准和范畴，将其培育成可以和人类并肩作战的工作伙伴。"不论你从事哪个行业，你所开展的大多数工作都将实现自动化，即使现在还做不到，不久的将来也会实现。研究已经证明，高达47%的传统职位面临着被取代的危险，因为计算机将承担那些自动化的工作。"[○]谷歌科学家戈德堡认为，云机器人拥有数据规模庞大、云计算功能强大、资料公开共享、学习能力强的优点。因此，谷歌在2010年便开始研究"云机器人技术"，该技术标志着单个机器人的内存或自身数据的计算量已不再约束其自运转。

德勤的行业专家预测，"我们预计到2025年，基础的财务人员都会被机器人替代。"在德勤机器人引发的财务新变革中，德勤机器人"小勤人"几分钟就可以完成财务人员需要几十分钟才能完成的基础财务决策工作，而且能7×24小时无间断地工作。随着全国"以票控税"理念的落实，对于增值税发票的管理愈发严格，鉴别发票真伪、合规性、收票量大、纳税主体多……发票管理和进项税确认申报工作繁杂，成为制约公司财务人员工作效率的一大瓶颈。而"小勤人"只需要财务人员将增值税发票置入扫描仪中，就可以将财务人员从重复的劳动中解放出来。在德勤内部，"小勤人"已经被迅速推广，德勤还曾推行"和机器人一起打卡上班"的活

○ Angrave D，Charlwood A，Kirkpatrick I，et al. HR and analytics: why HR is set to fail the big data challenge [J]. Human Resource Management Journal，2016，26（1）: 1-11.

○ 文卡查曼. 数字化决策 [M]. 谭浩，译. 广东: 广东人民出版社，2018.

动。机器人可以将原来的结账周期从 3 天缩短至 1 天（机器人完成 SAP 65 520 余次），将从原来所需人数 40 多人中节省出 10 ～ 20 人（机器人完成 Excel 4300 余次）。[⊖]

此外，普华永道也研发了自己的机器人 RPG，并与中化集团经过一个月左右的流程梳理、测试和部署运营。通过机器人，银行每日自动完成 15 家银行账户的对账和调节表打印工作；月末自动记录银行借贷金额并抄送指定人员确认款项事由；税务机器人定期在 SAP 系统、开票系统、税票管理系统等系统中，进行进销项差额提醒并抄送业务人员；将需要验证真伪的增值税专用发票提交检验平台并反馈真伪结果且记录。[⊖]由此可见，**自动化意味着可以对程序化决策进行高效率替代，从而将人解放出来，让人专注于更加复杂的决策。**

数字化重构非程序化决策

蓬勃发展的数字技术，使得传统的行业边界已然被瓦解。能将信息技术转化为新价值和利润增长点的企业，必然是高效进行数字化决策的企业，而这种决策不仅仅限于中基层的程序化决策，还涵盖了高层的非程序化决策。**数字化决策既渗透到企业内部，也同步扩散至企业和企业之间、企业和顾客之间。**

文卡·文卡查曼（Venkat Venkatraman）在《数字化决策》（*Digital Matrix*）一书中，使用"数字化矩阵"探索出利用数字技术的优势，构建

⊖ Tony. 德勤财务机器人正式上岗，工作视频首次曝光！[EB/OL].（2017-09-21）. https://m.sohu.com/a/193500154_177387.

⊖ 直通四大. 这家国企重金引入德勤"小勤人"，工作模式首次曝光，效率惊人！[EB/OL].（2018-11-09）. https://www.163.com/dy/article/E107CFJF0516BJFO.html.

基于"规模—范围—速度"的核心竞争力。[⊖]在 30 多年的教学、咨询和研究工作中，作者曾实地考察宝洁、Facebook、耐克、苹果等企业，通过对这些企业的分析得出，成功转型的企业中有一点非常重要，即**运用大数据、人工智能等重塑企业的决策流程**。腾讯、华为、阿里巴巴、海尔、中国平安等也都在运用数字技术重构其业务流程，并依靠数字化进行决策。

数字巨头可以通过数据洞察，进行数字化决策，拓展经营范围，并高效满足顾客的需求。例如百度、阿里巴巴、腾讯等运用机器学习、人工智能技术，采集、分析、筛选、分类平台上产生的海量数据，进入与其主营业务弱相关的业务类型，用新研发的产品或服务来扩大市场经营范围。此外，数字化决策也可以用于组织之间协同效率与价值的提升。如麦当劳在财务上使用信息技术与供应链伙伴共享信息，运用"Open Book"（开放的合作）理念帮助合作伙伴建立信任、平等的心态，这使得合作伙伴与之能够更加高效地协作。沃尔玛也通过建立数字技术支持的数据交换系统，在其供应链系统中构建了高质量的信息共享及伙伴关系。

为了保证数字化决策的质量，我们需要关注不同层级人员的数字化决策能力。事实上，不同层级的管理者运用数字技术进行有效决策的能力存在着很大差异。如中基层管理人员，可以运用数字技术带来的决策优势提高工作效率；高层管理人员则需要考虑数字技术将如何影响企业整体战略的本质逻辑，如企业的经营范围、规模、核心能力、供应链等方面的相关决策。管理者们应该系统思考，"IT 战略在哪些条件下支撑经营战略，在哪些条件下又会塑造经营战略"。如果企业要获得数字技术应用带来的收益，不仅需要改变企业内部的组织结构，还需要改变企业与外部商业伙伴或网络中其他机构的互联方式。[⊜]

⊖⊜　文卡查曼. 数字化决策 [M]. 谭浩，译. 广东：广东人民出版社，2018.

　　管理者的任务不仅仅是实现传统业务流程或管理流程的数字化决策，更重要的是，需要借助数字技术打破行业边界，了解顾客的关键价值需求，实现对组织未来经营战略的数字化决策引领。

边界重构

　　数字经济凭借其自身的速度、规模、范围优势，为行业带来了深远甚至是颠覆式的影响，新商业模式在原有的行业边界上不断涌现。**今天的企业无论转型与否，都不会处于一个定义明确的生态系统内，而是处于一组变化的生态系统组织之中。**边界模糊、不确定是生态系统的重要特征之一，边界重构在商业演化中不断发生。

　　中国互联网络信息中心发布的第 45 次《中国互联网络发展状况统计报告》显示，截至 2020 年 3 月，我国网民数量为 9.04 亿，互联网普及率达 64.5%。数字化正在以不同的速度和形式影响着各个行业（见图 6-1）。

　　在图 6-1 中，**根据数字化进程和数字化的影响程度两个维度划分，任何一家企业，要么成为数字化颠覆者，要么成为数字化转型者。**在数字化进程中，媒体、物流及出行、零售、消费品行业将成为数字化价值链的主导者；银行、通信、农业、汽车、医疗、能源等行业的价值链不断被数字化颠覆；此外，数字化还为建筑和公共行业提供了附加值。

　　中国在 2016 年的《G20 数字经济发展与合作倡议》中指出："数字经济是指以使用数字化的知识和信息作为关键生产要素、以现代信息网络作为重要载体、以信息通信技术的有效使用作为效率提升和经济结构优化的重要推动力的一系列经济活动。"数字经济正以一种前所未有的速度，通过大数据（数字化知识与信息）引导和实现资源的快速配置和再生，推

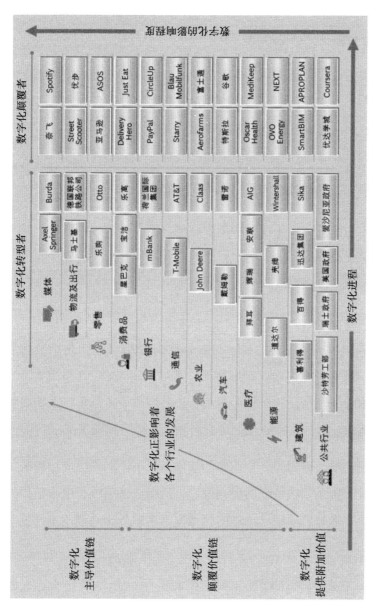

图 6-1 数字化带来的行业深刻变革

资料来源：彭博社。

动经济高质量发展。任何直接或间接运用数据引导资源发挥作用、推动生产力发展的经济，都可以被认为是广义的"数字经济"。其中，"新零售"和"新制造"是数字经济的典型代表。

蓬勃发展的数字经济不断重构着产业与行业的边界，重构着消费者与生产者的边界，重构着企业与顾客的边界。数字化转型者与数字化颠覆者的创新实践，归结为以下两个根本的转变，从而达成边界重构。

根本转变一：从"规模优势"到"范围经济"

正如我们在第三章中所探讨的范围经济与协同共生效应优势，新的经济范式演变进一步降低了边际成本，亿万消费者转变为产消者，数十亿人民和数百万组织连接到物联网，人类以全球协同共享的方式进行全新的经济生活，新经济生活带来新经济范式——范围经济。

规模经济和范围经济的主要区别在于，"规模经济是指在一个给定的技术水平上，随着规模扩大，产出增加，平均成本（单位产出成本）逐步下降。而范围经济是指在同一核心专长下，各项活动多样化，多项活动共享一种核心专长，从而使得各项活动费用降低和经济效益提高"。

规模经济的核心逻辑是，在给定的技术水平上，由产出增加带来单位成本下降，其本质是规模带来的协同效应；范围经济的核心逻辑是，共享核心技术进步，带来各项活动成本的降低，其本质是由共享技术进步带来的"1+1>2"的协同效应。

数字巨头在打破传统行业边界、组合不同行业的商业模式、优势企业组合方面具有天然的优势，因此有机会构建基于制造商、服务提供商、解决方案架构商、平台提供商之间联系的，具备网络效应的商业生态系统。这些传统行业的边界一旦被打破，创新性的解决方案将会不断涌现。

根本转变二：从"有形边界"到"行业融合"

数字经济是一种速度型经济，不仅通过实时传递、处理、应用信息突破了空间和时间的限制，而且由于信息技术、网络技术的高渗透性功能，信息服务业迅速向第一、第二、第三产业扩张，模糊了三个产业之间的界限，甚至逐渐出现第一、第二、第三产业边界融合的趋势。在这样的趋势下，每个企业都以参与者或构建者的身份，嵌入到各种生态系统之中，在新的商业逻辑下，行业边界与企业边界不断调整、拓展、交叉、融合与重构。

正如《新资本主义宣言》（*The New Capitalist Manifesto*）的作者乌玛尔·哈克（Umair Haque）所言，协同经济具有"致命的破坏性"，他认为："如果那些被证实成为消费者的群体消费减少10%，而对等的共享增加10%，那么，传统行业的利润率就将受到更为严重的影响……也就是说，某些行业必须转型，否则就会被淘汰。"

企业必须用数字化逻辑重新审视其所处行业的边界。以传统的汽车制造企业为例，这些车企一直处在与汽车制造相关的产业链构建的生态系统中，但是随着技术的发展，其生态空间开始逐步拓展至电信运营商、云服务提供商等构建的与远程信息技术相关的生态系统。伴随着数字巨头的崛起，移动应用技术开始赋予汽车行业新的内涵，其生态空间逐步转向城市交通运输生态系统。随着技术的发展，传统汽车行业的边界处在动态拓展和边界重构之中，在这个过程中，能够理解并运用边界重构的企业，就能获得重塑行业的巨大价值。造车新势力特斯拉就是典型代表。

埃隆·马斯克（Elon Musk）于 2004 年向特斯拉投资 630 万美元并担任公司董事长。特斯拉有多个"首创"和"与众不同"，2020 年美国知名科技新闻平台《商业内幕》（*Business Insider*）首次刊登了特斯拉第一份内部员工手册——《不是手册的手册》（*Anti-Handbook Handbook*）的相关信息。这份员工手册仅有 4 页，其中有如下描述："我们是特斯拉人。我们将改变世界。我们愿意重新思考一切事物……我们与众不同，我们喜欢这样的自己。正是与众不同，才让我们拔新领异，完成在其他人眼中不可能的任务。"[⊖]

特斯拉的使命是"加速世界向可持续能源的转变"[⊜]，长期愿景是解决"处于行业交叉点上的问题——能源、交通、移动性以及家居舒适性"。特斯拉是属于智能电网行业还是锂电池行业呢？两者都不是，特斯拉将电池和快速充电站相结合，在推动汽车行业由燃油车向电动车转型的过程中，扮演着至关重要的角色。从传统意义上讲，特斯拉是一家汽车制造商，因为它与通用、福特或是宝马一样从事汽车设计、研发和制造工作，但特斯拉的行业边界又不仅仅局限于汽车制造，用特斯拉自己的定位来说，"特斯拉不仅是一个汽车制造商，还是一家专注于能源创新的技术与设计公司"[⊗]。众所周知，能源创新并非一个传统意义上的行业，因而没有明确的行业边界定义和行业竞争对手，而特斯拉的发展也在不断影响着行业交叉领域的游戏规则。

腾讯数次登上波士顿咨询公司发布的"全球最具创新力企业榜单"，这源于腾讯不断围绕"连接器"的整体战略，它用"互联网+"的方式去连接一切，创新性地融合了消费互联网和产业互联网的边界。在互联网

⊖ Bill Murphy Jr. 特斯拉最新员工手册泄露：这些理念也太"马斯克"了 . [EB/OL].（2020-02-21）. https://www.oktesla.cn/2020/02/40705.html.

⊜ 参见特斯拉官网（https://www.tesla.cn/about）。

⊗ 文卡查曼 . 数字化决策 [M]. 广东人民出版社，2018.

上半场，腾讯通过"连接"为用户提供了优质服务，下半场腾讯则以此为基础，助力消费者和产业形成更具开放性的新型生态。在创建 20 周年时，腾讯又启动了新一轮的整体战略升级，在连接人、连接服务、连接数字内容的基础上，进一步探索三者的未来融合，促进消费互联网向产业互联网转型升级。但在"两张网"生态的构建过程中，有一个不会被触动的边界，即合作伙伴的利益。在互联网撬动和赋能传统行业市场的同时，腾讯的边界拓展能力不断释放出价值。迄今为止，腾讯已深入布局至教育、零售、医疗、出行、金融、工业、文旅等九大领域○，探索出消费互联网和产业互联网融合与创新的新途径、新方式、新动能。腾讯主要聚焦通信社交平台等业务，通过数据开放、云平台等提供连接，与其合作伙伴共筑生态，赋能传统行业在腾讯生态中协同、共生、共创。在扎根消费互联网、拥抱产业互联网的前进方向上，腾讯已拥有数百万合作伙伴和数亿用户。

基于数字技术的创新逐渐消除了行业界限与时空边界。海尔的开放生态为物联网技术与跨行业、跨领域的创新与应用提供了土壤，让海尔越来越"无界"，实现全链路创新。全链路创新是指以客户为中心，将管理、技术、数据、产品、财务、模式等方面的所有创新都协同起来。海尔集团总裁周云杰强调，全链路创新的"元技术"就是"人单合一"模式，它是全链路创新的管理"芯片"，也已经成为物联网时代的管理"芯片"。○

2019 年，海尔宣布正式开启第六个战略阶段——生态品牌战略阶段。海尔生态品牌的核心是用户，目标是创建物联网生态品牌，实现"共进化"的生态管理。在上海、香港、法兰克福三地上市的海尔智家推出了首

○　热讯网. 腾讯张立军：探索"两张网"创新和融合，做生态共建者 [EB/OL].（2019-10-21）. http://biz.ifeng.com/c/7qw0sSiI1Fp.

○　海尔集团. BrandZ 中国榜 10 周年海尔总裁周云杰解读物联网时代品牌创新之路 [EB/OL].（2020-10-16）. https://www.haier.com/press-events/news/20201016_149396.shtml.

个涵盖场景体验、交互、迭代的体验云众播平台，引领"场景集成产品，生态覆盖行业"[⊖]的转型。海尔从 2012 年开始打造的 COSMOPlat，是能很好地承接生态品牌战略的工具，也是全球首家引入用户全流程参与体验的工业互联网平台。在信息化的基础上，COSMOPlat 利用制造技术与信息技术打通了以往相互隔离的信息系统，将端到端的距离变为零，实现全流程、全链路打通。

目前，COSMOPlat 已形成了较成熟的工业机理模型、数字孪生体、安全防护体系等，并可以进行跨行业、跨领域复制。这使得 COSMOPlat 能更高效率地配置资源，更好地为平台上的企业赋能。用周云杰的话来说："卡奥斯已经成为企业转型的加速器，它既能提升上平台企业的生产力，让企业提质、降本、增效；又能提升上平台企业的生态力，让它们不断创新，做大用户、做强生态、做新模式。"

基于 COSMOPlat，海尔建设了衣联网、食联网、车联网等生态。其中，衣联网生态覆盖了服装、家纺、洗衣液、皮革等 13 个行业，实现了从一台洗衣机到洗衣服务，再到全流程智能洗护体验的迭代[⊜]，目前已吸引服装品牌、洗衣机品牌、洗护用品、RFID 物联技术等国内外 5300 余家生态资源方加入。[⊜]而在食联网生态中，为了更好地满足不断迭代的用户需求，海尔食联网平台不断吸引全产业链的伙伴参与，如"烤鸭革命"中的养殖户、厨师、加工企业、厨电冰箱制造商、物流、烤鸭辅料生产商等。通过厨艺数字化、菜品标准化、家电物联化等一系列平台赋能，海尔食联

⊖ 海尔人多用"场景替代产品，生态覆盖行业"。我们在海尔调研后认为，用"集成"更为合适，产品并没有被替换，而是以集成的形式出现。

⊜ 程冠军，等. 海尔工业互联网平台：企业领导力的一场革命. [EB/OL].（2019-04-10）. https://www.sohu.com/a/306944216_641696.

⊜ 螳螂财经. 海尔智家 2019 年营收增长 9.05%，市场份额提升，行业地位进一步巩固 [EB/OL].（2020-04-30）. https://xueqiu.com/8405248159/148302309.

网不断满足各方需求，让用户在家也能体验厨艺大师的感觉。在物联网时代，海尔食联网可以让食材更新鲜，让烹饪更简单，让生活更有趣。[一]在车联网中，COSMOPlat 也整合了车辆供应商、战略伙伴及客户，让他们在各阶段都能直接互动，开展由用户主导的个性化智慧方案。到 2019 年，COSMOPlat 已为 15 大行业提供了软硬一体的综合解决方案，实现了生态方的共进化。[二]COSMOPlat 完全开放，全球任何企业都能在平台上共生长、共进化，共享协同成果。

价值链接

价值链接是协同共生价值重构的第三个关键影响因素，这一关键影响因素决定企业如何获得价值网的重构利润，为此管理者要了解如何避开协同效应的陷阱，以及怎样识别价值链机会。

我们先一起重温波特 1985 年在《竞争优势》（*Competitive Advantage*）中提出的"价值链分析法"。波特认为，"每一家企业都是在设计、生产、销售、发送和辅助其产品的过程中进行种种活动的集合体。所有这些活动可以用一个价值链来表明。"[三]

波特将企业内外价值增加的活动分为基本活动和支持活动，企业的价值链由以上两类活动构成。基本活动和支持活动互不相同但又相互关联的生产经营活动，构成了一个创造价值的动态过程，即价值链（见图 6-2）。

[一] 海尔微信公众号. 这场直指家宴的烤鸭革命，真香！[EB/OL].（2020-12-10）. https://www.haier.com/haier-ecosystem/list/20201210_151220.shtml.

[二] 上官梦露. 海尔智家 2019 年营收、利润稳健增长生态品牌释放转型潜力. [EB/OL].（2020-04-30）. http://finance.sina.com.cn/stock/relnews/cn/2020-04-30/doc-iirczymi9248440.shtml.

[三] 波特. 竞争优势 [M]. 北京：中信出版社，2014.

基本活动是涉及产品或服务的创造、销售、售后等的各种活动，而支持活动是辅助基本活动的，具体通过采购、技术、人力等方面的各种基础设施和职能实现。[⊖]在理解波特的"价值链分析方法"时，有一点特别值得关注，就是波特提供了一种可以识别协同陷阱和协同机会的方法，以期帮助经理们在识别潜在效益时更好地做出判断。[⊖]下面我们来看看为什么要识别协同效应陷阱，以及如何实现价值链识别机会。

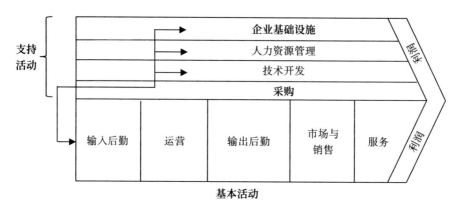

图 6-2   波特的"价值链"

协同效应陷阱

在企业管理实践中，"协同战略"给不同公司带来的影响差异极大，一些公司取得了巨大成功，但大部分公司却因为实行多元协同战略而陷入困境。通过进一步观察，学者们发现，当在同行业（如制造业、消费品行业等）进行多元化运作时，公司一般能取得职能领域间的正协同效应，但当进行跨行业的多元化战略时，往往只能获得职能领域间较少的协同效应，甚至是负协同效应，这是由不同行业的组织方式、成本控制及技能差

⊖   波特 . 竞争优势 [M]. 陈丽芳，译 . 北京：中信出版社，2014.
⊖   坎贝尔，卢克斯 . 战略协同 [M]. 任通海，龙大伟，译 . 北京：机械工业出版社，2000.

异所决定的。[⊖]

　　波特对《财富》世界 500 强中的公司进行了研究，结果表明，当公司收购与自身核心业务无关的企业时，它往往缺乏相应的整合能力，因而在并购 5 年后，其中 70% 以上的公司又将这些并购的业务重新剥离。[⊜]安索夫在《植入战略管理》中指出，过去 20 年的经验表明，当一家企业实施多元化战略进入另一个行业，但该行业的环境动荡性与该企业原来所处的经营环境不一样时，管理协同很容易产生负面效应。[⊜]

　　为什么企业会面临如此高的协同失败率？马克·赛罗沃在《协同效应的陷阱》中，将协同效应定义为"竞争力增强，使得现金流量超过两家公司各自预期达到的水平"，并认为尽管并购可能成为公司价值开发和创造的一个有效手段，但是在进行公司兼并的前期、中期、后期都存在着巨大的风险和管理挑战，主要原因是高级管理人员在追求可能"并不存在或无法实现的协同效应"，并愿意为收购目标"支付过高的价格"。[⊗]

　　马克·赛罗沃曾引用数据表示，公司 60% ～ 70% 的协同是失败的。毕马威发布的新研究数据也同样支持了协同的高失败率，并且这一比例达到了惊人的 83%。麦肯锡公司发现，61% 的并购计划是失败的，因为并购战略并未达到预期的资本回报。波士顿公司的研究表明，在并购之前，10 家公司中有 8 家公司，甚至都没有考虑过将会如何被并购公司融入其业务之中。

⊖　Ansoff H I，Weston J F. Merger objectives and organization structure[J]. Quarterly Review of Economics and Business，1962：49-58.

⊜　Poter M. From competitive advantage to corporate strategy [J]. Harvard Business Review，1987，65（3）：43-59.

⊜　Ansoff H I. Implanting strategic management [M]. New York: Prentice Hall，1984.

⊗　赛罗沃. 协同效应的陷阱 [M]. 杨炯，译. 上海：上海远东出版社，2001.

所有这些研究和实践表明，协同效应陷阱是必须正视的情况，如果不能识别协同效应陷阱，就无法获得协同价值，甚至反而会导致更大的价值损耗。避开协同效应陷阱，需要找到价值链上的协同机会。

价值链机会识别

为了深入剖析协同价值区间的内在逻辑，我们继续运用波特的价值链分析法。波特在对有形关联（如业务行为共享）进行阐述的过程中明确指出，在价值链的各个环节可以实现的共享业务的主要类型中，必要的妥协能促进共享的价值溢出。此外，波特认为协同并非只有一种含义，因此，他把业务单元之间的关联分为有形关联、无形关联和竞争性关联⊖。

在三种关联中，波特分析了有形关联和无形关联两种关联的协同效应。有形关联是指具有共同的客户、渠道、技术和其他因素，使得相关业务单元有机会对价值链上的活动进行共享。一个业务单元可以与同一企业内部的其他业务单元共享任何价值活动，包括基础活动和支持活动。在对支持活动中采购关联、技术关联、基础设施关联、生产关联、市场关联采用的共享形式进行识别的过程中，一定要参考协调、妥协和刚性成本，只有这样，才能确定共享所带来的协同价值优势。相对波特对有形关联所采取的态度而言，波特在无形关联方面（如管理技能共享）的表述特别谨慎，他认为在这一领域内恰恰是企业犯错误最多的部分。

波特关于有形关联和无形关联的协同效应分析给我们提供了帮助，让我们认识到，组织内部各业务单元之间共同的市场、销售渠道、运营等基本活动，以及共同的技术、人力、采购、基础设施等支持活动，能够让组

⊖   无形关联涉及不同价值链之间管理技巧的传播，竞争性关联源于在多个国家中实际的或潜在的竞争对手的存在。

织内部各业务单元在价值链上展开活动共享，组织内部基于有形关联的协同效应也由此而产生。

　　一旦组织内部产生协同效应，并且由此获得的相对其竞争对手的优势大于其付出的协同成本时，将产生基于组织内业务间有形关联的协同利润，而且这种协同效应在技术、渠道等协同方面的成效更加显著（见图 6-3）。

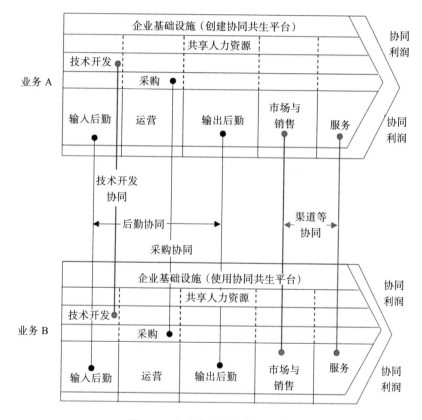

图 6-3　企业内业务间协同示意图

　　我们从技术协同与渠道等协同两项基本职能出发，理解阿里巴巴旗下的钉钉以及腾讯旗下的企业微信的相关价值活动。钉钉与企业微信都是以技术平台作为协同工作赋能的企业，同时它们以各自拥有的数据和服务，帮助其协同伙伴开展营销工作，并使得这些协同伙伴获得了自身不具有的新价值空间。

重新审视"企业内外协同价值创造"活动，探索企业可能存在的新利润区间时，我们会蓦然发现，基于不同企业内外价值增加的活动协同产生的协同价值差异极大。企业在参与价值活动时，不是所有环节都能产生有效的价值创造，而只有真正创造价值的活动，才是价值链上的"战略活动"。企业的核心优势也源于战略活动的优势。

拓展至企业群的价值链整合战略，该结论也同样适用。研究发现，市场营销和研究开发在价值链中所占价值比较低的企业，只能实现低于平均水平的协同效应；相反，如果一个企业群的市场营销和研究开发在价值链中所占的比重较大，那么该企业群通常可以获得高于一般水平的协同效应。[⊖]

"价值网"利润重构

在了解了协同效应陷阱以及价值链识别机会的相关内容后，接下来我们需要探讨"价值网"利润重构的问题。

"价值网"概念是 1988 年由亚德里安·斯莱沃斯基（Adrain J. Slywotzky）在《利润区》（*The Profit Zone*）[⊖]一书中提出的。他认为，由于外部环境的变化，特别是顾客需求、国际互联网等的冲击，企业应该从传统供应链/价值链转变为"价值网"。

⊖　Buzzell R D，Gale B T. The PIMS principless： linking strategy to performance [M]. New York：The Free Press，1987.

⊖　本书又译作《发现利润区》。

　　我们的观点与亚德里安·斯莱沃斯基等在书中提出的观点一致。传统价值链的出发点是企业的核心竞争力，而现代价值链的出发点已转变为客户，企业需要关注客户的需求和偏好，并使客户成为价值链上的第一个环节，其他环节则围绕着客户需求而调整（见图6-4）。在新的价值链中，有形关联与无形关联频繁发生，并且在互动之中形成协同共生效应，更重要的是价值链识别机会更活跃，"战略活动"分布在价值链的各个环节，不仅是传统意义上的技术协同与渠道协同，围绕顾客需求的各个环节都发挥着协同作用。

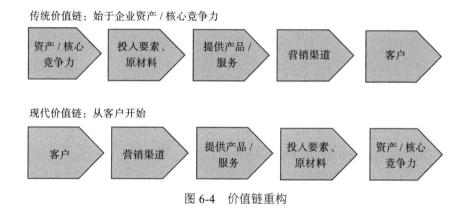

图 6-4　价值链重构

　　价值网与价值链的最大区别在于：第一，价值网明确顾客在价值网中居于中心地位。整个网络的构建都必须围绕顾客需求展开，顾客是价值网络生存和发展的基础。第二，价值网突出互补者的网络增值效应。互补者对企业而言非常关键，不但帮助减少企业的自身运营成本，还能促进整个企业网的价值增值。第三，竞合关系在网络中普遍存在。竞合关系不仅存在于企业和供应商、互补者、顾客之间，也存在于企业和竞争者之间。网络内的联盟与协同合作可以使价值网成员将焦点放在满足客户需求上，共同进行价值创造并确保各方利益，竞争压力也能由此得到缓解。

在价值网中，网络价值的创造和传递是多个企业、顾客、战略伙伴或供应商的复杂动态交易过程。[一][二]价值网是一种创新的商务模式，它基于客户需要构建灵活柔性的供应体系，强调通过数字技术实现各方的无缝链接，以释放"隐藏／锁定"的利润空间。[三]价值网模型强调的是，以顾客为中心的需求拉动整个网络，构建的核心要素是顾客价值、核心能力和相互关系。[四]《竞合》（Co-opetition）一书着重提出了企业间的合作双赢和共生观念，并在此基础上构建了包含顾客、供应商、竞争者、互补者的价值增值网络。[五]

随着数字技术的发展，企业之间的联系愈发紧密，越来越多的企业形成生态网络组织，由价值链演变为价值网；组织开始实施以敏捷与智慧为核心特征的价值网构建，通过数字技术来实现高效的价值网战略。信息与技术共享是价值网协同共生管理的基石，它能为合作伙伴提供准确、及时的数据与信息，这是企业间进行高效的资源分析、信息共享及共同决策的基础。

随着技术的继续发展，企业借助数字技术，从"＋互联网"到"互联网＋"，从"＋人工智能"到"人工智能＋"，在这个过程中，企业不断实现电子化、信息化、网络化、数字化等。信息技术可以将任何主体进行"链接"，形成高效率的价值网，以更低的成本、更广泛的联动，产生更大的组织效能。

[一] Allee V. Reconfiguring the value network [J]. Journal of Business Strategy，2000，21（4）：36-39.

[二] Allee V. Value network analysis and value conversion of tangible and intangible assets [J]. Journal of Intellectual Capital，2008，9（1）：5-24.

[三] Bovetd M J. Value nets: breaking the supply chain to unlock hidden profits [M]. New York: John Wiley & Sons，2000.

[四] Kothandaraman P，Wilson T. The future of competition: value-creating networks [J]. Industrial Marketing Management，2001，30（4）：379-389.

[五] Nalebuff B，Brandenburge A，Maulana A. Co-opetition [M]. London: Harper Collins Business，1996.

平台穿透

正如我们在前面所介绍的，企业边界和行业边界越来越模糊，数字技术使企业与顾客及其伙伴更容易连接在一起，创造出比单一企业更高的价值。因此，一种不同于工业世界的组织模式开始形成，人们将其称为平台型组织。"平台"所具有的独特性，是能够与其他企业组合在一起，重构产业价值，或者创新产业价值。

戴维·埃文斯（Dai Evans）与理查德·施马兰西（Richard Schmalensee）在《撮合者》（*Matchmakers*）中表示，平台"具有一种与生俱来的多边性，因为它可以为两个或更多群组聚合在一起提供物理空间或虚拟空间"。今天的企业经营者已经很明确地知道，任何一种价值创造和价值获取，只有通过与其他企业的关联才能实现。甚至管理者们不得不承认，企业要么自己成为平台，要么连接在一个平台上，这是必须做出的选择。平台与连通的企业进行技术整合，能够协同实现未被满足的市场需求，甚至创造出顾客的新需求和新的价值空间；平台之所以能够释放出巨大能量，恰恰是因为其能够重构行业价值，产生协同共生新价值。

实现平台价值，需要解决以下四个问题：一是协同平台与组织间的信任，二是平台技术和知识的"外溢"管理，三是平台多价值主体"协同共生"，四是"客户导向"的平台价值重构。

平台与组织间的信任

《平台革命：改变世界的商业模式》提出"平台正在吞噬整个世界"[⊖]，

⊖ 帕克，埃尔斯泰恩，邱达利. 平台革命：改变世界的商业模式 [M]. 志鹏，译. 北京：机械工业出版社，2017.

当世界联系越来越紧密的时候，能更好地利用平台力量的企业将获胜。IBM 商业价值研究院在《平台经济》中提出业务流程平台是平台中的一种。[一]有软件企业以 1000 名员工的企业组织为例，对其使用业务流程平台前后的成效进行对比，结果发现，使用平台后，这个企业组织可以获得成本和效率两方面的成效。[二]平台打破了资源（财、物、信息等）之间的壁垒，能更高效地进行各种组合，实现系统目标。

德勤与专家团队合作公布了一项调研结果，基于经济活动，公司被分为四类：资本构建者、服务供应商、技术创造者、网络协作者（平台）。[三]在以上四种角色中，网络协作者创造的价值最高，从市场乘数（基于公司市场价值和市盈率之间的关系）的角度，资本构建者可以获得 2.6 倍的市场乘数，服务供应商可以获得 2.6 倍的市场乘数，技术创造者的市场乘数也仅为 4.8 倍，而网络协作者的市场乘数却高达 8.2 倍。由此可见，网络协作者通过网络效应产生的平台价值是巨大的。事实也是如此，微软、亚马逊、苹果和谷歌这四家市值超过万亿美元的公司，都是拥有平台技术的网络协作者，而中国两家进入全球市值前 10 的公司阿里巴巴和腾讯，也都是平台技术的网络协作者。

⊖　平台分为三种类型，第一种是市场平台，支持全球多个参与者在彼此之间进行可信的交易，促进制定维持信任和安全的标准；第二种是业务流程平台，支持用户优化所有业务和职能构成要素的价值，利用最新技术重新配置工作流程；第三种是技术平台，支持用户获得更安全、更永续的基础架构，在规模驱动的敏捷型"即服务"经济中获得成功，如云基础架构提供商、采用新型云技术的传统外包提供商。

⊜　上海泛微网络科技有限公司. 协同管理平台 OA 原理·设计·应用：构建组织的电子生态体系 [M]. 上海：上海交通大学出版社，2011.

⊜　资本构建者是指用于实体物品交付的实物资产，如福特、沃尔玛；服务供应商是指雇用员工向顾客提供服务，如埃森哲咨询公司；技术创造者是指研发并售卖各种形式的知识产权，如微软；网络协作者是指开发网络让人们和公司一起创造价值。参考帕克，埃尔斯泰恩，邱达利. 平台革命：改变世界的商业模式 [M]. 志鹏，译. 北京：机械工业出版社，2017.

为什么这些平台型的企业具有如此高的价值？因为它们以平台技术协同不同行业的企业形成共生价值，其背后的驱动力量，正是平台带来的组织间信任。换个角度说，正是因为技术平台增强了组织间的信任，才有了协同共生新价值所依赖的基础。对联盟、供应链、平台等领域中的信任研究进行总结，我们发现，信任能带来直接经济效应，如绩效提升、成本降低、战略灵活，也能产生积极的"溢出效应"，如提升组织间的承诺感、互依性、契约灵活性、创新性，以及促进知识分享、联合行动等（见表 6-1）。

表 6-1　联盟、供应链、平台信任研究总结

	联盟 / 战略联盟	供应链	平台 / 创新平台
研究主题	治理结构、前因与结果等	治理结构、前因与结果等	信息技术等
信任来源	个体信任、关系纽带、声誉、外部干预等	关系、信息管理、公平感等	技术保障、IT 基础设施、感知有效性等
信任结果	承诺、知识/资源分享、合作、绩效、社会资本等	承诺感、绩效、知识分享等	产品/服务采用等
信任理论机制	交易成本、社会交换、资源基础观、动机理论等	交易成本、社会交换、资源基础与依赖观、信任承诺、关系治理等	交易成本等

资料来源：刘超，陈春花，刘军，等. 组织间信任的研究述评与未来展望 [J]. 学术研究，2020（03）：95-104.

我们以阿里巴巴为例。马云曾说，"过去 14 年阿里巴巴每天在做的事情，就是建立信任""每天 2400 万笔的淘宝交易，意味着在中国有 2400 万个信任在流转着"。正是基于技术平台的信任，2020 年的"双 11"购物节，半小时内阿里巴巴的交易额就达到了 3273 亿元，超过了 2019 年"双 11"一天的交易额。2020 年订单创建交易峰值（58.3 万笔/秒）是 2009 年（0.04 万笔/秒）的约 1457 倍。我们可以从阿里巴巴"双 11"10 年的

发展数据，看到技术平台构建信任所带来的价值增长（见图 6-5）。

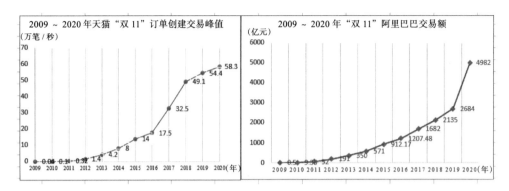

图 6-5   阿里巴巴 2009～2020 年相关业务数据

注：绘图数据来自新华社官方账号、光明网。

任正非在多个场合谈道："华为承诺，将构建并全面实施端到端的全球网络安全保障体系作为公司的重要发展战略之一，将公司对网络和业务安全性保障的责任置于公司的商业利益之上。"MRS（Market Research Society）Delphi Group 在 2018 年发布的《技术对客户信任的影响》表明，技术至少在五个方面对信任产生影响。第一，最重要的就是提供安全和保护，这可以通过加密、身份管理及区块链管理等手段。第二，技术可以在组织内部或整个供应链系统创建结构或流程，以加深不同关系之间的信任。第三，技术能让品牌与消费者之间自动地分享更多的信息，无论这些信息对于品牌是有益的还是有害的。第四，技术可以创建、整合供需双方的平台，而且双方都能自由评价对方。第五，应用人工智能技术能更好地理解我们自己及有关行为。

在 MRS Delphi Group 2018 年的研究报告中，针对手机业、银行业、零售业、时尚业、媒体业、交通业及公共服务业等七个行业，个人对信息安全、服务、标准、个人风险等进行了信任感知评价（见图 6-6）。

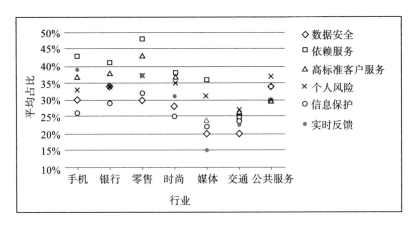

图 6-6　科技对消费者的信任影响

注：数据点显示各行业对信任驱动因素的看法，基于该行业六个品牌的平均得分。

资料来源：199IT 网 . MRS Delphi Group ：科技对消费者信任的影响 [EB/OL].（2018-03-22）. http://www.199it.com/archives/700680.html.

　　根据这项研究得出的几个发现如下：第一，个人数据的安全性对组织信任的影响最大，在七个行业中有多个行业排在第一位。第二，网络零售商是最值得信任的，在影响信任度的各个方面都非常值得信任。第三，和10 年前相比，高于平均分的组织的信任度增长了170%。第四，技术信任的三个重点方向分别是数据安全保障、数据透明性与强有力的客户服务。在我们所做的有关技术对组织间信任的研究中同样发现，数字技术除了直接影响信任的产生及发展外，还能通过技术特点增强其他因素对信任的正向影响作用。[注]

平台技术和知识的“外溢”管理

　　海尔的“人单合一”模式以工业互联网平台为基础，创建物联网下

　　[注]　刘超，陈春花，刘军，等 . 组织间信任的研究述评与未来展望 [J]. 学术研究，2020（03）：95-104.

的共创共赢平台，同时解决了大规模生产与个性化定制的矛盾及企业边际效应递减的两大问题。海尔更是在并购 GEA（通用电气家电）后，结合自身管理经验实现了数倍营业额增长。GEA 为海尔贡献净利润 11.6 亿元[⊖]。

　　按照国际分析机构的评估报告，企业交易前的协作和交易后的管理，贡献 80% 以上的价值，而传统、单一的模式，其实只是释放了整体价值的 20%。[⊜]很多企业将关注点更多地放在交易本身，其实忽略了交易前的长时间协作过程，以及交易完成后的文档管理、知识管理等方面。前者是业务前期的价值创造过程，后者则是价值创造的经验沉淀。**协同平台效能实现的核心，就是将沉淀在企业交易前后的 80% 价值激发出来，形成技术和知识的"外溢"管理。**

　　德国西门子花费五年时间，投入近 10 亿欧元，打造名为"next 47"（下一个 47）的新独立业务部门。该部门设立的初衷是为了更好地与内部员工、外部创业公司、其他传统企业合作，共同加快颠覆性技术的市场应用，从而助力西门子与其他工业巨头的竞争。next 47 于 2016 年 12 月正式投入运营，目前 next 47 的投资重点为人工智能、机器人、物联网、数据智能、3D 打印制造等热门领域，旨在在全球范围内探索科技创新，培育与催化创业公司，并为其输送西门子专家的经验和技术，通过投资、辅导、咨询等服务，用西门子的全球资源帮助这些企业顺利进入全球市场。[⊜]next 47 将办事处设在慕尼黑、伯克利、波士顿、北京、上海等，进行全球布局。

⊖　厨电参考 . GEA 贡献巨大，海尔厨卫产品半年营收 131.62 亿 .[EB/OL].（2020-09-15）. http://www.360doc.com/content/20/0915/05/71562938_935686295.shtml.

⊜　杜栋 . 协同管理系统 [M]. 北京：清华大学出版社，2008.

⊜　腾讯科技 . 西门子成立新业务部门 next 47，专注投资初创企业并大力发展中国市场 . [EB/OL].（2016-12-19）. https://tech.qq.com/a/20161219/038661.htm.

　　组织情境下的协同共生具体包含人与人之间的协同、系统和系统之间的协同、数据资源之间的协同、多种终端设备之间的协同、多种应用场景之间的协同、机器和人之间的协同、多个组织之间的协同等，能够进行全方位的平台穿透和对外输出与赋能。基于技术和知识的"外溢"管理，平台化成为跨组织协同实现价值创造的新模式。平台实现了高差异性组织的优势资源集聚与整合，引导组织成长方式从单一企业为核心的竞争模式转向以平台为主导的多主体协同共生模式。

平台多价值主体"协同共生"

　　平台模式的核心是协同共享，随着网络用户的增加呈现指数级增长[一]，庞大的线上人群为平台型企业提供了巨大的空间，平台模式逐渐成为互联网产业发展的主流模式，并颠覆了传统的商业模式与管理方式。

　　平台数字化颠覆分为两个阶段：第一阶段，效率高的企业淘汰效率低的企业；第二阶段，平台吞噬传统商业模式。在平台商业模式中，平台是连接者、匹配者和市场设计者，极大地改变了商业、经济和社会。在任何一个行业中，只要信息是其重要的组成部分，该行业就是平台革命的候选者，[二]平台革命开始席卷整个商业世界。

　　平台企业在数字技术的驱动下开启了横向和纵向整合热潮，无论哪一个行业被触及，都意味着行业边界有可能被重塑；每一次重塑都蕴含着颠覆性的力量。2018年财富中文网在全球同步发布最新《财富》世界500强排行榜，京东排名第181位，较2017年提升了80名；阿里巴巴位列第

〇　中国互联网络信息中心在2018年发布的报告显示，中国的互联网用户数已经超过了日本、俄罗斯、墨西哥和美国的人口总和。

〇　帕克，埃尔斯泰恩，邱达利.平台革命：改变世界的商业模式[M].志鹏，译.北京：机械工业出版社，2017.

300 位，较上一年提升了 162 名。财富中文网方面表示，或许只有中国互联网公司才能够拥有如此巨大的提升幅度。

在数字技术背景下，企业只有两个选择，要么构建平台（成为构建者），要么加入一个平台（成为参与者）。作为平台构建者，企业需要协调生态系统的众多参与者，为顾客创造无缝价值（Seamless Value）；作为平台参与者，企业需要提供一个或者多个组成部分，提供不可替代的核心价值贡献。

协同共生平台最终要以系统效率最优作为出发点和落脚点，因而在一定程度上需要保障平台成员的规范统一性、连接最优化和整体高效性。所以，**协同共生平台应该具有主体多样性、效率高效性、资源易得性、成果共享性、创新持续性的特点。**协同共生平台聚合了多价值主体，在多主体范围内实现资源的重新配置及优化。由于多价值主体在一个平台上，彼此之间因契约或非契约的形式达成信任，通过多主体的有效交流获得较好的人力、资金、信息、技术等资源，能够系统性地提升平台的整体效率。

以中国两家最大的电商平台阿里巴巴和京东为例，早在 2017 年的"双 11"中，它们的销售额就双双突破千亿元。京东打造的"京东家庭智能终端产业协同创新中心""清华 x-lab 校企协同创新计划""沃尔沃 × 京东打造传统汽车业与互联网创新融合"等产业平台，集聚知名高校、科研院所、龙头企业和社团组织等主体，极大地促进了平台层面研发成果的转化、产品创新孵化以及品牌与销售渠道等的提升，各参与主体也获得极大的成长和发展。阿里巴巴也以硅谷协同中心推进全球化资源协同，精准打造海外高层次人才创新创业项目的跨境孵化平台、海外研发中心合作平台等，实现平台引领下的竞争优势。

"客户导向"的平台价值重构

无论是平台技术带来的组织间信任、知识外溢管理,还是多价值主体的协同共生,最终都是要能为客户创造可感知的价值。

在平台驱动下,顾客需求的价值被不断地创造和释放出来。平台将多价值主体聚集在一起而产生的为顾客创造价值与创新价值的合力,是任何单一企业都无法企及的。随着出租车公司 Uber、民宿网站 Airbnb 等的涌现,数字技术融入单一产品或服务实体,引导供需端有机、高效地组合,为人们的美好生活打开了全新的空间。

在《共生:未来企业组织进化路径》一书中,我们把"顾客主义"作为打造共生型组织的四重境界之一。"顾客主义"是指真正以顾客价值为中心,顾客成为企业共生组织成员间唯一的价值集合点。1997 年亚马逊上市后,第一封致股东的信《一切只为了长期》明确表示:公司始终以顾客为中心。此后每一年亚马逊的致股东信都会在最后将其附上,以示不忘初心。亚马逊从在线销售书籍起家,经过 20 多年的发展,现在已是全球商品品种最多的网上零售商和全球第二大互联网企业,成功跻身"万亿美元市值俱乐部",而成就亚马逊的正是"以顾客为中心"的理念。这一理念一直深入影响着亚马逊的每一个关键决策。

2007 年 10 月,在接受《哈佛商业评论》杂志主编的采访时,杰夫·贝佐斯(Jeff Bezos)明确提出:"亚马逊是一家以客户需求为中心的企业,而不是像其他大多数企业那样,以竞争对手为中心。"在"是否对第三方买家开放"的讨论过程中,贝佐斯力排众议:"如果有一种商品,它的价格或者品质比我们的更好,那么我希望顾客在亚马逊上也能轻易地买到,而不是还要去其他地方很费劲地寻找。尽管这样会暂时影响我们的

利润，但从长期来看，客户的利益就是我们的利益。"不管是 Prime 会员
服务，还是引入第三方卖家的 Marketplace，或者是支持卖家的 FBA 代发
货服务，亚马逊在为顾客"多、快、好、省"四个维度上一直在持续地努
力，投放巨大的资源，哪怕牺牲短期的利益也在所不惜。[⊖]

"顾客主义"是组织成员之间价值取向的结果检验标准，也是平台价值重构的唯一出发点和落脚点。平台输入端是顾客的个性化定制，输出端是整体解决方案。在数字技术环境下，企业需要反思的问题是：**当商业模式从单边的个体价值创造向多边的协同共生价值重构转型时，如何实现自身的商业逻辑从"单独提供产品和服务"向"多边协同提供整体方案"转变是关键。**在我们已经完成的研究中，组织效率逻辑已经由"分"转向"合"，组织效率来源由"内"转向"外"，[⊜]战略的底层逻辑也从"竞争逻辑"转化为"共生逻辑"[⊜]。

在此基础上，我们发现，平台遵循着网络效应（Network Effect）、梅特卡夫定律（Metcalf' Law）、协同效应和共生效应，展开快速整合与重构。网络效应是指随着网络用户数量的增加，所有用户都能从网络规模的扩大中获得更大的价值，网络价值伴随用户数量的增加，呈现出几何级数的增长态势。在平台市场中，最大的企业（平台型企业）获得网络效应优势，网络效应帮助该类型的企业快速地扩展并衍生出新的价值，这种优势使得其他竞争企业很难与之抗衡。[⊕]网络效应代表了由科技创新驱动的新

⊖ 陈春花：顾客主义是亚马逊增长的真正驱动力 [OB/EL]. (2019-04-08). https://xw.qq.com/cmsid/20190408A04FOK/20190408A04FOK00.
⊜ 陈春花，朱丽. 协同：数字化时代组织效率的本质 [M]. 北京：机械工业出版社，2019.
⊜ 陈春花：数字化升级从改变认知开始 [EB/OL]. (2019-09-16). https://www.sohu.com/a/341141210_505841.
⊕ 本书中的网络效应指的是积极的网络效应。积极的网络效应是指巨大的、管理完善的平台能够增加为每一个平台用户创造价值的可能性。消极的网络效应是指管理不善的平台会减小为每一个平台用户创造价值的可能性。

经济现象，在存在网络效应的产业中，"先下手为强"和"赢家通吃"是市场竞争格局的重要特征。

　　梅特卡夫定律是用以阐述网络效应如何为网络参与者、网络拥有者和网络管理者创造价值的。网络价值与用户数的平方成正比，即网络价值 $V = K \times N^2$（K 为价值系数，N 为用户数量）[一]。自 20 世纪 90 年代以来，互联网不仅呈现出指数级增长态势，而且向经济和社会各个领域进行爆炸式的渗透和扩张。21 世纪，网络效应促使了很多巨型公司的产生，如 Facebook 和谷歌触及了世界逾 1/7 的人口，就是梅特卡夫定律的实例。此外，根据汇丰银行发布的报告，到 2015 年 8 月，得益于创立于 2011 年 1 月 21 日的微信，腾讯在短短四年多的时间里就达到了约 836 亿美元的市场估值，时隔一年后，其估值高达 2500 亿美元。[二]微信 2016 年的第二季度报告更显示，微信已经覆盖中国 94% 以上的智能手机，月活跃用户达到 8.06 亿，用户覆盖 200 多个国家、超过 20 种语言，各品牌的微信公众账号总数已经超过 800 万个，移动应用对接数量超过 85 000 个，广告收入增至 36.79 亿元人民币，微信支付用户则达到了 4 亿左右。[三]微信从简单的通信产品转变为复杂的业务平台，凭借着巨大的用户数量和高用户黏性，微信将价值网成员的新服务和功能不断地嵌入。通过充分利用微信海量用户群的网络效应，微信平台和平台参与者之间得以协同共生，微信巨大的商业价值也因此被激活。

　　以上这些领先企业的实践，充分显示出"客户导向"的平台价值重构所带来的各行业的巨大变化，同时也给顾客带来超乎想象的价值，更给每

㊀　具体表现是网络价值与网络节点数的平方（即与联网用户数量的平方）成正比。

㊁　企业林. 腾讯市值超 5000 亿美元，那么微信现在价值多少钱？ [EB/OL].（2018-04-12）. https://www.sohu.com/a/228022279_99932158.

㊂　刘枫. 27 亿人都在玩，智能手机覆盖率 94% 的微信你了解吗？ [EB/OL].（2017-07-19）. https://www.meipian.cn/ofcpkc7.

一个参与其中的企业带来了无限可能的成长空间。

　　我们再来看看企业微信如何发挥平台穿透的价值。企业微信助力组织外协同效率释放的核心，在于建立健康、稳定且与各主体协同共生的创新发展模式。企业微信自成立伊始就一直致力帮助各企业提升客户价值与产品体验。企业微信在构建生态伙伴关系时秉承的原则为开放共生，实现"人即服务"的理念。在 2019 腾讯全球数字生态大会上，企业微信负责人黄铁鸣表示，"经过 3 年的发展，已经有超过 17 000 家合作伙伴及超过450 万个应用系统被接入企业微信生态。目前企业微信已对外开放 13 类共 231 个 API 接口，为连接企业人、事、物提供了全面支持"。[⊖]企业微信的生态理念是开放赋能，相比于传统的 OA 竞品，企业微信充分发挥了连接内外的强大功力（见图 6-7），打造了特有的共生系统。

　　在我们的采访中，据企业微信客户昧全回忆，企业微信在宣讲时说："我们不是来卖产品的，也不收版权费。我们的关键任务就是思考如何协助你的企业，让企业微信用得更多、更好。甚至于，在你全公司都应用企业微信后，我们再探讨如何把周边、上下游都关联起来，以更好地使用企业微信。"对于客户来说，应用企业微信最大的价值，莫过于企业的每一位员工都能成为服务外部客户的窗口。在协同成长的过程中，借助伙伴企业的信息回馈，对产品进行优化和完善。

　　企业微信非常关注提升社会系统效率，关注社会、企业与政府的协同共生问题。企业微信的数字技术框架提升了政企协同效率，实现包括政府在内的多元主体价值共创模式。例如，政务微信是腾讯企业微信团队为政府提供的专属通信与办公工具，通过构建数字化能力帮助政府提升管理服

　　⊖　腾讯科技 . 企业微信亮相腾讯全球数字生态大会：将成为产业连接用户重要抓手 [EB/OL].（2019-05-22）. https://tech.qq.com/a/20190522/005454.htm.

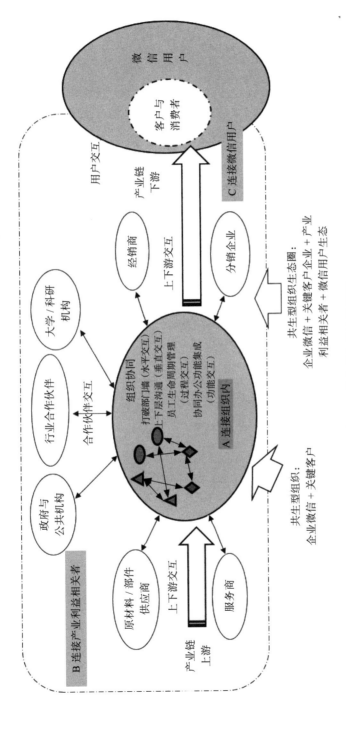

图 6-7　微信共生的连接拓展

资料来源：梅亮，陈春花，刘超．连接式共生：数字化情境下组织共生的范式涌现 [J]．科学学与科学技术管理，2021,42（04）：33-48.

务效能。一方面，在政务环境下，企业微信解决了个人微信中可能出现的信息泄露、重要文件错误转发等问题，极大地保障了数据的安全。另一方面，它改善了政务流程。信息可以通过企业微信进行高速运转与传递。最为关键的是，它能够实现与其他信息系统的集成，这样各类 IT 系统就能无缝接入，实现高效协同与共享。同时，后台数据共享的基础平台包括个人微信、政务微信与企业微信，这样从个人、企业到政府，实现了后台数据的共享，从而帮助政府、企业等为人民提供更好的协同服务，并实现智慧税务、智慧政务、智慧警务及智慧党建。正如马化腾所言，"腾讯希望提供一个连接器的基础功能，基础的组件能够把服务和用户连接起来，以及把政府拥有的庞大数据开放出来，解决'最后一公里'的问题，和用户对接起来"。

小结 ▶

协同共生价值重构
多主体增值

  熊彼特的创新理论为我们理解协同共生价值重构打开了一扇门，使我们从创新的本质去理解和确定企业价值重构的关键影响因素，以实现共生伙伴的多主体价值增值。数字技术改变了行业边界、组织协同方式，产生了新的共生空间、多主体的价值链接以及平台效应。所有这一切所聚集的方向，就是为顾客创造价值与创新价值，重构数字技术背景下的协同共生价值（见图6-8）。[⊖]

  借助数字技术，企业之间的协同方式更加多样化，共生空间也在不断拓展，协同共生价值不断重构。组织开始普遍嵌入动态"价值网"中，传统行业企业通过现有产品和服务的"边界拓展"，重塑价值创造模式；科技型创业企业通过引入新的技术工具和手段，进行基于技术引发"决策革命"的商业模式创新；数字巨头通过构建平台连接多边企业，共同为用户提供整体解决方案。

  在数字技术条件下，几乎每一家企业都开始重新审视自身的决策效率、组织边界、链接空间、商业模式。在数字化时代的平台革命中，只有改变认知才能真正理解和适应这种转变。否则，将如约翰·肯尼迪所言，"变化是人生的法则，那些只会留恋往昔或者驻足当下的人注定会错失未来"。

 ⊖ 价值网包含的主体有顾客、企业、供应商、竞争者/互补者等，图6-8将价值网和平台之间的价值重构逻辑呈现出来。

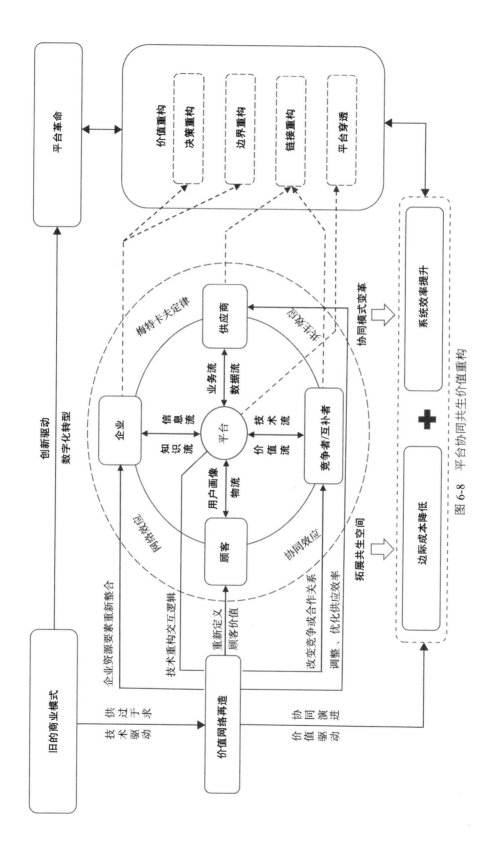

图 6-8 平台协同共生价值重构

第三部分

▲

制度与技术

第七章

协同共生中的制度创新

> 我们就是要做高校院所不适合做、企业又做不了的事，打造专业"苗圃"，冲破创新"死亡之谷"，精心培植科学成果之苗长成参天大树。
>
> ——江苏省产业技术研究院执行院长　刘庆

我们在调研中发现了一个极具特色的案例，这家机构就是江苏省产业技术研究院（简称JITRI），它所探索的是如何通过制度创新构建协同共生价值。对于协同共生中的制度创新问题，JITRI做出了积极的探索，并取得了初步的成效，所以，我们希望用一个完整的案例来加以阐述。

JITRI作为科技体制改革的"试验田"，定位于从科学到技术的转化环节，旨在通过体制机制创新，打通从"科技强"到"产业强"的通道，为江苏省的产业转型升级和未来产业发展持续提供技术支撑，助推经济高质量发展。经过近6年的改革实践，

JITRI 已有 50 多家专业研究所，各类研发人员超 6000 人，成功转化 3700 多项科技成果，衍生孵化 750 余家企业，关键核心技术申请专利 2200 多项，创造技术价值合计 200 多亿元。[一]

最近几年的企业发展与全球化竞争格局，让我们越来越明白，如果不能拥有共性关键技术，很难在发展中占据优势。共性关键技术，是指可以在多个行业或领域广泛运用，对整个或多个产业形成瓶颈式制约的技术。共性技术的发展面临两大困境，一大困境是"市场失灵"，另一大困境是"外部性"[二]的存在。要摆脱这两大困境，需要建立以企业为主体、以市场为导向、政产学研用相结合的新型研发机构，JITRI 就是这样的新型研发机构。

JITRI 采用了一种"大学—产业—政府"的混合组织模式。这一组织需要承担管理大学—产业—政府之间关系的责任，并巧妙地通过创新制度设计，进行多方资源分配、利益共享，达到协同共生。我们可以从 JITRI 的制度创新视角，来了解如何实现协同共生价值重构。

从组织生态视角将新型研发机构个体和系统相连接，我们以共性关键技术创新链条上的新型研发机构"制度创新"作为出发点，对创新链生态主体缺位，以及"围绕创新链配置资源链"的高效作用机制进行深入探索。JITRI 遵循"变异—选择—复制"的制度创新三部曲，试图识别和界定不同阶段的制度创新演化，为新型研发机构制度设计提供理论和实践层面的参考和借鉴。

自创建以来，JITRI 不断深化科技体制改革，砥砺奋进提高创新"加

速度"，进行制度创新探索。2016 年 11 月，针对 JITRI，《新华日报》头条进行了题为"深耕科技体制改革'试验田'——让'创新之苗'长成'参天大树'"的报道。国家经济的持续健康发展，必须依靠创新驱动，我国要深入推进经济和科技紧密结合，进而推动产学研深度融合。只有这样才能最终实现科技与产业的无缝对接，不断提高科技进步对经济增长的贡献度。但现实情况是，从原始创新到产品工程化的过程异常艰难，被业界俗称为"死亡之谷"。

JITRI 执行院长刘庆表示："我们就是要做高校院所不适合做、企业又做不了的事，打造专业'苗圃'，冲破创新'死亡之谷'，精心培植科学成果之苗长成参天大树。"JITRI 致力于推进科学向技术的转化，为江苏省产业转型升级和未来产业发展持续提供技术支撑，提出"将研发作为产业，将技术作为商品"的模式，通过探索一整套产业技术供给方法，构建促进技术研发与转化的创新生态"绿谷"。以上定位和模式在 JITRI 创立至今的多项体制机制创新中都有所体现。为了深入了解其内部机制，我们将 JITRI 的关键制度演进分阶段、分层次地进行形象化呈现，并把 JITRI 自筹备以来的六年发展历程具体分为三个阶段：初创筹备期、高速发展期和制度完善期（见图 7-1）。

组织体制与机制创新

JITRI 是在产业结构向知识和技术密集型产业跨越的契机下应运而生的。2013 年 8 月 6 日发布的《省政府办公厅关于成立省产业技术研究院建设工作领导小组的通知》明确指出，为了加强对省产业技术研究院建设工作的组织领导，省人民政府决定成立省产业技术研究院建设工作领导小组，组长为江苏省委常委、常务副省长，副组长为省政协副主席、省政府

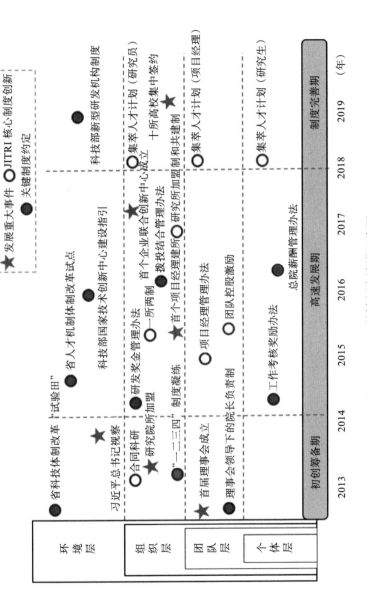

图 7-1　JITRI 关键制度演进示意图

党组成员。组织上的人员任命和高规格领导工作小组的创建成立，标志着 JITRI 作为改革试点的筹备工作正式开启。自 2013 年创立至今，JITRI 提出并践行"将研发作为产业，将技术作为商品"的发展理念，以市场化手段推动江苏省产业转型升级，为未来产业发展提供强大的技术支撑。

JITRI 以产业应用技术研究开发为重点，以引领产业发展和服务企业创新为根本，组织开展产业技术研究和集成攻关，创新体制机制，着力先行先试。2013 年 JITRI 正式成立，2014 年 12 月习近平总书记亲临 JITRI 视察，为 JITRI 的发展注入了强大动力。[⊖]这是 JITRI 制度发展过程中的一个具有历史性意义的外部环境事件，在其之后的发展过程中具有重要的外部信号作用。江苏省委书记娄勤俭明确表示，JITRI 是块试验田，政策要有突破性，尺度可以再大一点，要敢闯、敢试。这为 JITRI 在制度创新方面提供了极大的政策试错空间，使 JITRI 可以进行独特的政策创新实践。可随后 JITRI 面临的问题是，如何才能在这块肥沃的"试验田"内进行有效的制度设计，完成江苏省赋予的承接产业转型升级的使命。

政策必须沿着自下而上的流程进行更新，而非通过控制（Etzkowitz & Leydesdorff, 2000）。JIRTI 的组织架构包括理事会、研究院和专业研究所三个层级。处于最高层级的江苏省产业技术研究院，由江苏省政府设立，为省属事业单位，无行政级别，由若干独立法人的专业研究所共同组成，实行理事会领导下的院长负责制，进行市场化运作。理事会由分管副省长任理事长，省政府分管副秘书长、科技职能部门主要负责人任副理事长，省有关部门、研究院、相关龙头企业和金融机构负责人任理事会成员，负责科技创新指导考核，包括推动机制创新、审定年度工作目标和预算、绩效考核等。专业研究所实行院领导参加的理事会领导下的所长负责

制，在接受总院的业务指导、服务协调和绩效考核的前提下，建立多元化投入、企业化管理、市场化运作、开放式发展的运行机制，自主经营，自我发展。

初创筹备期的制度创新可以凝练为"一二三四"，具体为：一个机制——市场导向机制，两个职能——服务企业创新、引领产业发展，三类资源——引导海外资源、国内的科学院资源、高校资源，以及将要实施的四项改革。高度凝练的"一二三四"制度框架的提出，为后续 JITRI 的制度创新奠定了基础，进而迎来制度创新的高速发展期。

基于生态位的制度设计

JITRI 的创建源于政府政策行为，政府批准建立的领导小组的第一届领导成员是其具体创立者，但是因为实行理事会领导下的院长负责制，所以第一届院长对 JITRI 的影响会直接体现在制度创新设计中。JITRI 展现出改革试点的强劲优势，在产权创新、管理架构上，采取研究所加盟制和共建制并存、团队绝对控股、项目经理管理办法、一所两制（见图 7-2）、拨投结合等核心制度创新和关键制度约定。这就需要领导者有魄力及能力在创新制度上下大功夫，并能够获得政府的支持与认可，既要确保机构的创新性与高效发展，又要承担省政府的发展战略，达成协同共生价值。

JITRI 在明确了自己的定位以及获得发展空间的基础上，开始进行制度创新的具体规划和制定行动方案制度。

制度明确"生态占位"的价值贡献。 我们引用一个概念"生态位"（Ecological Niche）来说明如何通过制度创新获得价值空间。生态位是指一个种群在生态系统中，在时间和空间上所占据的位置及其与相关种群之

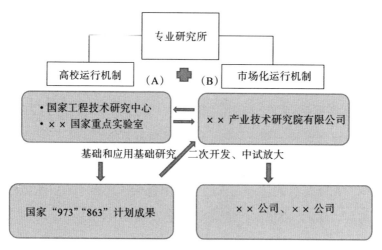

图 7-2 JITRI "一所两制"构建与高校的"共生空间"

资料来源：江苏省产业技术研究院内部资料。

间的功能关系与作用。生态位宽度（Niche Breadth）代表种群或组织对于资源变动的"容忍"程度。不同生态位宽度的个体在面临环境变化时，生存状况也不同。1977 年 Hannan 和 Freeman 将"生态位"引入组织研究中，用来衡量组织在战略环境中所占有的资源空间。我们把"生态位"中资源获取概念转移到对创新链上创新价值的贡献上来。因为只有具有足够和稳定的价值贡献，才能支撑起组织在生态中的成长和发展。而新型研发机构在从共性关键技术创新的源头到最终产业化的整个价值创造环节中所贡献的价值，决定了其自身在市场中的价值。JITRI 是通过制度创新的顶层设计来与多种创新主体进行"生态位分离"的，进而形成在系统层面的多创新主体间的良性运行机制，这也是我们需要沿着 JITRI 的发展不断进行深入探索的核心问题。江苏省科技厅和 JITRI 都在制度文件中明确表示，JITRI 是以"开展产业关键技术的研究攻关和成果转化""主要开展产业核心技术、共性关键技术和重大战略性、前瞻性技术等研究与开发，储备产业未来发展的战略性、前瞻性技术和目标产品"为目标而运作的。

"生态分离"超越竞争的制度设计。组织通过"生态分离"的制度设计，明确区分其在创新链上的核心价值贡献为，"产业技术创新的关键环节是突破高校不宜做、中小企业做不了的关键技术和共性技术"。实现从"科学"到"技术"的转化，要做到重大基础研究成果产业化。JITRI 运用制度设计的方式约定了生态位宽度，如业务范围、价值贡献、目标顾客、技术输出等，进而实现了生态位的分离，即立足江苏省以区别于其他区域的新型研发机构，立足于引领江苏省产业升级的原创的共性关键技术创新的独特技术内涵，立足于核心共性关键技术研发和生产的独特价值贡献。

巧妙衔接"技术和商品""研发和产业"。新的组织机制需要有能力整合"市场拉动"和"技术推动"，因此必须有能力重新设计制度体系，并实现技术与产业之间的转化。在将技术进行商品化，以及将研发对接产业、实现产业化的过程中，JITRI 会面临生态位迁移的挑战。所以，JITRI 作为新兴研发机构，其进行制度创新的过程，也是一个不断调整自身在创新生态中的位置，界定和衔接其他创新主体，顺利实现共性关键技术研发和产业化的过程。"技术作为商品"通过项目经理制的建立，实现了研发人员和技术的整体转移和市场化。而与龙头企业创立联合研究中心，则可以在一定程度上对接行业龙头和创新链上游的技术原型，让"研发作为产业"的理念落地。该阶段 JITRI 的组织架构由专业研究所、产业技术创新中心、企业联合创新中心等组成。

研发人员的创新劳动同其利益收入对接。习近平总书记在 2014 年视察 JITRI 的时候提出了"研发人员的创新劳动同其利益收入对接"的指导方针和要求。[一]JITRI 则主要在以下几个方面进行努力探索。一方面是探

㊀　江苏省产业技术研究院.总书记的嘱托、我们的奋斗 | 江苏省产业技术研究院：打造令人瞩目的创新高地 .[EB/OL].（2019-12-12）. http://www.jitri.org/list_28/1314.html.

索建立了团队绝对控股（65%及以上）的专业研究所。它的建设模式和运营机制，具体来说就是由地方园区提供相关的研发场所和设备，由研发团队、地方园区和JITRI共同出资组建研究所、运营公司、法人单位，三方共同支持研究所的发展，研发的收益归运营公司所有，增值部分按照股权进行分配。这种模式可以最大程度地发挥科研团队的积极性、创造性和主人翁精神，能够把研究所的建设发展与利益相关者的权益相联系，把科研团队自身的价值实现与研究所的可持续发展相结合。JITRI还强调，要发挥市场在创新资源配置中的决定作用，并在运行过程中遵循市场的要求和规律组建研究所，实施一批重大项目，目前已经取得了初步成效。

"2015年第一个项目经理引进，2016年第一个项目经理建所，到2018年成立企业联合创新中心。"①项目经理制的建立，其实是在JITRI定位的"从1—N"的创新链的前端——基础研究和技术原型上，实现高端技术和人员的绑定。项目经理制是JITRI对重大科技项目组织实施模式的一种创新，由项目经理组织产业重大技术攻关，自主组建项目团队、自主考察、推荐优质项目，加强顶层设计，提高技术产业化的执行效率。JITRI面向全球遴选一流领军人才担任项目经理，保障了技术的世界领先水平。

从中科院合肥物质科学研究院先进制造所常务副所长的岗位辞职，骆敏舟应聘成为江苏省产业技术研究院的"项目经理"，担任智能制造技术研究所所长。短短3个多月，研究所就实现了完全市场化操作，一批智能制造产业技术在南京加速转移、落地。骆敏舟承担的智能制造技术研究所是"项目经理"制运作后，落户南京的首个项目。项目选址南京江北新区（高新区）产业技术研创园，由南京高新区、省产业研究院和项目团队三方合

---

① 摘自JITRI内部资料。

作，股东之一南京高新区提供了 3500 平方米的办公用房。"项目经理"模式的远期目标是撬动全球资源，打造江北新区智能制造千亿级产业集群。

科技体制的创新沉淀

制度创新开辟科技体制新道路。JITRI 坚持"发挥市场在资源配置中的决定性作用，建立以企业为主体，以市场为导向，产学研深入融合的技术创新体系"的原则，进行制度创新的深入探索，现已采取了"一所两制、合同科研、项目经理、股权激励"四项改革举措。JITRI 还引导高校优势学科平台、科研院所研发力量以及国际一流创新成果的综合性研究平台，探索出了一条"研发作为产业，技术作为商品"的新型研发机构制度新模式。JITRI 将发展重心从"技术研发"转向"产品生产"，在保持市场活力的同时，专注探索产业共性关键技术研发和供给的道路，初步形成了系统价值创造的"1+1+1>3"的协同效应。

如今，专业研究所采取加盟制和共建制两种组建方式。加盟研究所从江苏省内具有较强研发和服务能力的独立法人机构中遴选产生；共建制研究所由 JITRI、领军人才及团队、地方政府（园区）共同建设，主要从事技术研发、成果转化、公共服务、人才引进与培养等，目前已有 25 家。加盟研究所有 23 家，加盟前由高校举办的有 13 家（省内高校 10 家、省外高校 3 家），由中科院研究所举办的有 5 家，由地方园区及企业举办的有 5 家。现研究院所累计科研经费近 60 亿元，累计孵化科技型企业 720家（其中已上市和拟上市的 18 家），累计转移转化技术成果近 3500 项，衍生孵化企业累计实现研发产值超过 200 亿元。研究院所实行的预备制和动态管理，目前已在先进材料、生物与医药、能源与环保、信息技术、先进制造等产业领域布局建设了近 48 家专业研究所，参与共建了国家超级计算无锡中心。

制度变革引爆创新集群突破。对于 JITRI 的积极探索与启示，江苏省政府研究室副主任沈和在《中国发展观察》中将其总结为"管理机制历史性变革引爆技术创新集群式突破"，具体成效体现在以下四个方面。

第一，实施了一批填补国内空白的前沿项目。围绕新材料、电子信息、生物医药、先进制造等优势产业发展的战略性需求，引进了 20 个高端人才创新团队，带动了一批颠覆性、前瞻性的技术成果转化，如针对中国人冠心病高发病率、高死亡率的问题，引进心脏节律管理领域巅峰科技"植入式心律转复除颤器（ICD）技术"，填补了国内空白，将避免 80% 的冠心病患者过早死亡。

第二，突破了一批共性关键技术。累计转移转化先进技术 2630 项，申请专利 2200 项，形成一批具有自主知识产权的关键核心技术，其中，装备制造 100 多项、新一代信息技术 90 多项、节能环保 20 多项、生物医药 70 多项。面向新兴产业技术转移率超过 90%。"多普勒测风激光雷达技术"被广泛应用于风电、航空航天、气候气象、军事雷达等领域。

第三，培育了一批前沿高技术企业。JITRI 以"技术研发 + 专业孵化 + 投资基金"的科技创新运营方式，不断衍生孵化出有自主知识产权的科技型企业和有核心技术的专业化产业园。目前，JITRI 累计培育高成长性科技型企业 490 多家，年均增长 106%，实现研发产业产值 200 多亿元，纳税约 6 亿元。

第四，打造了一批科技创新创业平台。JITRI 建成专业化创新平台 170 个，其中智能液晶技术、微纳制造技术、药物制剂与新医药、新型半导体材料等前沿领域 20 个国际领先创新平台。围绕 5G 通信技术，JITRI

建成新一代半导体材料氮化镓材料及芯片研发平台。创新平台集聚大量国内外高端研发人才，智力支撑能力显著增强。

"集萃人才"机制改革不断完善。在人才体制机制改革方面，2015 年 8 月 27 日，江苏省人才工作领导办公室、教育厅、科技厅、财政厅及人力资源和社会保障厅联合发文，将 JITRI 作为省人才办认定的机制体制改革试点单位，支持其在人才体制机制改革上先行先试，在人才资源配置上，走市场化、国际化和法制化道路。江苏省对 JITRI 引进人才和团队给予特殊支持，开创"双创计划"一事一议、特事特办直通车、自主聘任专业技术职务、首席科学家制度等新制度。

《江苏省产业技术研究院专业研究所经费管理细则（修订）》文件明确指出，研究所的人才发展经费采用无偿拨款、分类资助的支持方式。通过设立 JITRI 研究员和 JITRI 青年研究员引进计划，支持研究所全职引进产业技术创新高层次人才。JITRI 研究员在研究所工作不少于 3 年，JITRI 青年研究员不少于 5 年，省产业技术研究院给予 JITRI 研究员每人每年 100 万元、3 年总共 300 万元的支持，给予 JITRI 青年研究员每人每年 50 万元、3 年总共 150 万元的支持，资助其进行团队建设、项目研发等，团队成员的人员薪酬应不超过总经费的 70%。

2019 年初，JITRI 正式启动"集萃人才计划"，旨在通过专业研究所与国内知名高校联合培养"集萃研究生"，一方面加强专业研究所的人才团队建设和项目联合攻关，另一方面促进合作高校的人才培养和学科建设，全面提升学生的综合素养和创新创业能力。通过协同创新、协同育人，着力集聚、培养、发展产业工程师和产业技术领军人才。

此前，JITRI 已与东南大学、兰州大学、大连理工大学、四川大学、重庆大学、西交利物浦大学六所高校签约，还与江苏省教育厅签署全面合作协议，统筹与江苏省高校共建研究生联合培养基地的工作。这之后，JITRI 又与省外的吉林大学、华中科技大学、天津大学、华北电力大学、长安大学，以及省内的南京理工大学、南京信息工程大学、南京邮电大学、常州大学共九所国内知名高校现场进行了集中签约。未来双方将在成果转移转化、研究生联合培养、项目联合攻关等方面开启全面合作。

在人才变革方面，JITRI 打造了从组织层面的"集萃人才计划 – 项目经理"新建研究所，到团队层面的"集萃人才计划 – 研究员""集萃人才计划 – 青年研究员"管理能力提升，再到个体层面的"集萃人才计划 – 硕士研究生""集萃人才计划 – 博士研究生"分层级、多维度的"集萃人才"体系，为创新驱动发展全面、系统地提供持续智力支持和制度化保障。

小结 ▶

协同共生制度创新
多主体的生态空间

　　JITRI 的发展历程是一个不断"围绕创新链配置资源链"的过程。通过制度创新，JITRI 为多主体提供各自发展的生态空间。新型研发机构的体制机制改革的重点，其实是进行制度的全面改革，其核心是处理好政府和市场的关系。充分的"制度创新空间"是新型研发机构突破共性关键技术的核心保障。创新制度的建立使得新型研发机构能够与共性关键技术创新链的多主体，在未来沿着创新链进行价值共创的过程中，初步呈现出多价值主体"协同共生"的成效。其中的关键在于是否遵循了"生态位分离"的规律。生态位分离本身就是一种"错位"的尝试。组织之间需要进行资源分享、组织互动和共同进化，只有在生态位上实现"分离"，才可以达成"错位协同共生"。

第八章

协同共生的数字化平台

协同运营平台，为企业提供了向数字化转型的核心引擎和能力，它体现了以人为中心的赋能管理思想，重塑了传统的 IT 治理架构，通过跨系统集成整合和应用的随需定制，极大提高了组织的运营能力，已经成为数字化转型升级的强力抓手和成功实践。

——致远互联董事长兼总裁　徐石

本书的最后一章，我们以协同共生的技术化解决方案为研究重点。我们之所以可以探讨"协同共生论"这一组织进化的主题，正是源于数字化平台技术本身的发展与创新。北京致远互联软件股份有限公司（简称致远互联）专注于创造协同价值，其数字化平台真正赋能于客户的协同共生价值创造的实践，给我们提供了研究的机会。

致远互联成立于 2002 年，总部设立在北京，是一家始终专注于协同管理软件领域的高新技术企业，为客户提供专业的协同管理软件产品、解决方案、平台及云服务，是中国协同管理软件领域的开创者和持续引领者。2019 年 10 月 31 日，致远互联登陆科创板（股票代码 688369），成为协同管理领域科创板第一股。

致远互联秉持"以人为中心"的产品设计理念，坚持产品化、平台化的产品发展路线。历经 19 年发展，从协同工作到协同业务，再到协同运营中台，致远互联不断进阶发展。走过了单纯的标准化、产品化经营的 V1.0 阶段和协同解决方案与协同业务定制的 V2.0 阶段，致远互联现在已迈入协同运营平台（COP）的 V3.0 阶段，提供覆盖私有云、公有云、混合云的全域协同管理平台及云服务，持续助力全国 4 万多家政府机构及企业组织实现数字化转型升级，打造数字化生产力。

致远互联在北京和成都建有两大研发中心，拥有 9 项核心技术、144 项软件著作权、22 项授权专利，其中 12 项为发明专利。迄今为止，致远互联设立了 30 家分支机构，发展了 600 多家商业伙伴，覆盖全国 100 多座城市，有效实现对不同区域、不同行业、不同规模企业组织的营销和服务覆盖，构建起了成熟、稳定、多层次、网格化的营销服务体系，为客户提供高效、专业的本地化技术支持服务。

2020 年，致远互联提出了"协同云·中台的力量"发展战略，明确了基于致远互联云平台构建协同运营中台的发展目标和路径，开启了致远互联的发展新征程。

网络技术与管理软件的协同进化

全球知名 IT 调研与咨询服务公司 Gartner 在其发布的《2019 年首席信息官议程》调查报告中特别提到，数字化业务正在走向成熟，逐步从探索、试验阶段迈入规模化时代。企业数字化已不是一种选择，而是唯一的出路。再看中国企业的数字化进程，很多企业仍停留在简单的信息化阶段，在数字化与智能化方面还有很长的路要走。时代与技术的变革要求企业必须跟随时代进行转型升级，那些不能完成转型升级或进化的企业，恐怕终将沦落为逐渐消亡的物种。

网络技术的发展以及企业经营环境和管理模式的变化，催生了各种新应用和新品类产品，如财务软件，以及 OA（办公自动化）、HR（人力资源管理）、CRM（客户关系管理）、ERP（企业资源计划）等管理软件，以人为中心的协同管理软件应运而生，并保持着蓬勃的发展态势。迄今，协同管理软件经历了三个重要的发展阶段：2000~2005 年，局域网阶段，具体表现为文档与信息共享，是以文档共享为中心的协同；2005~2010 年，互联网时代，也可以称为组织与流程化协作阶段，该阶段有了邮件、即时通信等应用，形成了以在线办公为中心的协同；2010 年至今，组织的全面协同管理阶段，在移动化、云计算、AI 和诸多技术的推动下，形成了以移动办公与协同业务相融合为中心的协同管理平台，且支持混合云的灵活部署，具备集成和整合各种企业应用、支持企业前端场景业务等能力，已经发展成为企业级的运营中台。

数字化带来了生活方式、工作方式的巨大变化，也使固有的管理思维遭到了极大的挑战。数字化时代的价值创造遵循"离散程度越高，价值集中越快"的逻辑，协同共生理念因此成为支撑企业数字化转型的有力工具。以互联网为基础的一套智能技术的发展，使工作方式产生了广泛、深刻的变革，从而推动了管理软件产业的创新和升级。协同管理软件的发展历程，随着网络的不断演进，也呈现出了对人的关注度由低到高的不断变化（见图 8-1）。

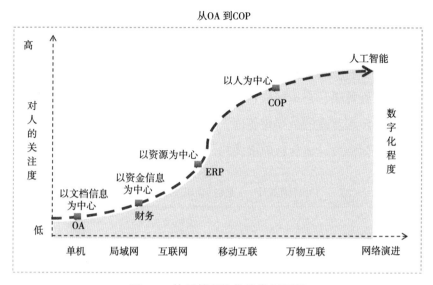

图 8-1　协同管理软件的发展历程

资料来源：致远互联内部资料，致远互联整理。

　　作为管理软件产业的新品类，协同管理软件与传统管理软件（如 OA、ERP）有什么不同？致远互联认为，首先，协同管理软件的设计理念是以人为中心；其次，协同管理软件的管理重点包括结构化和非结构化数据；此外，协同管理软件关注的是组织的运营绩效，这也是其重要的价值突破点。其中，OA 是协同管理软件的子集。协同管理软件与传统管理软件（ERP）是互相促进、彼此共生、有一定交集的关系，它们共同形成企业数字化转型的重要支撑（见图 8-2）。⊖协同管理软件已经成为企业（组织）数字化的基础设施，无论是全员在线、统一门户，还是工作协同、业务协同、集成连接和分析决策，都成为企业数字化转型的重要抓手和关键场景。

　　在机器大工业带来的分工效率提升增量消耗殆尽后，面对日益增加的不确定性，人的积极性和创造力正成为组织效率提升的来源。数字化时

　　⊖　致远互联内刊《本色》。

代，只有通过智慧协同的方式充分调动人的能动性，才能促进组织内外资源的连接整合和组织内外业务的快速协同创新，而协同的核心正是"人本主义"，以人为中心，以人为依靠。在移动互联网环境下，企业与终端客户之间的交互效果，将更加依赖于员工、伙伴、经销商、供应商等多个主体的协同。致远互联的数字化协同正是在"以人为本"的理念指引下重构组织内外价值链接与运营管理模式的。

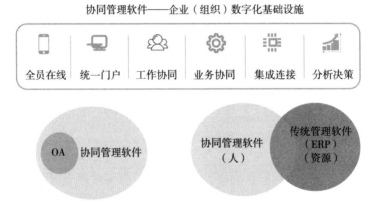

图 8-2　协同管理软件与传统管理软件

资料来源：致远互联内部资料，致远互联整理。

协同运营中台引发价值重构

2019 年，致远互联遵循"协同共生"理念，将新一代协同管理平台与由合作伙伴提供的各种企业应用服务结合起来，首次发布了专为企业数字化升级而打造的"协同运营中台"。协同运营中台是企业数字化转型升级中的"金钥匙"和"法宝"，可帮助企业有效利用"数字化红利"，避开"数字化陷阱"，整合企业后台应用并赋能移动前台。

致远互联打造协同运营中台的目的在于为业务赋能。重构组织的运营和价值创造模式，是致远互联协同软件的价值重点。数字化是组织再造和业务创新的利器，运营中台在企业数字化进程中的作用日益凸显，因此只有构建强大的运营中台能力，才能成就高绩效组织。致远互联新一代智慧型协同运营中台正在赋能企业数字化、智能化转型，实现平台升级、管理升级、流程升级、业务升级、移动升级、智能升级。以数字科技为主导的新一轮科技革命日益加速演进，在数字化协同重构组织内外价值链的过程中，智慧协同助力数字化势能全面释放。

致远互联认为企业的信息化架构可以分为前台、中台和后台，前台要轻量化、场景化；后台则需要稳定；在前端和后台之间是中台，中台是一个不可替代的"柔性"系统，负责前台与后台之间的协调。而协同运营中台可以通过整合企业的跨业务流程，基于数据分析和洞察，创新企业商业模式，提升组织效率。中台不但能建立多端统一的信息门户，还能规模化地实现个性化定制的业务应用。⊖

《致远互联协同运营中台白皮书》显示，遵循"小前台，大中台"的建设思路，针对传统的烟囱式 IT 建设架构的设计弊端，致远互联协同运营中台旨在解决重复投资、业务协作成本高、业务无法沉淀与持续发展的问题。数据中台、业务中台、协同中台、连接中台和技术中台的五大能力构成了致远互联协同运营中台的核心，将臃肿不堪的前台系统中使用频率相对较低且通用的业务能力"沉降"到中台层，为前台"瘦身"，大幅提高前台响应效率；将后台系统中使用频率相对较高且通用的能力提取到中台层，赋予这些业务能力更强的灵活度和更低的变化成本，从而更好地为前台提供威力强大的"能力炮火"支援。

⊖ 致远互联.致远互联徐石：数字化不再可有可无，是标配、是活下去的关键.[EB/OL].（2020-11-09）. https://baijiahao.baidu.com/s?id=1682862173936879127&wfr=spider&for=pc.

致远互联协同运营中台所具备的五大能力（技术能力、协同能力、业务能力、连接能力和数据能力），可以帮助企业实现七个统一（见图8-3）和六大价值（见图8-4）。这五大能力能够全面满足赋能移动前台的需求：技术中台为整体开发建设、部署运维等提供了柔性、开放、安全、高可用性的技术保障；协同中台构建了以人为本的全员化、社交化、智能化协同管理能力；业务中台通过一体化建模，快速构建个性化的业务场景流程，实现随业务需求而变的持续创新；连接中台集成应用、流程、业务、数据等，打造了企业资源连接器；数据中台整合跨系统数据、构建数据模型，使企业从"数据说话""数据分析"到"数据驱动"，即打造数字化企业。[○]通过这些能力的打造，企业获得了更强的价值链接与数据分析能力，这使得组织能快速创造或响应顾客需求。

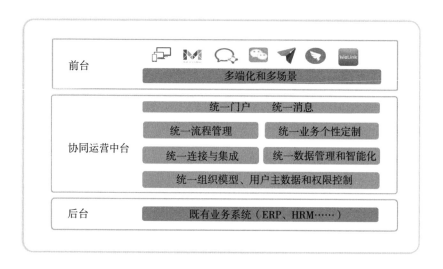

图 8-3　致远互联协同运营中台的七个统一

资料来源：致远互联内部资料，致远互联整理。

○ 参考《致远互联协同运营中台企业最佳实践（第一辑）》。

图 8-4　致远互联协同运营中台的六大价值

资料来源：致远互联内部资料，致远互联整理。

在协同运营中台的能力基础上，2020 年致远互联 A8+V8.0 新一代智慧型协同运营平台进行重大升级，基于中台战略，为企业构建了完善的"数字＋智能"协同运营体系，并以组织模型为基础，连接各项工作和业务，聚合信息、资源和能力，实现组织内和跨组织的高效协同，并进一步延展到企业与外部伙伴、企业与公众的生态参与型平台，结合社交化轻协作提升全员应用体验，从而支撑企业战略的高效执行，确保企业创新变革的敏捷和管理运营的有序开展。

广州小鹏汽车科技有限公司（简称小鹏汽车）是具有互联网基因的智能汽车制造企业，以品质制造为基础，以生态运营为核心。通过与致远互联合作搭建的协同运营中台，小鹏汽车建构了产品运营闭环和服务运营闭环，建设了覆盖全国业务的流程枢纽中心，实现了线上、线下业务的连接集成，涵盖了从信息发布、人员管理、供应链协同到费用管控的全业务场景，建立了更高效、更透明、更规范的管理方式，实现了全国门店的一体化管控，为用户提供"一体化，多触点"的服务体验。同时，打造了全国一体化的流程枢纽中心和数字会议中心，确保企业内外部业务合作和全国统一体系的服务运营。

"数据魔方"——协同共生的"连接器"

在数字化时代背景下，协同管理软件迎来了崭新的发展机遇，实体经济和虚拟经济的结合，将极大地促进和推动行业的蓬勃发展。全球领先的数字化转型市场研究企业国际数据公司（IDC）发布的《IDC Future Scape：2021年全球数字化转型预测》报告指出，"到2022年，全球65%的GDP将由数字化推动，经济仍将走上数字化道路；从2020年到2023年，数字化转型的直接投资将超过6.8万亿美元。到2023年，75%的组织将拥有全面的数字化转型实施路线图，远高于目前的27%，从而实现业务与日常各方面的真正转型"。

最初，数字化是一个技术概念，它代表了一种新的技术趋势。然而，随着数字技术的普及和互联网基础设施的搭建，数字化开始被称为一个时代。当数字化开启一个崭新的时代时，其实就是通过"连接"，把各种技术融合进来，在数字世界当中去重构现实世界。这就要求企业重构技术连接、数据连接、业务连接、场景连接、组织内外连接等。

为了满足用户的数字化新需求，致远互联建构了"数据魔方"技术架构。"数据魔方"是致远互联业务中台的核心能力，是通过低代码甚至无代码的轻量级业务定制和业务复制能力，对组织内和组织间进行数字化整合，进而实现协同共生的一种新方式（见图8-5）。

"数据魔方"是在企业信息化系统上层形成的统一数据服务中心，基于数据服务和共享的方式，进而建立业务单元内外、组织内外以及不同信

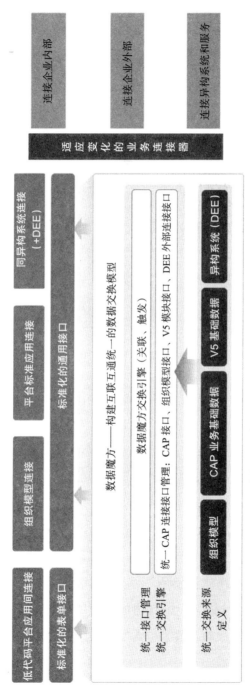

图 8-5　致远互联业务中台核心能力之"数据魔方"

资料来源：致远互联内部资料，致远互联整理。

息化系统之间的数据交换规则。"数据魔方"的主要能力在于对异构系统的数据、业务接口的整合，其核心定位是"业务连接器"。

"数据魔方"具有如下三大特点：业务衔接松耦合、统一数据服务、建立系统连接生态。"数据魔方"具备中台构造的整合能力，它在组织内外架起了业务连接的"桥梁"，打通企业各个业务单元的"信息孤岛"，为业务连接建立了稳固的信任和沟通渠道，让信息系统的连接成为现实并能够适应各种变化。

本质上，"互联网＋"将成为人类社会的一个泛产业升级进程。连接将会发生在所有的产业和领域中，重构产业使之深度融合，引发对数字化协同的重大需求。"＋"即连接、融合、协同，"互联网＋"是通过技术、产业、人群、价值之间的协同来实现的，"数据魔方"就是"＋"的实现新方式。组织内外通过协同共生运行机制可以实现价值链的重新衔接，使整个系统所产生的利益和效用远远大于各个子系统之和，即协同管理会使系统的利益最大化。

近年来，江苏鱼跃医疗设备股份有限公司（简称鱼跃医疗）以创新驱动企业高速发展。企业规模与业务的扩大必然推动企业管理半径的变大，旧有的管理平台瓶颈日益凸显，为了解决这一问题，鱼跃医疗携手致远互联构建全新的数字化协同运营平台，实现了集团管理的透明化，有效推动了管理模式的创新和优化。其中，协同在线满足企业多领域协作的需求，实现工作、知识、学习的全领域高效协同，打造了企业的超强执行力；业务在线集成多套系统，打造流程闭环，促进跨组织敏捷协作；生态在线整合集团和产业链业务，共创数字化时代协同价值体系，助力集团创新发展与战略达成，为集团整体战略及数字化转型提供了强大支撑，为各体系持续赋能。

协同共生理念下企业内外边界成长

数字化转型使得组织内外协同共生模式发生了根本性转变，IDC 公司在《IDC Future Scape：2019 年全球数字化转型预测》中预测："到 2020 年，全球 2000 强公司的 30% 将会在它们的运营流程中实现先进的数字孪生，这将使组织更加扁平化，知识工作者将减少三分之一。到 2020 年，30% 的全球 2000 强公司将把至少 10% 的收入作为资本预算，推动他们的数字化战略。到 2021 年，在区块链的支持下，杰出的行业内价值链将把数字化平台拓展到整个全方位体验生态体系，从而将交易成本减少 35%；到 2021 年，全球约有 30% 的制造商和零售商将通过区块链服务建立数字信任，这些服务使协同供应链得以实现。"

致远互联充分认识到，在数字化转型中，"以客户为中心"这一理念具有重要价值。这种价值突出表现在以下两方面。第一，高效的运营。它强调通过有序、有原则的流程和数据来实现高效运营和呈现组织高绩效，且以重构流程和数据为核心的高效运营是为了更好地进行顾客价值创造。第二，创新，包括组织和业务的创新。数字化就是组织再造和新基建，它通过重构链接与数据智能实现快速创新以创造或满足顾客需求。数字化最大的受益者并不是所谓的新兴互联网企业，而是协同数字化技术来提升企业管理效率、降低管理成本、提高价值共创空间的各行各业。

2017 年 3 月 20 日，致远互联在主题为"新致远·新协同·新价值"的新三年战略发布会上提出了一套新商业方法论与生态体系——"协同五环"，即"工作协同—业务协同—系统协同—产业链协同—社会化协同"（见图 8-6）。在这次会上，致远互联还首次公开阐述了其"大协同"理念和"协同五环"模式。

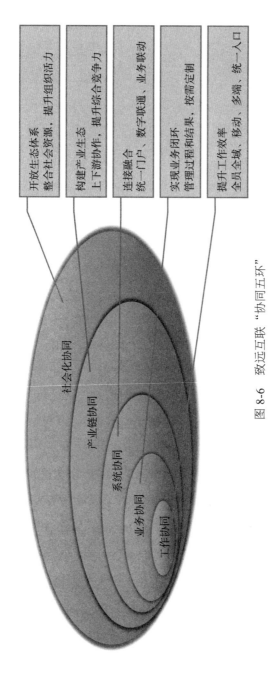

开放生态体系
整合社会资源，提升组织活力

构建产业生态
上下游协作，提升综合竞争力

连接融合
统一门户、数字联通、业务联动

实现业务闭环
管理过程和结果，按需定制

提升工作效率
全员全域、移动、多端、统一入口

社会化协同

产业链协同

系统协同

业务协同

工作协同

图 8-6　致远互联 "协同五环"

资料来源：致远互联内部资料，致远互联整理。

"协同五环"中提及的工作协同、业务协同、系统协同三种协同理念解决了组织内边界突破和整合协同的问题。工作协同让组织员工更了解组织战略，并建立组织学习力，完善组织内价值链管理、结构体系，构建适应环境变化的文化价值观。业务协同则涉及更多的运营管理，让企业能以客户为中心重塑业务流程，推进业务创新。系统协同则更多地与业务子系统、运营子系统、技术子系统相关联，帮助解决企业的流程、业务与各子系统协同问题，实现"整体大于部分之和"。

"协同五环"中的产业链协同、社会化协同两种协同理念则为组织外共生成长提供了新的可能。在企业成长中，组织必须关注与外部的链接与协同。致远互联深刻认识到，构建与外部产业链企业、客户之间的链接，能使企业获取"边界外"组织效率与实现共生价值的条件和能力。因而，致远互联又针对组织外部提出了"产业链协同"和"社会化协同"这两个理念。致远互联的协同管理的应用范畴从工作协同逐步扩展到业务协同、多系统之间系统协同、产业链协同，直至社会化协同。致远互联致力于全员全域、移动、多端的协同，使个体与组织内部、组织间信息透明化、流程可视化、信息共享化。协同运营中台的提出和实施，是对致远互联"协同五环"的深化和落实，是不断助力企业实施"大协同"理念的有益尝试。

中关村创客小镇（北京）科技有限公司运用致远互联协同平台在一定程度上实现了社会化大协同，这是服务平台的数字化升级实践。在平台组织内，通过为员工提供数字化工具与支持，帮助员工提升数字化协同能力，赋能组织使员工更高效地进行工作与业务协同。更重要的是，在跨边界共生构建中，中关村创客小镇以"智慧经济"为产业定位，连接了人、企业、院校等主体，帮助保护知识产权，推动各主体的交流、协作与数据沉淀，实现跨组织协同及产业融合与创新。目前，中关村创客小镇正努力营造产业融合的新型城市形态，推动"智慧经济"要素聚集、交流、变现，打造中关村"智慧经济生态圈"，并在一定程度上实现社会化大协同。[⊖]

致远互联协同生态全景

在"2019 春季伙伴大会"上，致远互联重磅发布了支撑企业应用服务创新平台共享生态战略的"蜂巢计划"。"2021 年春季伙伴大会"，是生态化时代致远互联发起的面向全产业的伙伴大会，吸引了包括华为云、腾讯企业微信等生态伙伴，以及业界专家、媒体在内的众多产业生态伙伴参加。

致远互联自创立以来就为企业提供了各种软件产品和服务，尽管产品不断迭代创新[⊜]，但在致远互联董事长徐石看来，致远互联做的只是一件事，那就是协同事业。致远互联在打造协同运营中台的同时，也在关注生态体系和协同联盟的构建。致远互联的成长在一定程度上是与合作伙伴的共成长、共进化。致远互联的一个关键目标是整合产业链资源，共建大协同联盟生态圈（见图 8-7），并打造安全可靠的全员全域、多端工作平台。在数据、技术、目标、价值和认知协同下，致远互联正与合作伙伴一起打造企业数字化转型的新基建，持续助力企业数字化转型升级，成就高绩效组织。

致远互联通过协同云构建了协同共生生态模式（见图 8-8）。协同云既是协同的模式，更是协同生态方式。协同云可以实现"六个在线"，即营销在线、实施在线、定制在线、运营在线、客户在线、生态在线。协同

[⊖] 致远互联. 中关村创客小镇：内外连接实现数字化管理 [EB/OL].（2020-09-11）. https://www.seeyon.com/News/desc/id/3892.html.

[⊜] 致远互联陆续推出产品：企业 A6、A8，政务 G6、G6-N，私有云平台 V5，移动工作平台 M3，Formtalk PaaS 协同云平台，V8 等。

云通过一站式云服务平台的模式创新，构建致远互联的运营管理体系，以取得客户和伙伴业务赋能开源、管理降本增效的成果。

图 8-7　致远互联协同生态图谱

资料来源：致远互联内部资料，致远互联整理。

致远互联通过数字化连接与协同合作构建持续稳定的共生模式。在产品技术支撑方面，提供丰富的协同产品、解决方案及开放的平台技术，支持伙伴持续性地提升客户经营能力；在合作模式创新方面，基于"致远协同云"，实现生态服务在线，建立供应机制，集成融合各方的产品、资源及服务来更好地满足顾客需求；在"蜂巢计划"方面，成立专门的生态 BG（Business Group，业务集团），更专业、更强有力地支撑伙伴的发展；在资本助力支持方面，致远互联将围绕自身主业，通过产业投资基金、产业联盟等方式加快伙伴发展速度。这些都在一定程度上体现了致远互联的"协同共生"理念。

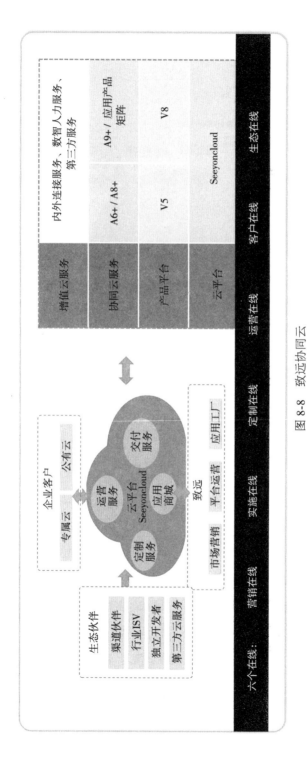

图 8-8　致远协同云

资料来源：致远互联内部资料，致远互联整理。

小结　▶

协同共生数字化平台
技术赋能

从本质上讲，协同共生论的探讨，是源于数字技术所提供的全新价值重构空间。"互联网＋"成为人类社会的一个泛产业升级进程，将会连接所有的产业和领域，并催化而使之深度融合，从而达到协同共生发展的水平和境界。

今天的企业都是通过技术、产业、人群、价值之间的协同共生来实现新价值创造的，协同把局部的、分散的力量和资源进行合理排列和优化组合，共生出完全不同的、整体的价值。致远互联构建的"协同五环"、协同云以及协同运营中台，所呈现的就是如何通过技术赋能让协同共生得以实现。同样的努力，在其他企业中也都出现过，只是名字不同，如腾讯（企业微信）"AIRS 价值增值环"、小米"小米 IoT 开发者平台"、美的"工业互联网平台 Midea M.IoT"、海尔"卡奥斯平台 COSMOPlat"等企业实践。

重塑价值

对于未来，我们唯一知道的就是它会有所不同。企图去预测未来，就像试着在夜晚没有灯的乡间小路心怀忐忑地盯着后视镜开车。预测未来的最好方式就是去创造它。

——彼得·德鲁克

我们现在所生活的世界，已经是数字世界与现实世界的融合体，本书所要探讨的这些组织发展，是在全新的世界中展开的。无论是企业实践者的探索，还是我们所进行的理论探索，其共同的方向，都是让管理者看到未来的无限可能性。

早上起来后，我们坐着特斯拉去做下一个企业的调研，特斯拉驾驶位前的大屏幕显示着车外的场景，望着变幻的画面，一种游戏感在车内蔓延，但听不到发动机的声音，也就无法感受驾驶的乐趣。而手机上传来的小鹏汽车可以空中飞行的短视频，引发了我们热烈的讨论，我们探讨的焦点是，奔驰、宝马、大众等汽车品牌如何对抗整个传统汽车行业的衰退之势？我们甚至发现，有一天，人们也许没有机会再去体验驾驶乐趣，无人驾驶可能成为出行的基本状态。

正如这个早上我们在调研途中的感受，一切都在变化之中，随着汽车制造技术与人工智能、数据技术的融合，整个行业开始跨界，开始颠覆性地动态发展，而勇于创造汽车行业新模式的特斯拉等新势力造车者，拥有了未来的可能性。其实，企业（组织）价值进化的方向也是如此：融合、跨界与共生。

我们承认德鲁克所言："对于未来，我们唯一知道的就是它会有所不同。"我们尝试去理解所有的不同，同时也如德鲁克所言："预测未来的最好的方式就是去创造它。"所以，我们提出协同共生论，来描述企业价值创造的新组织模式。对于未来的不可预测性，解决方法应该是接纳、正视与研究，即明确自己的进化路径。

我们身处在新事物不断涌现的世界里，这需要我们不断更新自己认知世界的能力，换句话说，我们也需要以新的范式来帮助我们自己。1945年，哈耶克提出著名的有关市场"看不见的手"的新思考，我们因此得以认识到上百万个体参与的集合行动所达到的一种市场状态。今天，数字技术促成了分形，分形模式帮助我们更好地认识到在动态系统中应该如何动态地适应环境。

在这持续超过10年的研究里，我们专注于理解数字技术背景下组织与合作的价值。在与企业实践交互的过程中，我们越发感悟到，动态环境下，任何一个问题都不会是孤立的问题，从某一个领域来理解它们，都过于局限。问题涉及的领域越多，我们越发感受到传统认知所面临的挑战。问题交织在一起所呈现的复杂性，也要求我们必须进行更广泛的合作，只有这样才能找到解决方案。

韦恩·戴尔（Wayne Dyer）说："当你改变了看待事物的方式，你所面对的事物也就改变了。"

如今我们的生活，几乎都是在一种移动互联的状态中。无论是在人行道上、地铁上，还是与家人坐在一起，人们的眼睛和大脑几乎都停留在手机屏幕上，那小小的屏幕一亮，就会得到即时响应。这就是数字世界，我们都身处其中。

商业与生活的交互，让数字世界真实呈现在我们的现实世界中。从某种意义上来说，我们所依赖的计算机和网络，让我们从"过去"快速地进入"未来"，而实现这一切的正是企业之间的数字化实践及创造。

凯文·凯利将科技描绘为人类进化的合作者，**我们将企业描绘为管理进化的合作者**。企业总是在想方设法让有限的资源变得更加有效率，以及更具新价值；企业总是希望成长而不满足于已经取得的成功；企业总是不断尝试新组合，尽可能融入新的要素或技术……尽管这些尝试也可能带来挑战，甚至是危险。企业渴望创新和成长的天然属性，促使管理思想与方法层出不穷，推动着管理本身的进化与发展。

当我们有机会探讨数字化时代的新管理理论时，依然是企业的实践走在了前头。本书选取了小米、美的、企业微信、江苏省产业技术研究院、致远互联和海尔六家企业的管理实践进行归纳和介绍。这些企业的实践，不仅极大拓展了我们对数字技术的理解，也拓展了我们对管理价值创新的理解，更是我们提出"协同共生论"的实践基础。

我们更想说的是，它们不仅仅是创造了商业奇迹，更重要的是带来了繁荣的生态，并帮助人们迈入了数字世界。

我们庆幸不仅能够展开自己真实的实践，也能够深入到腾讯（企业微信）、江苏省产业技术研究院、海尔、美的、小米等这些企业中去探索实践创新，它们的实践让我们确认对"协同共生创造价值"的理解，更确认这是一种可行的管理方式。鉴于科学技术的迅猛发展，关注价值创造，造福于整个自然系统与人类社会系统，应该是我们的共同话题，因为我们在这个大系统中存在，我们在其中所做的任何一件事情，都关乎这个系统的未来。

借助协同共生及技术持续发展的力量，美好社会与可持续发展的自然将在我们的责任中存续下去。利他共生不仅仅是道德特性，还是决策选择。洛西科夫说："'涌现'代替了上帝之手，神秘地将混沌系统转变为一个自组织系统，达到系统内的和谐和合作。"数字技术的确在重构着这个世界，互联互通的程度更高、更快、更复杂，重塑现实几乎每一刻都在发生，我们要以更恰当的方法来应对变化，与其协同共生则成了基本的生存选择，而越来越多的企业也因此获得成长。

在传统组织模式中，企业是相对独立的单元，会有相对明确的边界以及固定的角色。在更确定的意义上，企业希望能够保有自己的壁垒。今天的组织需要克服要独立存在并可以控制变化的想法，要学会开放边界，拥有动态边界及胜任多种角色，更重要的是，要能提供有利于更多合作者的发展，学会信任并共同创作价值。

组织间的边界将会变得越来越具有渗透性，同业之间、异业之间已经不再视彼此为单纯的竞争者，组织发展的宗旨需要互相合作，一家企业可能会因为某一个目标加入到一个集群之中，也可能会在完成目标后离开这个集群；也许会有一种情形是彼此永久地组合在一起，但是，无论是哪一种情形，合作与共创价值都是核心解决之道。

所以，企业需要拥有协同共生的组织使命，只有当组织的使命感能充分激励与调动组织内外的力量时，企业才能真正具备相应的能力以保障高效的组织协同共生。然而，不少企业的使命设计依旧摆脱不了"自我利益至上"的原则，这极大地限制了企业构建与发展健康的价值网络，并使得企业的衰退期提前到来。我们依然能看到那些因为不重视员工和社会福利而陷入困境的企业，特别是高科技企业，上市公司微盟集团的程序员"删库跑路"使公司损失惨重就是一个典型的例子。如果公司能够注重员工的职业发展与心理健康维护，那么一切都可能不同。同样，如果企业不注重对环境的保护、对社会福利的维护及提升，则有可能遭受客户的抵制与政府的强管控，也容易遭受金融机构"赤道原则"⊖的惩罚，落入资金链崩坏的困局。

在世界范围内，企业管理者逐渐认识到，企业的本质不应该是仅为获取自身利益，更应该是通过协同创造价值，实现更美好的社会价值。可以想象，未来人们聚集在一起，所追求的一定是可持续发展与进化成长，因为人们越来越清楚地知道，个体是极其渺小与脆弱的，尤其是在 2020 年新冠肺炎疫情面前，如果不能够通过协同与合作共同探寻发展之路，遭到打击的一定会是我们自己。

玛格丽特·惠特利（Margaret J. Wheatley）与迈伦·凯尔纳 - 罗杰斯（Myron Kellner-Rogers）共同研究组织不抗拒命运的话题，他们谈到这样一个观点：

⊖　赤道原则是由花旗集团、荷兰银行等在 2003 年依据世界银行的环境保护标准与国际金融公司的社会责任方针制定的针对 1000 万美元以上的融资原则。它主要确定、评估和管理融资项目中涉及的环境与社会风险，强调企业需要承担和履行保护环境等社会责任。截至 2019 年底，全球有来自 38 个国家的 103 家金融机构宣布采纳赤道原则，项目融资额约占全球融资总额的 85%。我国已有江苏银行、兴业银行、湖州银行、重庆农商行等使用该原则，相信这也会是大势所趋。

"在这个世界上，倘若我们可以展现出完整的人性，那我们会有能力做些什么？如果我们可以自由地玩耍、实验及探索，可以对失败无所谓，那我们又能创造什么？如果停止结构化这个世界的尝试，我们可能会成就什么？如果我们按照生命的自然倾向去组织彼此的合作，我们又会成就什么？如果我们发现了一条更简单的路，我们将会成为谁？"[⊖]

正是这些思考贯穿在我们的整个研究过程中，也贯穿这本书的始终。令人振奋的是，在时代的发展和进化中，我们发现，很多领先公司已经在不断追溯这些问题，并在自我更新与进化——从关注自身的发展到为社会创造价值并承担更多的责任。例如，微软从"让所有家庭的所有办公桌上都有一台计算机"到"赋能地球上的每个人和每个组织，帮助他们取得更多成就"（2015 年变更）；华为从"活下去/丰富人们的沟通和生活"到"把数字世界带给每个人、每个家庭和每个组织，构建万物互联的智能世界"（2018 年 1 月变更）；腾讯从"最受尊敬的互联网企业"到"用户为本，科技向善"（2019 年 11 月变更）。可以看到，这些行业领先公司已跨越组织边界，力图从嵌入大社会的视角去协同各利益相关者以建立长期发展。

我们和这些企业走在一起，探寻组织的发展之路，创新价值并承担责任。这本书仅提供了一个视角、一种理论与实践的模式。我们相信，从重塑价值出发，越来越多的人会协同合作，共生创造美好价值。所以，我们写作本书，提出协同共生论，期待有更多实践、更多创造，以及更富有责任感、更有灵魂和更具开放活力的组织出现。

致　　谢

　　这本书的缘起是王方华老师的邀请，方华老师作为"管理学在中国"丛书的主编，推荐我们成为第一批作者，而我们研究团队也正在撰写这本新书，所以欣然接受邀请。在形成新管理思考的过程中，我们受到了非常多的帮助与支持。本书中的一些观点在"中国管理 50 人"论坛上曾经进行了交流，获得众多老师的启发，同时，"中国管理 50 人"的老师们一直致力于研究中国企业实践，并创造性地去进行理论探索与研究，也激励和鼓舞着我们研究团队。

　　我们尤其要感谢本书中提到的那些领先企业——小米、美的、腾讯（企业微信）、江苏省产业技术研究院、致远互联和海尔，正是它们开拓性的实践，才让我们找到了理论创新的可能。特别是这些企业领导者所呈现出来的创新精神，让我们不仅看到了创新的行动，还感受到了企业家精神的魅力。这些企业的管理者和员工所取得的成就令我们惊叹，他们富有成效的工作让我们深刻体会到，他们所做的一切并不是为了证明什么，而是为了给顾客创造价值，是为了让组织变得更加有意义，并与时俱进。没有他们脚踏实地的实践、慷慨的分享以及与他们充分的交流，我们不可能提出协同共生论，也不可能总结出协同共生效应、架构、管理模式以及重构价值的关键因素，更不可能完成此书。

我们同样要特别感谢在过去 10 年里为我们展开研究给予帮助的企业家和企业，腾讯、华为、京东、天虹百货、金蝶软件、新希望、大童保险、知室、天合光能等。这些企业的具体案例虽然没有在书中呈现，但是它们的实践总结都融入在我们的研究成果里面。这些企业的实践及管理者对于协同共生价值的洞见，让我们得以从更多的维度进行探索并获得成效。

我们也特别感谢在围绕本书相关主题展开研讨时的合作者们，他们是梅亮、尹俊、曾昊、钟皓、王甜、吴梦玮、曹洲涛、宋一晓、苏涛。我们一起围绕着数字化的相关场景以及管理过程，展开深度调研与讨论，这些思考、对话、交流以及在不同细分领域的见解，帮助我们获得更多的理解与认知。这项研究是一个漫长的过程，但是正是有你们的持续参与，我们才能始终保持良好的研究状态。

我们也非常感谢机械工业出版社华章分社，我们有关协同研究的第一本书就是在华章分社的支持下与读者见面的，在出版第一本书的过程中，他们专业的编辑与出版品质，给我们留下了深刻的印象。而协同研究的第一本书带给企业管理者的意义与价值，也坚定了我们继续创新协同共生论研究的信心。所以，我们把这个主题的第二本书也交给同一个编辑团队，感谢华蕾、白婕、佘广等编辑再一次的帮助，你们的专业与严谨，一定会为本书带来品质保障。

最后，我们要特别感谢北京大学国家发展研究院、北京致远互联软件股份有限公司及其协同研究院团队。我们很幸运，得到了两个机构对于这个研究项目的长期支持，这让我们能够安心展开研究工作，能够在 10 年中推进项目顺利发展，能够让我们研究团队在研究与教学中找到理论新知并产生价值。

参考文献

［1］ 斯图尔特.生命之数：用数学解释生命的存在 [M].杨昔阳，译.北京：商务印书馆，2020.

［2］ 莱卢.重塑组织：进化型组织的创建之道 [M].进化组织研习社，译.北京：东方出版社，2017.

［3］ 哈肯.协同学：大自然构成的奥秘 [M].凌复华，译.上海：上海译文出版社，2000.

［4］ 鲍勇剑.协同论：合作的科学——协同论创始人哈肯教授访谈录 [J].清华管理评论，2019（11）：6-19.

［5］ Porter M E. Competitive advantage[M]. New York: Free Press，1985.

［6］ 卡普兰，诺顿.组织协同：运用平衡计分卡创造企业合力 [M].博意门咨询公司，译.北京：商务印书馆，2006.

［7］ 笛卡尔.谈谈方法 [M].王太庆，译.北京：商务印书馆，2000.

［8］ 黄欣荣.大数据时代的还原论与整体论及其融合 [J/OL].系统科学学报，2021（03）：8-12. http://kns.cnki.net/kcms/detail/14.1333.N.20210127.1340.004.html.

［9］ 刘劲杨，汤杉杉.当代整体论的思想整合与形式分析 [J/OL].系统科学学报，2021（03）：1-7. http://kns.cnki.net/kcms/detail/14.1333.N.20210127.1340.002.html.

［10］ 德鲁克.管理：使命、责任、实务（实务篇）[M].王永贵，译.北

京：机械工业出版社，2009.

[11]   马古利斯. 生物共生的行星：进化的新景观 [M]. 易凡，译. 上海：
        上海科学技术出版社，1999.

[12]   达尔文. 物种起源 [M]. 周建人，等译. 北京：商务印书馆，1995.

[13]   马古利斯，萨根. 倾斜的真理：论盖娅、共生和进化 [M]. 李建会，
        等译. 南昌：江西教育出版社，1999.

[14]   张永缜. 共生社会进化观论纲：一种关于和谐社会的理论阐释 [J].
        中南大学学报（社会科学版），2007，13（03）：262-266.

[15]   Margulis L. Origin of eukaryotic cells: evidence and research
        implications for a theory of the origin and evolution of microbial，
        plant，and animal cells on the precambrian earth[M].New Haven:
        Yale University，1970.

[16]   Grieves M. Virtually perfect: driving innovative and lean products
        through product lifecycle management[M].Cocoa Beach，Fla.: Space
        Coast Press，2011.

[17]   庄存波，刘检华，熊辉，等. 产品数字孪生体的内涵，体系结构及
        其发展趋势 [J]. 计算机集成制造系统，2017，23（4）：753-768.

[18]   朱其忠. 网络组织共生研究：基于专业化分形视角 [M]. 北京：社会
        科学文献出版社，2013.

[19]   杨小凯. 新古典经济学和超边际分析 [M]. 北京：中国人民大学出版
        社，2000.

[20]   陈春花，朱丽. 协同：数字化时代组织效率的本质 [M]. 北京：机械
        工业出版社，2019.

[21]   陈春花. 解码未来领导力：codes 模型及其内涵 [J]. 清华管理评论，
        2019（1）：18-26.

[22]   塔勒布. 反脆弱：在不确定性中获益 [M]. 雨珂，译. 北京：中信出

版集团，2020.

[23] 陈春花，葛新.共生学习法：技术科学观视角下的人才培养模式 [J].
企业管理.2019，5（5）：45-46.

[24] 陈春花，赵海然.共生：未来企业组织进化的路径 [M].北京：中信
出版集团，2018.

[25] 格拉斯.管理是什么 [M].徐玮，魏立原，译.北京：中国劳动社会
保障出版社，2004.

[26] 陈春花.危机自救：企业逆境生存之道 [M].北京：机械工业出版
社，2020.

[27] 浦永春.康德的交互范畴与牛顿力学 [J].杭州大学学报（哲学社会
科学版），1996（3）：37-41.

[28] Case T J. Character displacement and coevolution in some cnemidophorus
lizards[J]. Fortschritte Der Zoologie，1979，25：235-281.

[29] 高晓改.种群生态视角下行业竞争程度对中小型科技企业成长的影
响 [J].金融发展研究，2015（12）：54-58.

[30] 波特.竞争优势 [M].陈丽芳，译.北京：中信出版社，2014.

[31] 袁纯清.共生理论：兼论小型经济 [M].北京：经济科学出版社，
1998.

[32] Chertow M R. Industrial symbiosis: literature and taxonomy[J]. Annual
Review of Energy and The Environment，2000，25（1）：313-337.

[33] Núñez-Merino M，Maqueira-Marín J M，Moyano-Fuentes J，et al.
Information and digital technologies of industry 4.0 and lean supply
chain management: a Systematic literature review[J]. International
Journal of Production Research，2020（4）：1-28.

[34] Sanders N R，Premus R. Modeling the relationship between firm IT
capability，collaboration，and performance[J]. Journal of Business

Logistics，2005，26（1）：1-23.

[35] 哈肯．信息与自组织 [M]. 郭治安，等译．成都：四川教育出版社，1988.

[36] 朱智贤．心理学的方法论问题 [J]. 北京师范大学学报，1987（1）：52-61.

[37] 章凯．目标动力学：动机与人格的自组织原理 [M]. 北京：社会科学文献出版社，2014.

[38] 普里戈金，斯唐热．从混沌到有序 [M]. 曾庆宏，沈小峰，译．上海：上海译文出版社，1987.

[39] Panzar J C，Willig R D. Economies of scope[J]. American Economic Review，1981，71：268-272.

[40] Teece D J. Economies of scope and the scope of the enterprise[J]. Journal of Economic Behavior & Organization，1980，1（3）：223-247.

[41] 钱德勒．规模与范围：工业资本主义的原动力 [M]. 张逸人，译．北京：华夏出版社，2006.

[42] 刘海藩．领导干部西方经济学读本 [M]. 北京：中国财政经济出版社，1999.

[43] Berger A N，Hanweck G A，Humphrey D B. Competitive viability in banking [J]. Journal of Monetary Economics，1987，20（3）：501-520.

[44] 徐传谌，郑贵廷，齐树天．我国商业银行规模经济问题与金融改革策略透析 [J]. 经济研究，2002（10）：22-30.

[45] 塔内佳，梅尼．去规模化：小经济的大机会 [M]. 杨晔，译．北京：中信出版集团，2019.

[46] Goldhar J D，Jelinek M. Plan for economies of scope[J]. Harvard Business Review，1983，61（6）：141-148.

[47] Besanko D，Dranove D，Shanley M. The economics of strategy[M].

New York：John Wiley & Sons，1996.

[48] 克里斯坦森，雷纳 . 创新者的解答 [M]. 林伟，李瑜偲，郑欢，译 . 北京：中信出版社，2010.

[49] Campbell J P，Bownas D A，Peterson N G，et al. The measurement of organizational effectiveness ： a review of the relevant research and opinion[R]. Report Tr-71-l（Final Technical Report），San Diego ： Navy Personnel Research and Development Center，1974.

[50] Quinn R E，Rohrbaugh J. A competing values approach to organizational effectiveness[J]. Public Productivity Review，1981 : 122-140.

[51] Cameron K S，Quinn R E. Diagnosing and changing organizational culture based on the competing values framework [M]. San Francisco： Jossey-Bass，2011.

[52] Kanter R M. The change masters ： corporate entrepreneurs at work [M]. London：Allen & Unwin，1983.

[53] 陈春花 . 五件事成就 "赋能组织" [J]. 中外管理，2018（05）：98-99.

[54] 彭罗斯 . 企业成长理论 [M]. 赵晓，译 . 上海：上海人民出版社，2007.

[55] 丁孝智 . 日本文化与企业经营管理 [J]. 中国商论，2016（31）：57-59.

[56] Kotter J，Heskett J. Corporate culture and performance[M]. New York：Free Press，1992.

[57] 陈春花 . 企业文化塑造 [M]. 广东：广东经济出版社，2001.

[58] Grainer L E. Evolution and revolution as organizations grow[J]. Harvard Business Review，1972，76（3）：37-46.

[59] 汉迪 . 第二曲线：跨越 " S 型曲线" 的二次增长 [M]. 苗青，译 . 北京：机械工业出版社，2017.

[60] 穆尔 . 竞争的衰亡：商业生态系统时代的领导与战略 [M].梁骏，杨飞雪，李丽娜，译 . 北京：北京出版社，1999.

[61] 张海丰 . 中国产业政策如何应对第四次工业革命？ [J]. 社会科学，2020（2）：18-27.

[62] 吉诺 . 破解协同困局 [J]. 哈佛商业评论（中文版），2019：518-561.

[63] 陈春花，朱丽，徐石，等 . "协同管理"价值取向基础研究：基于协同管理软件企业单案例研究 [J]. 管理世界（增刊），2017：13-21.

[64] 陈春花，廖建文 . 重新认知行业：数字化时代的生态空间 [J]. 哈佛商业评论（中文版），2020（2）：132-139.

[65] Cao M，Vonderembse M A，Zhang Q，et al. Supply chain collaboration: conceptualisation and instrument development[J].International Journal of Production Research，2010，48（22）：6613-6635.

[66] 张春虎 . 基于自我决定理论的工作动机研究脉络及未来走向 [J]. 心理科学进展，2019，27（8）：1489-1506.

[67] Ryan R M，Deci E L. Self-determination theory and the facilitation of intrinsic motivation，social development，and well-being[J]. American Psychologist，2000，55（1）：68-78.

[68] 明茨伯格 . 明茨伯格管理进行时 [M]. 何峻，吴进操，译 . 北京：机械工业出版社，2010.

[69] 陈春花 . 激活组织 [M]. 北京：机械工业出版社，2017.

[70] Pettit T J，Croxton K L，Fiksel J. Ensuring supply chain resilience：development and implementation of an assessment tool[J]. Journal of Business Logistics，2013，34（1）：46-76.

[71] Day G S. A two-dimensional concept of brand loyalty[J]. Journal of Advertising Research，1994（9）：29-35.

[72] Dick A S, Basu K. Customer loyalty : toward an integrated conceptual framework[J]. Journal of the Academy of Marketing Science, 1994, 22（2）: 99-113.

[73] Rajendra R K, Srivastava T A, Fahey L. Market-based assets and shareholder value : a framework -OKR for analysis[J]. Journal of Marketing, 1998（6）: 2-18.

[74] Day G S, Schoemaker J H, Gunther R E. Wharton on managing emerging technologies[M]. New York: John Wiley & Sons, 2000.

[75] Hooley G J, Greenley G E, Cadogan J W, et al. The performance impact of marketing resources [J]. Journal of Business Research, 2005, 58（1）: 18-27.

[76] Rapp M, Strelnikova I, Strelnikov B, et al. First in situ measurement of the vertical distribution of ice volume in a mesospheric ice cloud during the ECOMA/MASS rocket-campaign[J].Annales Geophysicae, 2009, 27（2）: 755-766.

[77] Powell W W. Hybrid organizational arrangements : new form or transitional development?[J]. California Management Review, 1987, 30（1）: 67-87.

[78] Mohr J J, Spekman M R. Characteristics of partnership success: partnership attributes, communication behavior, and conflict resolution techniques[J]. Strategic Management Journal, 1994, 15（2）: 135-152.

[79] Mentzer J T, Min S, Zacharia Z G. The nature of inter-firm partnering in supply chain management[J]. Journal of Retailing 2000, 76（4）: 549-568.

[80] Henderson R M, Clark K B. Architectural innovation : the

reconfiguration of existing product technologies and the failure of established firms[J]. Administrative Science Quarterly, 1990: 9-30.

[81] Simonin B L. The importance of collaborative know-how: an empirical test of the learning organization[J]. Academy of Management Journal, 1997, 40（5）: 1150-1174.

[82] Ramaseshan B, Loo P C. Factors affecting a partner's perceived effectiveness of strategic business alliance : some singaporean evidence[J]. International Business Review, 1998, 7（4）: 443-458.

[83] Cataldo M, Wagstrom P A, Herbsleb J D, et al. Identification of coordination requirements : implications for the design of collaboration and awareness tools[C]. Proceedings of the 2006 20th anniversary conference on Computer supported cooperative work. 2006: 353-362.

[84] Monge P R, Fulk J, Kalman M E, et al. Production of collective action in alliance-based interorganizational communication and information systems[J]. Organization Science, 1998（3）: 411-433.

[85] Kraut R, Mukhopadhyay T, Szczypula J, et al. Information and communication : alternative uses of the internet in households[J]. Information Systems Research, 1999, 10（4）: 287-303.

[86] Knoben J, Oerlemans L A G. Proximity and inter-organizational collaboration: a literature review[J].International Journal of Management Reviews, 2006, 8（2）: 71-89.

[87] Hardy C, Phillips N, Lawrence T B. Resources, knowledge and influence : the organizational effects of inter-organizational collaboration[J]. Journal of Management Studies, 2010, 40（2）: 321-347.

[88] Wood D J，Gray B. Toward a comprehensive theory of collaboration [J]. Journal of Applied Behavioral Science，1991，27（2）：139-162.

[89] Gray B. Collaborating: finding common ground for multiparty problems[J]. The Academy of Management Review，1990，15（3）：545-547.

[90] 埃德蒙森.协同：在知识经济中组织如何学习、创新与竞争 [M]. 韩璐，译.北京：电子工业出版社，2019.

[91] 熊彼特.经济发展理论 [M].郭武军，吕阳译.北京：华夏出版社，2015.

[92] 西蒙.管理决策新科学 [M].李柱流，汤俊澄，等译.北京：中国社会科学出版社，1982.

[93] 陈春花.管理的常识 [M].北京：机械工业出版社，2010.

[94] 文卡查曼.数字化决策 [M].谭浩，译.广东：广东人民出版社，2018.

[95] 坎贝尔，卢克斯.战略协同 [M].任通海，龙大伟，译.北京：机械工业出版社，2000.

[96] Ansoff H I，Weston J F. Merger objectives and organization structure[J]. Quarterly Review of Economics and Business，1962：49-58.

[97] Poter M. From competitive advantage to corporate strategy[J]. Harvard Business Review，1987，65（3）：43-59.

[98] Ansoff H I. Implanting strategic management[M]. New York：Prentice Hall，1984.

[99] 赛罗沃.协同效应的陷阱 [M].杨炯，译.上海：上海远东出版社，2001.

[100] Buzzell R D，Gale B T. The PIMS principless：linking strategy to

performance[M]. New York：The Free Press，1987.

[101] Allee V. Reconfiguring the value network[J]. Journal of Business Strategy，2000，21（4）：36-39.

[102] Allee V. Value network analysis and value conversion of tangible and intangible assets[J]. Journal of Intellectual Capital，2008，9（1）：5-24.

[103] Bovetd M J. Value nets：breaking the supply chain to unlock hidden profits[M]. New York：John Wiley & Sons，2000.

[104] Kothandaraman P，Wilson T. The future of competition：value-creating networks[J]. Industrial Marketing Management，2001，30（4）：379-389.

[105] Nalebuff B，Brandenburge A，Maulana A. Co-opetition[M]. London：Harper Collins Business，1996.

[106] 帕克，埃尔斯泰恩，邱达利 . 平台革命：改变世界的商业模式 [M]. 志鹏，译 . 北京：机械工业出版社，2017.

[107] 上海泛微网络科技有限公司 . 协同管理平台 OA 原理·设计·应用：构建组织的电子生态体系 [M].上海：上海交通大学出版社，2011.

[108] 刘超，陈春花，刘军，等 . 组织间信任的研究述评与未来展望 [J].学术研究，2020（03）：95-104.

[109] 杜栋 . 协同管理系统 [M]. 北京：清华大学出版社，2008.

[110] 范海涛 . 一往无前 [M]. 北京：中信出版社，2020.

[111] 黎万强 . 参与感：小米口碑影响内部手册 [M]. 北京：中信出版集团，2018.

[112] 小米生态链谷仓学院 . 小米生态链战地笔记 [M]. 北京：中信出版集团，2017.

[113] 舍基. 小米之道：互联网预言家看小米 [M]. 张琪，译. 浙江：浙江人民出版社，2017.

[114] 一言先生. 互联网＋企业生态链重构 [M]. 广东：广东经济出版社，2016.

[115] 梅亮，陈春花，刘超. 连接式共生：数字化情境下组织共生的范式涌现 [J]. 科学学与科学技术管理，2021，42（04）：33-48.

[116] 许庆瑞，陈政融，吴画斌，等. 传统制造业企业战略演进：基于海尔集团的探索性案例分析 [J]. 中国科技论坛，2019，（8）：52-59.

[117] 胡国栋. 海尔制（2）：组织演化史与中国企业史上的坐标 [J]. 清华管理评论，2018（7）：50-58.